헬조선
삼년상

헬조선
삼년상

모두 슬퍼하고
함께 생각하고
서로 존중하는 정치를 상상하다

김윤철 지음

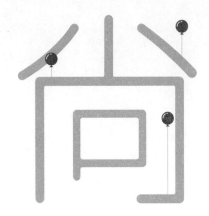

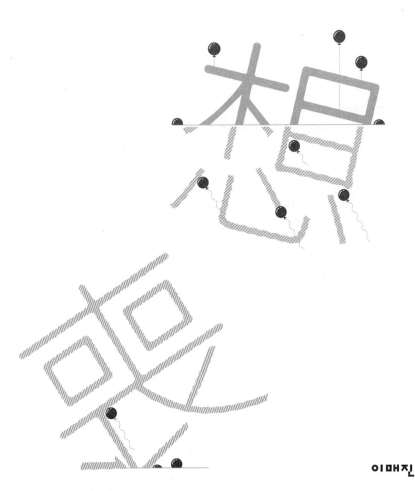

이매진

헬조선 삼년상

모두 슬퍼하고 함께 생각하고 서로 존중하는 정치를 상상하다

1판 1쇄 2016년 7월 22일
지은이 김윤철 **펴낸곳** 이매진 **펴낸이** 정철수
등록 2003년 5월 14일 제313-2003-0183호
주소 서울시 은평구 진관3로 15-45, 1019동 101호 **전화** 02-3141-1917 **팩스** 02-3141-0917
이메일 imaginepub@naver.com **블로그** blog.naver.com/imaginepub
ISBN 979-11-5531-075-5 (03300)

– 이매진이 저작권자와 독점 계약을 맺어 출간한 책입니다. 무단 전재와 복제를 할 수 없습니다.
– 환경을 생각해서 재생 종이로 만들고, 콩기름 잉크로 인쇄했습니다. 표지 종이는 앙코르 190그램이고, 본문 종이는 그린라이트 70그램입니다.
– 값은 뒤표지에 있습니다.
– 이 도서의 국립중앙도서관 출판시도서목록(CIP)은 서지정보유통지원시스템 홈페이지(http://seoji.nl.go.kr)와 국가자료공동목록시스템(http://www.nl.go.kr/kolisnet)에서 이용하실 수 있습니다.(CIP제어번호: CIP2016016525)

일러두기
– 한글 전용을 원칙으로 했고, 독자의 이해를 도우려 인명, 지명, 단체명, 정기 간행물 등 익숙하지 않은 이름은 처음 나올 때 원어를 함께 썼습니다. 중요한 개념이나 한글만 봐서 뜻을 짐작하기 힘든 용어도 한자나 원어를 함께 썼습니다.
– 단행본, 정기 간행물, 신문은 겹화살괄호(《 》)를, 논문, 영화, 방송 프로그램, 연극, 노래, 그림, 오페라는 홑화살괄호(〈 〉)를 썼습니다.
– 박근혜 정부가 출범한 2013년 2월부터 20대 총선거를 치른 2016년 4월까지 3년 남짓 《경향신문》, 《내일신문》, 《경남도민일보》에 실은 글들을 모으고 고쳐 쓴 책입니다.

언제였던가, 궂은 비 내리던 어느 날이었다. 큰아이를 데리고 병원에 가는 길이었다. 남대문 시장을 거쳐 충무로 쪽으로 가는데 차들이 갑자기 멈춰 섰다. 무슨 일이 있나 살펴보니 퀵서비스 오토바이가 빗길에 미끄러져 도로 한복판에 널브러져 있었다. 사람이 크게 다쳤나 싶어 차창 밖을 살폈다. 쓰러져 있다가 천천히 일어나 오토바이를 일으켜 세우려 하는 퀵서비스 노동자가 보였다.

다행이다 싶었다. 바로 그때였다. 가슴이 아려오고 눈물이 흘러내렸다. 블랙 실드가 달려 있는 풀 페이스 헬멧을 쓰고 있어 볼 수 없었지만, 죽을지도 모른다는 두려움에 질려 놀라고 당황한 눈빛과 표정은 느껴졌다. 허둥지둥 오토바이를 세우려 애쓰는 몸짓도 그렇게 보였다. 가족을 먹여 살리려고 나선 길에서 목숨을 잃을 뻔한 이 시대 가장의 고역스러운 삶을 상징하는 광경으로 여겨졌다.

힘들게 들어간 직장에서 오십도 안 돼 명예퇴직이나 정리해고를 당하는 삶. 그래서 퀵서비스나 대리운전이라도 해 생계를 꾸려가려는데 사이사이 수수료를 떼어가는 구조가 짜여 있어 손에 쥐는 돈은 몇 푼 안 되는 삶. 그 고약한 삶을 감내하며 가닿은 곳이 바로 그곳, 오토바이가 쓰러진 미끄러운 빗속 도로 위였다.

강의하다가 20대 초반인 학생들에게 물었다. 왜 헬'한국'이 아니라 헬'조선'이냐고. 정말 궁금해서 물었다. 학생들은 지금 이 나라가 신분제 계급 사회인 조선 왕조하고 똑같다며 민주 공화국이 아니라고 답했다. 나쁜 민주 공화국 축에도 못 낀다는 말이었다. 한마디로 '망한민국'이라 했다. 금수저, 은수저, 흙수저라는 말이 괜히 나온 게 아니라는 사실을 확인하는 순간이었다. 부의 편중을 다룬 통계나 연구에 관련된 지식과 정보가 별달리 없는 청년들이 이 나라에 살면서 겪은 체험에 바탕한 진단은 그야말로 정확하고 예리했다.

한국을 헬조선이라고 부르는 현상에 비판적인 분들이 있다. 이분들은 500여 년 넘게 이어진 조선이 어떤 왕조도 달성하지 못한 장수 왕조의 위업을 쌓았다며 긍정적으로 평가하기도 한다. 체제 유지와 재생산 역량이 대단했다는 말이다. 그렇지만 그 500여 년이 도대체 누구를 위한 시간이었느냐고 물으면 불혹을 훌쩍 넘겨 지천명으로 달려가는 나나 아직 20대 약관인 학생들도 좋게만 평가할 수 없는 노릇이다. 대한민국도 마찬가지다. 2차 대전 뒤 나타난 신생 독립국 중 거의 유례없이 산업화와 민주화에 성공한 나라라면서 대한민국을 긍정하라고 하는 분들이 있다. 그렇지만 어디까지나 배우고 가진 게 있는 사람들 생각이다. 세월호 참사와 구의역 비극을 보면서 아무리 종합적으로 평가하더라도 대한민국을 어떻게 긍정할 수 있겠는가 말이다. 한국을 대표하는 진보 정치학자이자 내 스승인 서강대학교 손호철 교수는 대한민국을 긍정하라는 주장을 이렇게 평했다. "이 땅에 아직 살고 있는 것 자체가 대한민국을 긍정하고 있는 것 아니야?"

지난날을 긍정하든 부정하든, 헬조선이든 헬한국이든, 지금 이대로 계속 길바닥에서 생명을 위협받으며 살아갈 수는 없다. 탈주해야 한다. 아무것도 가지지 못한 자 또는 아무것도 아닌 자로 살아가는 우리 보통 사람들. 이런 사람들이, 우리들이 인간과 시민으로서 존중받으며 고뇌와 시련마저 행복 추구의 자양분으로 삼을 수 있는 '삶다운 삶'의 세계로 탈주해야 한다.

물음이 생길 수 있다.

"도대체 어디로 탈주해야 하지?"

"괜스레 탈주에 나섰다가 굶어 죽거나 얼어 죽는 것 아니야?"

"탈주한 뒤 정착할 '미지의 땅'이 있기는 해?"

탈주를 새롭게 이해해야 한다. 공간의 이동보다는 '바로 이곳에서 누리는 다른 방식의 삶'이라는 관점으로 다가가야 한다. 새로운 탈주를 나는 '사회의 전환'으로 부르려 한다.

왜 변혁이 아니라 전환일까? 이미 존재하는 무엇을 부정하며 급작스럽게 뜯어 고치느라 힘을 허비하느니, 서로 도와 새로운 삶의 방향으로 발걸음을 옮기며 긍정할 수 있는 요소를 새롭게 하나씩 만들어가는 쪽이 훨씬 더 효과 있다고 생각하기 때문이다. 낡은 것에 맞선 싸움 자체가 행복을 추구하는 우리 삶의 목적이 될 수는 없다. 사회 전환의 과정에서 우리는 낡은 것들을 대면할 수밖에 없다. 때때로 싸움에 말려들 수도 있다.

그러나 발목이 잡히면 안 된다. 다른 누군가를 도우려는 어느 누군가의 마음의 힘도 낡은 것에 맞선 싸움이 아니라 새로운 삶을 실천하는 사회 전환의 전망에서 나온다는 점을 되새겨야 한다.

사회의 전환에는 정치의 이동이 필수다. 어디서 어디로 이동해야 할까? '권력의 자리에서 인간의 자리'로 옮겨가야 한다. 권력을 '방편의 목책'에 가둬놓고, 인간다운 삶을 위한 실천의 방식으로 삼아야 한다. 정권 교체도, 총선 승리도 모두 그럴 때만 의미를 지닐 수 있게 해야 한다.

2012년 대통령 선거가 끝나고 박근혜 정부가 출범한 지 만 3년 남짓 지났다. 헬조선 3년을 넘기며 이제는 보수와 진보, 여와 야의 구도를 넘어 그런 사회의 전환을 어떻게 가능하게 할지, 우리 보통 사람들이 나서서 서로 존중하며 함께 생각할 때다. 헬조선의 삶을 함께 슬퍼하고 다독이며 '상상력尙想力'을 발휘할 때다.

차례

2부 모두 슬퍼하다 2014

3부 서로 존중하다 2015

4부 정치를 상상하다 2016

박근혜 정부와 경제 민주화

　　　　　　　　　　　　　　'국민행복과 희망의 새 시대'를 국정비전으로 내걸은 박근혜 정부가 출범한다. 이전 정부들의 오류와 한계를 극복하고 성공하기를 바라는 마음 크다. 그런데 '벌써' 비판의 목소리가 들린다. 무엇보다 대통령직인수위원회가 발표한 국정 목표나 전략과 과제를 보면서 이런 말들이 나왔다. 박근혜 대통령이 국정 운영의 기초로 삼겠다고 한 이 '국정 구상안'에는 대선 때 약속한 경제 민주화와 복지 정책이 잘 보이지 않는다. 경제 민주화라는 표현은 어디에서도 찾아볼 수 없고, 4대 중증 질환 국가 보장과 기초 노령 연금 정책 등의 적용 범위와 시기가 축소되거나 후퇴하거나 늦춰진다. 또한 새 대통령이 지명한 내각과 청와대 인사 중 경제 민주화와 복지에 정통하거나 친화적인 인물도 보이지 않는다는 지적이 이어졌다.

인수위 쪽 항변은 이렇다. 경제 민주화라는 표현은 안 썼지만 핵심 내용이 국정 과제에 담겨져 있다고 말이다. 이를테면 국정 과제로 경제적 약자의 권익 보호와 대기업의 사익 편취 근절 등이 명시돼 있다는 사실을 근거로 내세운다. 또한 복지 정책이 후퇴했다는 주장은 애초 공약이 잘못 알려진 데에서 비롯된 오해라고 말한다. 4대 중증 질환 국가 보장에 선택 진료비, 상급 병실료, 간병료 같은 3대 비급여 항목은 처음부터 포함돼 있지 않았다고 항변한다. 김동수 공정거래위원회 위원장은 경제 민주화가 국정 과제에 녹아 있다며 인수위를 거들기도 했다. 그렇지만 박근혜 대통령이 대선 시기 경제 민주화를 주창하는 데 도움을 준 김종인 전 새누리당 국민행복추진위원회 위원장은 인수위에 경제 민주화 개념을 제대로 이해하는 사람이 없어서 그런 식의 국정 구상안과 항변이 나온다고 비판했다.

논란을 어떻게 봐야 할까? 한쪽의 주장대로 경제 민주화 실종이라고 봐야 갈까? 다른 한쪽의 항변처럼 국정 과제로 구체화하는 과정에서 나타나는 당연한 현상이라고 봐야 할까?

이 물음에 답하려면 논란의 적실성을 평가하는 기준이 필요하다. 그 기준은 경제 민주화의 '본질'이다. 경제 민주화의 본질은 부의 양적 배분이 아니라, 그 부를 관장하고 배분할 권리를 누가 보유하고 행사하느냐에 있다. 경제 민주화 정책의 가장 중요한 직접적 이해관계자, 곧 특히 사회적 약자와 경제적 약자를 포함한 다수 국민이 행복 추구의 기회를 누리려 주요 경제 정책을 결정하는 과정에 참여하고 정책을 실제로 결정하는 주권자가 되는 변화가 경제 민주화다.

지금 벌어지는 논란은 경제 민주화를 정부가 국정 목표 등으로 명확히 표현했는지, 또는 경제 민주화를 국정 목표나 전략과 과제 중 어디에 배

"■ 4대 중증질환(암, 심장, 뇌혈관, 희귀난치성질환)에 대해

총 진료비 (건강보험이 적용되는 진료비와 건강보험이

적용되지 않는 비급여 진료비를 모두 포함)를

건강보험으로 급여 추진

■ 현재 75% 수준인 4대 중증질환의 보장률

(비급여부문 포함)을 (2013년 85%, 2014년 90%,

2015년 95%, 2016년 100%)로 확대"

— 새누리당, 〈제18대 대통령선거 새누리당 정책공약〉, 201쪽

치했는지만 쟁점으로 삼고 있다. 경제 민주화의 본질을 담지 않고 '피상적' 논란을 벌이는 셈이다. 물론 표현과 배치는 중요하다. 표현은 한쪽이 특정한 정신과 관점에 기초해 어떤 문제를 어떻게 다루겠다는 의지를 다른 쪽에게 공표하고 전달하는 행위다. 배치는 그 문제를 다른 문제하고 맺는 관계에 비춰 어떤 순서로, 얼마만큼의 비중으로 다룰지를 정하는 절차다.

박근혜 정부는 그런 표현과 배치를 이미 했다. 일자리 중심의 '창조경제'를 실현하기 위해 원칙이 바로 선 시장 경제 질서를 확립하는 수단으로 경제 민주화를 자리매김하고 있다. 바로 그런 의미에서 박근혜 정부는 의도했든 의도하지 않았든 경제 민주화의 본질을 '왜곡'하고 있다. 국민을 경제 민주화의 주체가 아니라 수혜 대상으로 설정한다. 그런데 박근혜 정부보다 경제 민주화를 더욱 중시한다고 자처하는 이들도 마찬가지

다. 사정이 이렇다 보니 경제 민주화의 본질이 왜곡되는 현실을 바꾸려 하지 않고 경제 민주화라는 단어를 직접 썼는지에 초점을 맞춰 표현의 가시성만을 문제삼는다.

부의 양적 배분이라는 문제로 좁혀 보면 경제 민주화는 재원 확보를 핑계로 대면서 성장 담론으로 귀착될 수밖에 없다. 이렇게 되면 경제 민주화는 경제 상황이 안 좋아지면 또다시 약화되거나 중단될 운명에 놓이게 된다. 그렇지만 경제 민주화는 경제 상황을 떠나 시민이 직접 주체가 되는 민주주의 정치가 늘 추구하고 실현해야 할 보편 과제다. 경제 민주화 논란은 여기서 다시 시작해야 한다. _____2013년 2월

문제는 정부가 아니라 사회다

2013년 2월 25일, 박근혜 정부가 출범했다. 그런데 시작부터 난항이다. 정부 구성도 제대로 하지 못하고 있다. 여야 간 정부 조직법 개정 협상이 어려움을 겪고 있기 때문이다. 극적으로 타결될 가능성이 없지는 않지만, 3월 3일에도 여전히 밀고 당기기만 반복하고 있다.

박근혜 대통령은 18대 대통령 선거에서 51.6퍼센트로 과반을 넘어서는 득표율을 기록했다. 민주화 뒤 처음 있는 일이다. 사람들은 '강한 대통령'과 '강한 정부'의 등장을 예견하기도 했다. 문재인 후보도 48퍼센트를 득표했다. 그래서 나는 박근혜 대통령은 과반 대통령보다는 '3퍼센트 대통령'이라고 했다. 박근혜 대통령이 강한 대통령 또는 강한 정부가 될 수 없다는 뜻은 아니었다. 격차가 3퍼센트에 그친다 해도 국정 운영을 어떻게 하느냐에 따라 강한 대통령과 강한 정부가 될 수 있다. 그러나 3퍼센트 격차가 아니라 과반 대통령이라는 사실만 강조하며 48퍼센트의 의사를 무시하거나 제대로 반영하지 못하면, 어느 때보다도 약한 대통령과 약한 정부가 될 수도 있다고 전하고 싶었다. 강함 또는 약함은 대선 득표율로 정해지지 않는다는 말이었다.

정치권과 정치 평론가들 사이에서는 박근혜 대통령과 정부가 강하냐 약하냐를 둘러싸고 논란이 벌어졌다. 지금은 박근혜 대통령과 정부가 그다지 강하지 않다는 주장이 점차 세를 더하고 있는 듯하다. 인수위 시기 내각과 청와대 인선을 둘러싼 비판 여론이 만들어지고 경제 민주화와 복지 공약이 후퇴하면서 지지율이 40퍼센트대 초반으로 하락한데다가, 정부 구성도 끝내지 못한 때문이다. 드러난 현상을 보면 박근혜 대통령과 정부가 강하다고 보기는 어려운 듯하다.

'반론'도 만만치 않다. 정부도 제대로 구성하지 못하고 있으면서도, 또한 북핵 실험에 따른 안보 위기가 거론되는 상황인데도 별다른 사회적 불안과 불만에 직면해 있지는 않은 듯하기 때문이다. 부당 해고와 손배소 청구 등에 맞서 사회적 약자와 경제적 약자들이 잇따라 자살로 저항하면서 경제 민주화 실종과 복지 공약 후퇴를 비판하는 흐름이 거세지만, 주목할 만한 사회적 압박과 반정부 여론이 일지는 않고 있기 때문이다. 게다가 역대 어느 대통령과 정부보다 집권 여당을 확실히 장악하고 있으며, 보수층을 중심으로 한 고정 지지층도 탄탄하다.

새 대통령과 정부가 취임하고 출범한 지 열흘도 채 지나지 않은 만큼, 논란의 답을 확정하기는 무리다. 아직 대부분의 국민들은 국정 운영의 실제 방향과 방식이 어떤지 확인하지도 못했다. 국정 운영의 방향과 방식이 많은 국민들의 이해와 요구에 부응하지 못한다는 판단이 들었더라도,

어떻게 비판하고 저항해야 하는지, 대안으로 제시할 방안을 벼리는 데는 시간이 걸리기 때문이다. 그리고 그 시간 동안 박근혜 대통령과 정부는 국정 운영의 방향과 방식을 바꿀 수도 있기 때문이다.

사실 박근혜 대통령과 정부가 강하냐 약하냐 또는 강할 수 있느냐 아니냐는 민생 개선을 위한 유능한 정치의 창출이라는 관점에서 볼 때 결코 중대한 문제일 수 없다. 대통령과 정부가 지닌 역량이 세상만사에 사실상 책임을 지지 않는 또는 책임을 질려고 해도 질 수 없는 호사가들의 한가한 술안줏거리일 수 없는 한 그렇다. 진짜 중차대한 문제는 한국의 시민사회가 좋은 대통령과 정부를 만들어낼 수 있느냐다.

그 대통령과 정부가 보수든 진보든 간에 오로지 민생 개선을 자기의 존재 이유로 삼게 하는 '사회적 힘'이 중요하다는 말이다. 민주화 뒤 25년에 걸쳐 얻은 가장 소중한 교훈이 바로 이것이다. 이제 대통령과 정부는

스스로 발 딛고 있는 사회의 모양새를 반영하는 존재라는 점이 상기돼야
한다.

정치권과 정치학자 등 정치 전문가들은 지금의 대통령과 정부가 강하냐
약하냐 또는 강할 수 있느냐 없느냐를 두고 그만 다퉈야 한다. 우리 사회
가 좋은 정부를 만들어낼 수 있는 힘을 어떻게 기르고 그 힘을 현실에서
어떻게 써야 할지에 초점을 맞춰야 한다. _____ 2013년 3월

새 정치의 힘은 유머

정치가 국민들에게 줘야 하는 것 중 하나가 유머와 웃음이다. 경제와 안보 상황이 어려워 민생이 뜻한 바대로 쉽게 개선될 수 없는 상황에서는 더욱 그렇다. 영국 자유당의 주요 정치인으로 재무상을 지내며 상속세 도입을 주도한 윌리엄 하코트는 말했다. "유머는 인생의 소금이며 의회의 방부제다. 그 진묘한 처방으로 상처 받은 사람은 물론 원망하는 사람도 없다." 유머로 사람들의 마음을 어루만져주는 일이 정치이기도 하다. 오스트레일리아의 역대 총리 중 가장 오랜 기간 재임한 로버트 멘지스도 말했다. "전체주의와 민주주의의 싸움은 웃을 줄 모르는 사람들과 웃을 줄 아는 사람들과의 싸움이다." 윈스턴 처칠이 '세기의 정치 위인'으로 꼽히는 이유 중 하나가 바로 유머다. 에드워드 엘가의 〈위풍당당 행진곡〉 제4번의 트리오 부분에 '모든 사람은 자유로워야 하며'로 시작하는 시를 붙인 정치인이자 유머 작가인

앨런 패트릭 허버트는 처칠을 당대 제일의 유머리스트로 꼽을 정도였다. 가장 잘 알려진 처칠의 유머 중 하나가 있다. 2차 대전 직후 노동당 정부의 총리로 철도와 은행 등 주요 산업을 국유화하려던 클레멘트 애틀리를 의회 화장실에서 만나 나눈 '대화'다.

애틀리는 2차 대전 때 전시 연립 내각의 부총리로, 총리인 처칠하고 국정을 함께 이끌기도 한 이였다. 주요 산업을 국유화하는 문제로 다투던 두 사람이 어느 날 화장실에서 만났다. 화장실에 들어간 처칠이 빈자리가 애틀리 옆밖에 없는 사실을 확인한 뒤 멀찌감치 떨어진 다른 자리로 가 기다려 일을 봤다. 애틀리가 왜 그러냐는 뜻으로 농을 담아 말을 건넸다. "물건이 작아 보여주기 싫어 그런가 보군요." 처칠이 답했다. "아니요. 당신은 뭐든 큰 것만 보면 국유화하자고 주장하니까요."

잘 알려진 처칠의 유머가 또 하나 있다. 처칠과 동료 의원들 사이에 노동당 창시자가 누구냐를 두고 논란이 인 때였다. 처칠은 엉뚱하게도 콜럼버스가 노동당 창시자라고 주장했다. 동료 의원들이 왜 그러냐고 물었다. 처칠이 답했다. "콜럼버스는 땡전 한 푼 없이 남의 돈으로 항해를 시작했고, 자기 목적지가 정확히 어디인지도 몰랐으며, 도착한 다음에도 그곳이 어디인지 알지 못했다네. 딱 노동당이 그렇지 않은가?"

노동당은 처칠이 연설할 때는 야유를 하지 말라는 지시까지 내렸다. 늘 반대파의 야유가 언제 터져 나올지를 예상하고 반격할 대비까지 하는 빈틈없는 연설을 준비하는데다 연설 속 유머의 힘 앞에서 창피와 무안만 당하기 일쑤기 때문이었다.

애틀리는 그런데도 처칠을 이렇게 평가했다. "처칠은 늘 자문했다. 후대 역사가들에게서 좋은 평가를 받으려면 영국이 다음으로 해야 할 일은 무

> "콜럼버스는 땡전 한 푼 없이 남의 돈으로 항해를 시작했고, 자기 목적지가 정확히 어디인지도 몰랐으며, 도착한 다음에도 그곳이 어디인지 알지 못했다네. 딱 노동당이 그렇지 않은가?"
>
> — 윈스턴 처칠

엇인가? 그런 자문은 늘 자기가 살아가는 시대를 '위대한 시대'로 만들어가려는 모색이었고, 심지어 단기적으로 유용해 보이지 않을지라도 처칠의 행동 동기에는 '위대한 시대'를 만들어가려는 모색이 담겨 있었다."

정치가 '어쩌면 저렇게도 엉망일까' 싶은 요즘이다. 새 대통령과 정부가 선출되고 들어서는데도 새롭다고 느껴지는 게 없다. 박근혜 대통령은 당선 뒤 국회를 존중하고 국민 통합 시대를 열겠다고 했다. 그렇지만 여야 협상이 어려움을 겪어 정부 조직법 개정이 늦어지자 이견자나 반대자를 설득하는 대신 곧바로 대국민 담화를 내어 압박하는 전략을 구사했다.

야당도 마찬가지다. 대선 패배 뒤 비상한 각오와 뼈를 깎는 성찰로 새롭게 태어나겠다 했다. 그런데 체감할 수 있는 게 없다. '회초리 투어'라는 이름으로 벌건 대낮 대로에 나와 무릎 꿇고서 때려달라 해 지나가는 사람들 민망하고 불편하게 만들더니, 대선 패배 책임을 놓고 내부 계파 논란만 벌이다가, 민생 해법도 제시하지 않고 별다른 실천도 없이 새 대통령과 정부가 저지르는 실책의 시시비비만 가리고 있을 따름이다.

새 정치를 주창하는 이들도 썩 다르지 않다. 새 정치의 내용이 여전히 모호한 상태에서 안철수 전 교수는 정치학 개론 교과서에나 나올 듯한 소리를 출마의 변이라 내놓고, 왜 하필 노원병인지를 놓고 진보정의당하고 아옹다옹하는 모습을 보였다. 모두 처칠이 비판한 '콜럼버스를 창시자로 한 노동당' 같은 꼴새다.

정책을 바라보는 관점이 다를 수 있다. 경쟁자와 반대자가 미울 수도 있다. 그렇지만 정치가 그런 다툼의 와중에도 국민을 위한 정치가 되려면 다름과 미움을 기품 있는 유머로 드러내 유쾌한 웃음을 자아낼 수 있어야 한다. 유머를 '자기를 사랑하는 실천 방식'이라고 하는 이유가 바로 이것이다. 분노와 증오를 넘어 문제를 해결할 수 있는 넉넉함과 힘을 갖고 있다는 사실을 증명하는 요소가 바로 유머고, 그 넉넉함과 힘을 증명함으로써 국민의 사랑과 선택을 받을 수 있기 때문이다.

새 정치의 힘은 근사한, 그렇지만 이미 누군가가 다 말한 적 있는 수사와 정책의 나열이 아니라 유머에 있다. 잔인한 달 4월을 앞둔 지금, 낡은 정치든 새 정치든 정치하는 이들은 유머에 관해 사색해야 한다. 조롱과 비아냥을 풍자와 유머로 착각하면서 정치가 국민들의 삶을 황무지에 방치해두는 잔인함을 그치려면. _____ 2013년 3월

'성공하는 대통령'의 길

토머스 제퍼슨은 미국 역대 대통령 평가 순위에서 늘 다섯 손가락 안에 꼽힌다. 조지 워싱턴, 에이브러햄 링컨, 우드로 윌슨, 프랭클린 루스벨트 등하고 함께 이른바 '성공한 대통령'으로 기억되고 있다. 그런 제퍼슨이 대통령직을 가리켜 '화려한 고통'이라고 했다. 권력의 정점에 있다고는 해도 대통령은 매우 어렵고 힘든 자리라는 말이다.

대통령은 국가와 국민 전체를 대표해야 하지만, 다른 한편으로 자기를 지지한 유권자와 소속 정당 지지자들도 대표해야 한다. 그 둘 사이에 고민이 있을 수밖에 없다. 어디 그것뿐인가. 반대당을 포함한 의회하고도 겨뤄야 하고, 다른 나라 관계도 고려해야 한다. 게다가 주요 국정 과제들은 이리 얽히고 저리 설켜 해결이 쉽지 않다. 높은 물가를 잡으려 금리를 인상하고 재정을 긴축하면 투자가 줄어 일자리 창출이 어렵고 성장률이 떨어진다. 반대로 성장률을 올리려 하면 결국 물가가 오르게 된다. 물가, 성장, 일자리 창출은 국민의 삶에 어느 하나 중요하지 않은 게 없다. 그렇지만 그 세 가지 문제를 한꺼번에 풀 수는 없다. 잘해야 두 가지만 해결할 수 있을 뿐이다. 그마저도 한국처럼 세 가지 문제가 다 심각하면 달성하기 어렵다. 성장을 어느 정도 낮춰 일자리 창출이 조금 더뎌지더라도 국민의 삶이 견딜 수 있어야 물가 안정을 적극 추진할 수 있다. 지금 한국은 그렇지 못하다. 소득과 고용의 불안정, 그 결과인 삶의 피폐함이 어느 때보다도 높다. 대통령의 고뇌가 클 수밖에 없는 대목이다.

이런 상황에서 대통령은 시간이 걸리더라도 결국 문제가 해결되리라는 기대감과 신뢰감에 기대어야 한다. 대통령은 국민들이 수긍할 수 있는 중장기 전망과 목표를 설정하고, 그런 기준에 입각한 단계적 전략과 정책을 제시해야 한다. 국민들이 대통령이 한 선택과 결정의 배경이나 이유를 그때그때 납득할 수 있어야 한다.

루스벨트의 노변담화는 바로 그런 맥락에서 나온 정치 실천이었다. 많은 사람들이 루스벨트를 뉴딜 정책에 힘입어 아주 순조롭게 4선까지 한 대통령으로 알고 있다. 사실 루스벨트는 재선조차 하기 어려운 위기를 겪었다. 뉴딜 정책에도 수백만 명이 계속 실업 상태에 놓인데다, 루이지애나 주 주지사와 상원의원을 지낸 휴이 롱 같은 민중주의자들이 점차 높은 인기를 얻고 있었다. 연방 대법원은 '국가 산업 재건법'을 위헌 판결해 루스벨트의 힘을 뺐다.

루스벨트는 그래도 재선에 성공했다. 운도 따랐다. 휴이 롱이 암살을 당했고, 안정적으로 지지를 동원할 수 있는 민주당도 있었다. 그렇지만 휴이 롱이 죽은 뒤에도 민중주의자들의 기세는 여전했고 민주당 조직도 한계가 있었다. 공산주의자, 사회주의자, 노조, 급진적 농민 지도자들의 조직적 행보도 만만치 않았다. 이런 상황에서 루스벨트가 재선에 성공한 이유는 노변담화 등으로 국민적 신뢰를 유지하는 한편 취임 초기의 100일을 능가하는, 미국 정치사가들이 '둘째 100일'이라고 부르는 '제2의 뉴딜'을 감행한 덕이었다. 이때 사회보장법, 노동 관계법(와그너 법), 거대 전력 회사의 권한을 제한하는 지주 회사법, 고소득자에 높은 누진세율을 적용하는 '부유세' 등이 만들어졌다.

박근혜 대통령은 성공할 수 있을까? 취임 한 달이 좀 넘었을 뿐인데도 부정적 시각이 확산되는 듯하다. 지지율이 벌써 40퍼센트 초반으로 떨어졌다. 국민 행복, 불안 해소, 신뢰를 강조하고 있는데도 그렇다. 표방한 국정 원칙에 부합하는 실천을 아직 볼 수 없기 때문이다. 단임으로 끝나기는 하지만, 또한 아직 집권 초기지만, 국민의 기대와 신뢰를 다시 지필 수 있는 대국민 소통 프로그램과 전향적 민생 정책을 벼리는 '새로운 시작'을 고민할 때다. 국민들의 지지와 축복 속에 임기를 보내고 퇴임하는 '성공하는 대통령'의 길을 가고 싶다면 말이다. ＿＿＿＿＿＿＿ 2013년 4월

'정통 보수'의 길

얼마 전 세상을 떠난 마거릿 대처는 영국 보수당을 대표하는 정치인이다. 대처는 통화주의, 민영화, 반노조주의, 반복지주의, 법과 질서의 정치를 내세우고 밀어붙인 정치인으로 유명하다. 자유주의와 사회주의하고 함께 서구 3대 정치 이념의 하나인 보수주의의 원산지 영국에서 보수당의 이념과 정책이 처음부터 그랬다고 여겨지기도 한다.

대처는 사실 영국 보수당의 전통을 크게 벗어난 '이단아'다. 영국 보수당의 이념은 '변화의 수단을 가지지 않은 국가는 보존의 수단 또한 결여한다'는 유명한 경구를 남긴 에드먼드 버크에서 시작됐다. 버크가 말하는 변화와 보존의 수단 중 핵심이 다수 빈자를 향한 지배층의 온정주의적 책무다. 이 이념을 받아들여 '일국 토리즘One Nation Toryism'이라고 불리는 이념과 정책을 세운 이가 '보수당의 아버지' 벤저민 디즈레일리다.

디즈레일리는 인민의 사회복지를 확보하는 일이 보수당과 국가 권력의 목표이자 책무라고 강조했다. 또한 인민의 삶을 개선하는 데 가장 필수적인 정책이 노동 조건 개선이라고 주장했다. 이런 정책이 자본의 역량을 위축시키고 결국 성장을 저해한다고 주장하는 자유당을 강하게 비판하기도 했다. 당내 반대자들에게서 보수주의의 항복이라는 비난까지 받으면서 선거법을 고쳐 노동자 계층에게 선거권을 부여한 사람도 디즈레일리였다. 이런 과정을 거쳐 디즈레일리는 30년에 가까운 자유당 장기 집권 시대를 끝내고 30년에 가까운 보수당 장기 집권 시대를 열었다. 2차 대전 뒤 야당 시절을 더해 대처가 등장하기 전까지 영국 보수당은 바로 그런 이념과 정책을 내세운 '인민의 정당'이었다.

밉든 곱든 박근혜 대통령과 새누리당은 앞으로 정치 발전에서 매우 중요한 위치를 차지하고 있다. 집권 세력이라 그렇기도 하지만, 정치가 서민의 고통을 잘 치유한 '한때의 영국' 같은 나라들의 경험에서 알 수 있듯이 정치 발전에서는 기득권을 가진 보수 정치 세력의 구실이 매우 클 수밖에 없기 때문이다. 게다가 대선에서 패배한 뒤 여전히 서민의 공감을 자아내는 뚜렷한 전망과 전략과 정책을 벼려내지 못하고 있는 민주통합당과 진보 정당들도 부진에서 쉽사리 벗어날 수 없을 듯하다.

새 정치 주창자들도 마찬가지다. 4·24 재보선에서 안철수 후보가 당선하더라도 뚜렷한 정치 세력으로 자리잡으려면 시간이 많이 필요하다. 당장 민주통합당 등 야당하고 맺는 관계에서 여러 우여곡절을 겪을 수밖에 없다. 그런 점에서 그동안 너무 민주 진보 정당들과 새 정치 주창자들만 바라본 게 아닐까, 이제는 다른 곳에 눈길을 돌릴 때가 아닐까 하는 생각이 들기도 한다. 사실 평범한 시민의 처지에서는 나와 가족의 삶이, 나아

"'생각을 조심해라 말이 된다. 말을 조심해라 행동이 된다.

행동을 조심해라 습관이 된다. 습관을 조심해라 성격이 된다.

성격을 조심해라 운명이 된다. 우리는 생각하는 대로 된다.'

마가렛 대처 전 영국 총리가 남긴 유명한 어록이죠.

'철의 여인'이라 불렸던 대처 전 수상이 어제 갑작스럽게 세상을 떠났습니다.

굳건한 신념 바탕 위에 단호하면서 용기 있고 명쾌했던

그의 생전 행보는 전세계에 깊은 인상을 남겼죠.

이젠 역사의 한 모습으로 남게 됐습니다. 삼가 고인의 명복을 빕니다."

— 청와대 페이스북, 2013년 4월 9일

가 공동체가 실제로 나아지는 변화가 중요하지, 보수와 진보 중 누가 권력을 잡고 정치 발전을 주도하느냐는 중요하지 않다.

박 대통령은 지난 대선 과정에서 대처를 가장 좋아하는 정치인으로 꼽은 적이 있다. 또한 대처가 세상을 떠난 소식을 접한 뒤에는 '위대한 지도자'를 잃었다며 깊은 애도의 뜻을 전하기도 했다. 대처가 자기처럼 보수 정당을 이끌고 통치자의 길을 걸어간 여성 정치 지도자라는 점에서 '공명'하는 마음이 컸으리라.

박 대통령이 개인의 호감과 외교상 의전을 넘어 다시 새겨봐야 할 점이 있다. 영국 보수당이 서민이 다수를 차지하는 국민에게 행복을 선사한 때가 대처 집권기가 아니라는 사실이다. 대처 집권기에 영국은 노조를 탄압하고 소비도 증가하지만 제조업 투자는 0.5퍼센트 하락하고 생산은 겨우 1.2퍼센트 증가했다. 성장률은 연평균 1퍼센트대에 그쳤다. 가계 부채가 2.5배 증가하고 하위 20퍼센트 계층의 실질 소득이 3퍼센트 감소한 반면 상위 20퍼센트 계층의 실질 소득은 50퍼센트 증가하면서 양극화가 심해졌다. 따라서 경제 민주화와 복지 강화로 국민 행복 시대를 열겠다는 박 대통령이 영국의 보수 정치에서 뭔가를 배우고 싶다면, '변칙 보수' 대처가 아니라 '정통 보수' 디즈레일리를 참고해야 한다.

새누리당도 그렇다. 원조 박이네, 돌아온 박이네, 영 박이네, 올드 박이네 하며 당권 경쟁의 불을 지필 때가 아니다. 대통령이 누구든 간에 국민 행복을 우선하고 지속적으로 추진할 당의 정통 이념과 정책을 세워야 한다. 그렇게 못하면 '새누리'(새 세상)를 만들기는커녕 또 새 당명을 알아봐야 하는 때를 맞이하게 되리라. _____ 2013년 4월

정치 쇄신의 목표

김한길 대표 체제가 민주당에서 새로이 출범했다. 바로 앞서 새 정치를 내세우는 안철수 의원이 등장했다. 김한길 대표는 강한 야당을 기치로 내걸었고, 안철수 의원은 신당 창당을 추진하리라고 점쳐진다. 모두 정당 정치 쇄신에 강조점을 찍고 있다. 과연 정당 정치를 쇄신할 전기를 마련할 수 있을까? 정치 관계자와 전문가들이 하는 이야기는 그다지 긍정적이지 않다. 그래도 어쨌든 정치를 지속하려면 정당 정치의 쇄신을 추진해야 하니, 이때 유의해야 점들을 살펴볼 필요가 있다. 특히 시도 자체에서 의미를 찾는 소극적 쇄신을 넘어서야 하기 때문인데, 그런 접근으로는 민생 개선이라는 실질적 효과를 더는 가져오기 어렵다고 생각한다. 안철수 의원 스스로 출마 의사를 밝히며 말한 대로 이제 정당 정치는 선한 의도와 시도가 아니라 '좋은 결과'를 중시해야 존립과 지속의 정당성을 확보할 수 있다.

다른 무엇보다 정당 정치 쇄신의 '목표'를 분명히 해야 한다. 특정한 정당 조직 모형의 도입이 목표가 되면 안 된다는 점에 유의해야 한다. 민주화 25년 동안의 정당 정치와 그 정치를 바꾸려 한 정당 정치 쇄신 운동의 경험에 비춰 볼 때 그렇다. 그동안 한국의 정당 정치 세력들은 진성 당원제, 상향식 공천제, 국민 경선제, 여성 할당제 같은 여러 당내 민주주의 제도를 도입했지만, 민생 개선 효과는 미흡했다.

특정 제도나 모형이 도입되면, 정당 내부의 행위자들은 그 순간 쇄신을 멈춘 뒤 자기 이익을 추구하는 적응 전략을 고안하고 구사하는 데 몰두했다. 사실 정당 정치의 본질적 목적은 정당 조직의 내부가 아니라 외부에, 곧 정당들 사이의 경쟁과 갈등과 협력을 거쳐 민주적 결과를 이끌어 내 많은 국민의 삶에 긍정적 변화를 일으키는 데 있다. 이때 정당 조직의 내부는 그런 목적에 효율적이냐 아니냐가 더 중요하다.

정당 정치 쇄신의 목표는 무엇이 돼야 할까? '정치적 효능감'이다. 특히 이런저런 보수 또는 진보 이념을 구현하는 추상적 의미가 아니라, 이미 정치적이고 사회적으로 합의된 권리로 여겨지는 헌법상의 행복 추구권을 실질적으로 신장시키고 있다는 느낌을 줘야 한다.

이때 풀어야 할 문제가 있다. 사회적 약자의 권리를 더 확대해야 한다는 주장을 우리 사회의 모든 구성원이 아주 당연하게 받아들이고 있는 듯하지만, 사실은 무한 경쟁과 승자 독식을 원리로 삼는 시장 권력이 지배하는 엄혹한 삶의 현장에는 사회적 약자의 권리가 왜 먼저 확대돼야 하느냐는 물음이 강하게 자리잡고 있다는 점이다.

가장 설득력 있는 대답은 특정한 보수 이념이나 진보 이념이 아니라, 이미 있는 또는 새로 만들더라도 인간의 존엄성과 행복 추구권을 최고 가

"저를 지지해주신 노원 주민 여러분, 성원을 보내주신
국민 여러분께 감사드립니다. 반드시 좋은 정치로 보답하겠습니다. 김지선
후보님과 노회찬 전 의원님께 진심으로 위로의 말씀 드리고 싶습니다.
늘 진실과 함께 해온 두분의 뜻과 희생, 결코 잊지 않겠습니다.
선의의 경쟁을 함께 해주신 허준영 정태흥 나기환 후보님께도
감사드립니다. 상계동 주민 여러분 그리고국민 여러분,
안철수의 새 출발을 꼭 지켜봐 주십시오. 고맙습니다."

— 안철수 페이스북, 2013년 4월 24일

치로 설정할 수밖에 없는 헌법에서 찾을 수밖에 없다. 보수와 진보가 모두 거부할 수 없는 '공통 텍스트'가 바로 헌법이기 때문이다. 헌법을 거쳐 보수와 진보는 서로 못 알아듣거나 서로 인정할 수 없기 때문에 소모적 갈등을 겪을 수밖에 없는 이념적 적대 또는 적대적 이념의 언어에서 벗어날 수 있다. 헌법의 권위에 기대어 소통성과 협의성을 증진시킬 수 있다는 말이다.

또한 정당 정치는 정치적 효능감을 주려면 강자와 약자 사이의 갈등 같은 문제에 해법을 제시하는 데 집중해야 한다. 주요 의제와 실천 양식을 바꿔야 한다는 말이다. 특히 해법을 끌어내려면 상대방을 악으로 규정하고 처단해야 한다고 몰아세우는 정치 언어와 갈등 전략을 구사하는 행동 방식을 버려야 한다는 점을 잊지 말아야 한다. 그런 행동 방식은 말과 소통의 부패나 다름없다.

모든 정당정치 세력이 '동의'하고 있는 '새로운 대한민국'의 핵심, 곧 경제 민주화, 복지 체제의 확립, 평화 체제의 구축은 어느 한편의 힘만으로 절대 달성될 수 없다. 꽤나 긴 시간이 걸리는 진지한 숙의와 토론에 바탕한 정치적 대타협을 필요하다. 분노와 증오를 키우는 말과 소통의 부패는 그런 목표를 달성할 수 없다. _____ 2013년 5월

'클만큼 큰 대한민국'에 걸맞은 멋

사람도 그렇듯이 나라에도 생애 주기가 있다. 성장기를 지나 언젠가는 침체기와 쇠퇴기를 맞이하게 된다. 태양이 지지 않는 나라라 일컬어졌지만 성장 동력을 잃고 실업 문제와 주택난에 허덕이는 영국을 볼 때 그렇고, 여전히 세계 패권국의 지위를 차지하고 있지만 오랜 세월 쇠퇴론에 시달리던 사이에 경제 위기의 충격에서 쉽사리 벗어나지 못하고 있는 미국을 볼 때도 그렇다. 패권국 미국에 가장 근접하는 2위 국가 일본은 어떤가. 기나긴 경제 불황 끝에 쓰나미 참사와 후쿠시마 핵 발전소 사태를 겪은 뒤 휘청이고 있다.

대한민국은 태어난 지 65년이 다 됐다. 침체와 쇠퇴의 기미가 뚜렷이 나타나고 있지는 않지만, 사람으로 치자면 은퇴 뒤의 삶이 시작되는 '노년기'에 접어들었다고 할 수 있다. 겨우 65년 된 나라를 사람의 노년기에 견줄 정도는 아니라고 할지 모른다. 그렇지만 대한민국은 이미 영국, 미국, 일본 같은 선진국들처럼 국가 건설, 산업화와 민주화, 세계화와 정보화, 사회 양극화라는 정치, 사회, 경제 영역의 변동을 겪었고, 겪고 있다. 국가 건설과 산업화와 민주화는 뒤늦었지만, 세계화와 정보화와 사회 양극화는 선진국들하고 거의 동시적이다. 그런 와중에 대한민국은 세계 10위권의 경제 규모를 갖고 있다. 작년에는 전세계에 7개국뿐인, 국민소득 2만 달러에 인구 5000만 명을 넘는 '2050 클럽'에 들어갔다. 2011년 구매력 평가를 기준으로 볼 때 한국(3만 340달러)은 일본(3만 5530달러)하고도 별 차이가 없을 정도다.

자부심을 가져야 한다거나 가져도 된다는 말을 하려는 게 아니다. 이미 대한민국은 선진국들을 '따라 잡을 만큼 따라 잡은 나라'고, 선진국들에 견줘 '클 만큼 큰 나라'라는 말이다. 게다가 대한민국은 이른바 '압축적 근대화'를 겪은 나라다. 선진국들은 200년 넘게 걸린 일을 대한민국은 40여 년 만에 끝냈다. 그만큼 피로도가 높고 노화 속도도 빠를 수 있다. 노년기의 삶에서 뭐가 중요할까? 인간 존엄성을 유지하면서 좋은 죽음을 맞이할 수 있는 '힘' 말이다. 나는 그 힘이 부도 아니고 권력도 아닌 '멋'이라고 생각한다. 부와 권력이 있든 없든 간에, 기쁨과 노여움과 슬픔과 즐거움과 자랑스러움과 부끄러움 등을 자아낸 그 모든 경험과 기억을 성찰이라는 과정을 거쳐 드러내는 자기애와 혜안이라는 멋 말이다. 대한민국도 노년기에 접어든 사람처럼 이제 멋을 갖출 때가 됐고, 그래야만 안팎의 사람들에게서 어엿한 나라로 대우받을 수 있는 때가 됐다. 나라의 멋이란 무엇인가? 나라에 관해 사람들이 자부심을 갖게 하는 멋 말이다. 그 멋은 자유와 평등과 박애라는 민주 공화제의 보편 가치를 잘 구현하기 위해, 보수와 진보라는 이름의 앙상하고 성마른 진영 논리에

"그들의 주인은 박근혜 의원인데 그년 서슬이 퍼래서

사과도 하지 않고 얼렁뚱땅…"

— 이종걸 새정치민주연합 원내대표 트위터, 2012년 8월 5일

"국민을 홍어좆 정도로 생각하는 이런 국민 사기 쇼는

즉각 중단돼야 한다."

— 김태호 새누리당 최고위원, 중앙선거대책본부 회의, 2012년 11월 9일

기대어 표출되는 시민들(주권 행사자들) 사이의 이견과 갈등을 지혜롭게 다룰 수 있는 정치적 능력이다. 나라를 향한 사람들의 자부심은 그런 능력이 잘 발휘돼 조화롭고 안정된 삶을 누릴 수 있을 때 비로소 생겨나게 되리라.

지금 대한민국에서 그런 멋을 느낄 수 있을까? 답은 그다지 긍정적이지 않다. 어느 한쪽이 다른 한쪽을 소멸시킬 수 없고 배제할 수 없으면서도 표현의 자유라는 권리에 기대어 타자를 부정하는 언행을 일삼고 있는 모습을 너무 자주 지켜보기 때문이다. 가장 최근 사례가 5·18 광주 민주화 운동을 둘러싼 역사 왜곡과 일베 현상이다. 또한 역사를 왜곡하고 민주공화제를 위해 생명을 바친 이들을 모욕한 행동은 아니지만, 이명박 전 대통령을 '쥐새끼'로 부르거나 '사려 깊지 못한 표현의 자유'라고 비판받은 '박근혜 출산' 그림 등도 모두 멋스러움을 느낄 수 없는 일들이었다.

표현의 자유라는 이름을 단 역사 왜곡, 그리고 풍자라는 이름의 조롱과 모욕은 클만큼 큰 대한민국에 필요한 멋이 아니다. 그런 표현의 자유는 소모적인 보수와 진보의 갈등만 부추긴다. 문제는 그 갈등이 보수와 진보로 포괄되지 않는 서민들의 삶의 질을 개선하는 과정에 필요한 정치적 숙의와 조정의 시간을 빼앗고 정치적 타협과 합의의 기반을 훼손한다는 데 있다. 그렇게 해서는 대한민국은 결코 아름다운 노년기를 맞이할 수 없다. 이 점을 유념해야 한다. _____ 2013년 5월

좋은 정치는 '좋은 사회'에서 나온다

정치는 '사회의 자화상'이다. 정치는 사회 안의 강자가 누구인지, 사회 구성원 다수가 어떤 가치를 중시하는지 등을 반영하기 때문이다. 특히 국가 건설기를 지나 산업화와 민주화 같은 정치적 변화와 사회적이고 경제적인 변동을 이미 다 겪은 나라의 정치가 그렇다. 그런 변동 과정 속에 '조국 근대화'나 '민주주의' 같은 거대한 이념과 전망이 지닌 사회적 호소력과 동원력이 떨어지면서 정치의 주도성은 점차 약해졌으며, 성장한 사회 자체의 고유한 질서가 만들어지고 작동하게 됐다.

대부분의 후(後)발 산업 국가들처럼 한국도 처음에는 국가가 산업화를 이끌면서 '시장 형성자' 구실을 했다. 그렇지만 산업화가 진행된 뒤 국가는 점차 '시장 조응자'가 됐다. 경제 이념, 전망, 정책을 비롯한 시장 질서는 사실상 재벌 대기업이 지배하고 있다. 민주화 뒤 모든 정권이 집권 초

경제 개혁을 부르짖다가 투자 활성화와 일자리 창출 등을 명분으로 내건 경제계 간담회를 하고 나면 경제 회복을 고려한 지원이 강조되는 모습도 그런 현실을 잘 보여준다.

한국의 민주화는 재야와 대학생이 주도한 '운동의 산물'로 인식되고 있다. 그렇지만 사실 민주화의 목표를 직선제 개헌으로 한정하고 선거를 거쳐 국민의 선택을 받을 수 있는 정치적 대표성을 독점한 쪽은 정당들이었다. 지금의 헌정 체제는 바로 그런 정당들이 주도해 만들어놓았다. 민주화 운동에 헌신한 이들이 정당 정치로 빨려 들어간 이유도 다 그런 현실 때문이었다.

그렇지만 민주화 이후 사회 내부의 이념과 이익 갈등이 분출하면서, 정치는 이제 사회 안의 이런저런 세력들이 주도하는 사법부 의존형 쟁투에 의존하고 있다. 선거법과 행정 수도 이전 등 굵직한 정치적 쟁정들마저 헌법재판소의 위헌 심판에 따라 향방이 갈리고 있다. 민주화 뒤 지금까지 정치는 한국의 가장 큰 문젯거리로 여겨지고 있다.

그렇게 된 이유는 무엇일까? 정치인들이 부도덕하고 무능력해서 그런 걸까? 대부분의 정부 각료와 국회 의원은 나름대로 다 이 사회에서 '성공'한 사람들이다. 공부 잘해 좋은 대학 나왔고, 변호사, 기업인, 교수 등 직업도 번듯하며, 집안 좋고 돈도 많은 사람들이다. 그런데도 정치만 하면 사람이 망가진다는 이야기가 있듯이 공직자가 된 뒤 보여주는 행보는 늘 기대에 못 미친다. 도대체 왜 그런 걸까? 특권이 많은 갑이고, 갑이라는 자리에 취해서 그런 걸까?

사회 때문이다. 이제는 선호를 형성할 수 없는 정치, 그래서 사회적 선호를 반영하지 않으면 안 되는 정치에 지속적이고 일상적으로 압력을 가하

> "(진주의료원 해산 조례를 안건으로 한 국정조사에 관련해) 증인이든
> 참고인이든 나갈 의무가 없다. 정책 조사면 굳이 청문회 식으로
> 사람 불러서 창피 주고 죄인 다루듯 할 필요가 없다."
> — 홍준표 경상남도 도지사, 2013년 6월 13일

면서 좋은 방향으로 끌어갈 수 있는 사회적 힘이 부재하거나 미약한 사회 때문이다. 특히 사회적 강자와 경제적 강자의 일방적 우세와 횡포를 제어하고, 정치가 일방적이거나 편향적으로 강자의 선호만 반영할 수 없게 만드는 힘 말이다.

우리 사회의 꼴새를 보자. 강자의 힘을 숭배하며 약자를 괄시하고 아무렇지도 않게 폭력을 행사한다. 해고와 불완전 고용을 일삼고 항의하는 자들을 그렇게 대한다. 패배와 실패에서 배울 수 있다는 사실을 인정하지 않으며, 약자는 당해도 할 수 없다고 생각한다. 실제 가난한 것보다 가난해 보이는 것을 더 두려워하며 삶을 치장하는 데 급급하다. 용기는 역사와 사람과 삶을 왜곡하고 편견을 조장하고 강화할 때만, 그것도 익명성의 망토를 두르고 있을 때만 나타난다. '일베 현상'은 그런 사회 현실의 산물이다.

'을을 위한 정치'가 강조되고 있다. 나름 긍정적이다. 그렇지만 정당의 부진을 씻어내려는 이벤트가 되면 안 된다. 아니 안 되게 만들어야 한다. 그리고 해답은 정치인 특권 폐지보다는 사회 개혁에서 먼저 찾아야 한다. 좋은 사회가 좋은 정치를 가능하게 만드는 그런 시대에 우리가 살고 있기 때문이다. _____ 2013년 6월

대한민국은 민주 공화국이다?

　　　　　　　　　　　　　'대한민국은 민주 공화국이다.' 대한
민국 헌법 제1장 1조에 그렇게 써 있다. 헌법을 제대로 다 읽어보지 않았
더라도 이 조항만큼은 모두 잘 알고 있다. 새삼스럽게 왜 헌법 타령이냐
고? 한국전쟁이 발발한 지 63년이 되고 6월 민주 항쟁이 있은 지 26년이
되는 2013년 6월, 한국의 정치와 사회를 바라보면서 이런 물음을 던지지
않을 수 없기 때문이다. 민주 공화국이란 도대체 무엇인가? 그리고 대한
민국은 민주 공화국인가?

민주 공화국이라는 말은 민주주의와 공화국의 '합성어'다. 한 나라의 정
체를 합성어로 규정하는 이유는 뭘까? 상반되지는 않더라도 민주주의와
공화주의라는 개념이 각기 다른 내용을 담고 있기 때문이다. 그리고 민
주주의와 공화주의의 '장점'을 취해 민주 공화국이라는 하나의 그릇에
담아 섞음으로써 각각의 약점을 보완하려 하기 때문이다.

민주주의의 장점은 무엇보다도 국가의 주권이 국민에게 있으며 모든 권력이 국민에게서 나온다는 데 있다. 또한 모든 국민은 자유롭고 평등한 개인으로서 존엄과 가치를 지니며, 국가는 그런 권리가 기본적 인권이라는 점을 확인하고 보호해야 한다는 데 있다.

독재 정권 아래에서 생명까지 잃으면서도 각계각층 '적지 않은 사람들'이 4·19 혁명, 부마 항쟁, 5·18 광주 민주화 운동, 1987년 6월 항쟁, 1991년 5월 투쟁 등 반독재 민주화 운동에 나선 이유는 바로 그런 민주주의의 장점을 거대한 '이상'으로 받아들이고 실현할 수 있다는 믿음이었다.

민주주의는 단점도 있다. 민주주의가 '진공 상태'가 아니라 부와 권력의 격차가 엄연히 존재하는 상황에서, 곧 다수 국민이 자유롭고 평등하지 못한 채 부와 권력을 가진 소수만 자유와 평등을 누리는 현실에서 실행될 수밖에 없어 생겨난 문제다.

민주주의의 단점은 크게 두 가지다. 하나는 개인주의와 자유주의적 왜곡이다. 곧 모든 개인이 저마다 자유롭고 평등할 권리만 내세우다 국가와 사회의 권위와 결속력이 약해지면서 부와 권력의 격차가 유지되거나 더 커질 공산이 크다는 말이다. 다른 하나는 사회주의와 혁명주의적 훼손이다. 소수 특권층에게서 부와 권력을 되돌려 받으려면 어쩔 수 없다는 이유로 다수의 폭력이나 프롤레타리아 독재에 기대어 민주주의를 스스로 부정할 위험성이 있다는 말이다.

공화주의는 민주주의의 바로 그런 단점을 보완하려고 꺼낸 카드다. 개인의 권리보다 정치 공동체의 유지와 발전에 필요한 시민 참여와 책임을 중시하고, 부와 권력을 국가의 법과 제도에 기대어 균등하게 나눠 가지면서 서로 견제하되 지배하지 않는 조화로운 관계를 구현하려는 사상

"정의를 교실에서 배우면 뭐하겠어요."

— '국정원 불법 선거 개입 규탄 촛불 집회'에서 연행된 뒤 풀려난
어느 대학생, 2013년 6월 22일

이기 때문이다. 공화주의도 단점은 있다. 개인의 권리를 등한시하고 시민의 자격을 엄격히 제한할 위험성이 크다. 민주주의하고 결합해야 하는 이유다.

지난 주말 국가정보원 대선 개입 '의혹'에 항의하는 대학생들이 거리로 나와 집회와 시위를 벌였다. 매우 소수지만 벌써 18대 대선 무효와 대통령 퇴진을 주장하는 사람까지 나오고 있다. 이런 목소리를 규탄하는 보수 성향 단체와 대학생들의 '맞불 집회'도 동시에 열렸다. 민주당을 비롯한 야당들은 국정조사를 요구하며 '장외 투쟁'을 선언하고 나섰다. 새누리당은 국가정보원을 내세워 노무현 전 대통령의 북방 한계선NLL 포기 발언 '의혹'을 또다시 들고 나왔다. 그러는 와중에 6월 임시 국회가 을을 위한 정치와 경제 민주화를 다루는 민생 국회가 되리라던 예상은 '정확히' 빗나가고 있다.

대한민국은 어디로 가고 있는지가 보이지 않는다. 현재와 미래를 위해 필요한지 검토하지도 않은 채 과거의 의혹을 둘러싸고 벌어지는 숨가쁜 정쟁, 바람직하지도 않고 실제로 그럴 수 없는데도 상대를 섬멸하려는 발설과 행동만 가득하다. 그사이 민주 공화국에 필요한 정치적 권위는 형성되지 못한 채 부와 권력의 균점은 또다시 늦춰지고 있다. 대한민국 임시 헌장을 제정(1919년 4월 11일)해 민주 공화국이라고 처음 선포한 지 94년, 아직도 대한민국은 민주 공화국이 아니다. ＿＿＿＿＿ 2013년 6월

진보라는 이름하고 작별할 때?

침체에 빠져 있는 진보 정치가 새로운 길을 모색하고 나섰다. '사회민주주의'라는 이름으로 노선과 조직을 벼리겠다는 그룹이 등장했다. '사회민주주의 정치포럼'이 바로 그 사람들이다. 진보 정당 운동을 해왔고 진보정의당에 관계하는 이들이 주축이다. 그동안 한국에 사회민주주의를 정착시켜야 한다며 이론과 정책을 연구해온 사회민주주의센터 등도 함께하고 있다. 목표는 당연하게도 사회민주당을 건설하고 집권하는 일, 그리고 사회민주주의의 전망과 정책을 구현하는 일이다.

사회민주주의가 무엇인지는 정치학에서도 이론과 실천 면에서 매우 복잡한 논쟁이 벌어진 역사가 있다. 한국의 맥락에서 간단히 말해보자. 지난 시절 민주화가 독재 정권을 물리치고 정치를 민주화하는 일을 목표로 했다면, 이제는 그야말로 '사회를 민주화'하자는, 곧 재벌 대기업 등이 성장의 결실을 모조리 독점하는 강자 독식 사회를 고쳐보자는 말이다. 스웨덴이나 독일처럼 시장 경제를 민주적으로 통제하고 윤택한 삶을 살 수 있게 공평한 복지가 제공되는 사회, 그래서 모두 조화롭게 살아갈 수 있는 사회를 만들자는 말이다.

이런 사회는 진보 정치라는 이름으로 추구한 목표기도 하다. 그런데 왜 갑작스럽게 진보가 아니라 사회민주주의라는 이름을 내세운 걸까? 아마도 이제는 '진부해진' 진보라는 이름하고 작별할 때가 됐다고 판단한 때문이리라. 사실 진보는 모호한 말이다. '사물이 점차 발달하는 일'이나 '사물이 차차 나아지는 일'을 뜻하는 이 말에서 도대체 그 사물이 무엇인지가 명확하지 않다. 모든 사물을 발전시킨다는 말은 과욕일 뿐 아니라 전체주의의 위험성마저 안고 있다. 인간의 삶과 공동체에서는 모든 것을 발전시키는 게 능사가 아니기 때문이다. 지킬 것도 있고 바꿀 수 없는 것도 있는 법이다. 인류에게 진보의 진면목을 실감하게 해준 근대 문명이 꽃피던 시기에 등장해 현대 사회에도 크나큰 영향을 끼치고 있는 3대 정치사상이 자유주의, 사회주의, '보수주의'인 이유가 바로 여기에 있다.

진보라는 말은 사실 유럽에서 부정적 의미를 갖기도 한다. 나치즘이 기반하던 사회진화론을 떠올리게 하기 때문이다. 모든 것을 발전시키겠다는 과욕이 무시무시한 전체주의를 가져온 가장 극적인 사례가 나치즘이다. 한국에서도 이제 진보는 그다지 긍정적인 단어로 받아들여지지 않는다. 특히 정치에 관련해서 그렇다. 종북, 분열, 폭력, 무례함 등으로 얼룩져버렸다. 또한 차별성도 사라졌다. 노무현 정부를 지나면서 진보는 이제 현재의 야권 전반을 아우르는 말이 돼버렸다. 아직은 진보정의당, 통합진보당, 진보신당 등이 '진보'를 고수하고 있지만, 통합진보당만 빼놓

"유럽 사회민주주의 사회는 진보정치가 지향하는 그러한 발전상에 가장 가까운 역사적 실체이거나 실체였던 사회라고 우리는 다시 인식합니다. 따라서 그들이 앞서 경험한 정치·경제·사회의 역사를 재학습하고, 그것을 한국 사회의 현실에 맞게 적용하는 우리들의 실천이 필요합니다. 그러한 실천을 위해 우리는 '한국형 사회민주주의 정치 세력'으로 거듭나고자 '한국형 사회민주주의 모색을 위한 정치포럼(준)'을 결성하려 합니다."

— 김형탁, 〈한국형 사민주의 정치포럼(준)을 제안합니다〉, 2013년 5월 8일

고는 모두 당명 변경을 시도하고 있다는 사실에서도 진보라는 말의 값어치가 많이 떨어진 현실을 확인할 수 있다.

사민정치포럼이 잘 성장해서 국민들의 지지를 받는 어엿한 사민당을 만들어낼 수 있을지는 아직 미지수다. 간판만 바꿔 다는 일이 아니냐는, 진보 정치가 침체에 빠져든 이유가 이름 때문이냐는 회의적인 시각이 만만치 않다. 분열을 예고하는 신호 아니냐며 따가운 눈총을 보내기도 한다. 사회'민주당'이라는 이름을 달았으니 결국 '민주당'으로 들어가려는 속셈 아니냐는 우스꽝스러운 해석도 있다. 사민정치포럼은 이런 부정적 반응을 극복해내는 일이 급선무다.

급선무를 '급하게' 수행해서는 안 된다. 특히 자기들의 정책을 강변하면 안 된다. 나는 옳고 맞기 때문에 내가 하자는 대로 하면 된다는 식이어서는 안 된다는 말이다. 그렇게 하면 폭넓은 지지와 공감을 얻지 못할 뿐 아

니라 자기들이 추구하는 전망과 정책을 실현할 수 없기 때문이다. 뚜렷한 성과를 내지 못한 정치 세력이 돼 아무 관심도 끌지 못하게 된다.

그렇게 되지 않으려면 무엇보다 먼저 새겨야 할 게 있다. 정치가 무엇인지에 관한 깊은 성찰이다. 정치란 이미 정해진 무엇인가를 투입한 대로 산출해내야 하거나 산출할 수 있는 '상자'가 아니라는 점을 명심해야 한다. 진보가 한다고 진보적 결과물이 나오지도 보수가 한다고 보수적 결과물이 나오지도 않는다는 사실을, 전쟁과 혁명 등 폭력을 동반하지 않는 대부분의 경우 결과물을 내오려면 결국 타협과 절충을 거쳐야 한다는 사실을 말이다. _____ 2013년 7월

정치가 섬겨야 할 이름

　　　　　　　　　　　　　요즘 한국 정치에서 잊힌 이름이 있
다. '민중'이다. 어느 누구보다도 이른 하루를 시작해 고되게 일하며 하루
를 보내지만 시민으로 받아들여지지 못하고 유권자로 인정받지 못하는
이들이다. 국정원 정치 개입과 엔엘엘 문제로 이미 세상을 떠났거나 퇴임
한 전직 대통령들의 이름 석 자를 둘러싸고 여야가 난투극을 벌이기 직
전, 제일 야당 민주당이 소리 높여 외친 '을을 위한 정치'를 들으며 '혹시'
하며 잠시 기대하기도 했다. 그렇지만 '역시'였다. 을을 위한 정치에 집중
하고 싶어 상대의 허물마저 품어 안아 민생 정책을 관철시키는 '정치다운
정치'를 향한 기대는 그야말로 몽상이었다.

손에 잡히는 결과를 보여주지는 못했지만 예외라면 예외라 할 수 있는
경우가 있기는 했다. 노회찬 진보정의당(지금의 정의당) 전 대표가 그렇
다. 삼성그룹이 준 떡값을 받은 검사들 명단이 들어 있던 안기부 X파일

폭로에 관련해 통신 비밀법을 위반한 혐의로 유죄 판결을 받은 노회찬은 국회 의원직을 잃었다. 정당의 대표도 맡을 수 없게 됐다.

2013년 7월 21일 노회찬은 대표직을 내려놓으며 읽은 고별사, 또는 고해 성사에서 한국의 정치가 민중을 잊고 있다는 사실을, 우리 정치가 섬겨 야 할 이름은 전직 대통령이 아니라 민중이라는 사실을 상기시켰다. 노 회찬의 고별사를 자의적으로 줄여 들어보자.

"6411번 버스는 새벽 4시 정각에 출발합니다. 새벽 4시에 출발하는 그 버스와 4시 5분경에 출발하는 둘째 버스는 매일 같은 사람들이 같은 정 류소에서 타고 같은 곳에서 내립니다. 이분들은 새벽 3시에 일어나서 이 버스를 타고 새벽 5시 반이면 직장인 강남의 빌딩에 출근해야 하는 분들 입니다. 이분들은 태어날 때부터 이름이 있었지만, 그 이름으로 불리지 않습니다. 그냥 청소하는 미화원일 뿐입니다. 한 달에 92만 원 받는 이분 들은 투명 인간입니다. 존재하되 그 존재를 우리가 느끼지 못하고 함께 살아가는 투명 인간들입니다. 지금 현대자동차 그 고압선 철탑 위에 올 라 있는 비정규직 노동자들도 마찬가지입니다. 24명씩 죽어 나간 쌍용 자동차 노동자들도 마찬가지입니다. 저 용산 남일당 그 건물에서 사라 져간 다섯 분도 투명 인간입니다. 아홉시 뉴스도 보지 못하고 일찍 잠자 리에 들어야 하는 분들입니다. 그래서 이분들이 이 노회찬을 모를 수 있 습니다. 그러나 그렇다고 이분들의 삶이 고단하지 않던 순간이 있었겠습 니까? 이분들이 그 어려움 속에서 우리 같은 사람들을 찾을 때 우리는 어 디 있었습니까? 이분들 눈앞에 있었습니까? 이분들 손이 닿는 곳에 있었 습니까? 이분들 목소리가 들리는 곳에 과연 있었습니까? 내일 새벽에도 6411번 버스는 정해진 시각에 출발합니다. 많은 투명 인간들이 여전히

피곤한 삶에서 벗어나지 못하고 있습니다. 정치한다고 목소리 높여 외치
지만 이분들이 필요로 할 때 이분들이 손에 닿는 거리에 아직 우리는 없
었습니다."

요즘 한국 정치에서 보기 드문 '명연설'이다. 누군가를 신랄하게 비판해
서, 촌철살인의 유머를 구사해서, 거창한 이념과 가치를 내세워서 그런
게 아니다. 이 험한 세상을 살아가는 사람들의 진짜 이야기를 들려주고,
그 사람들의 고단하고 쓸쓸한 삶의 풍경을 그려 '성찰의 눈물'을 흘릴 수
있게 해줘서 그렇다.

연설만으로 민중을 섬길 수는 없다. 민중의 삶이 나아지지도 않는다. 그
렇지만 좋은 연설에서 시작되기는 한다. 정치가 상대의 허물을 향한 미
움이나 그런 허물을 조작까지 하는 간교함의 언사로 가득차 있을 때 특
히 그렇다. 진성성과 지혜가 담긴 말은 사람의 마음과 몸을 움직인다.

기적이 놀라운 이유는 진짜로 일어나기 때문이라고 했다. 한국에서 민중을 섬기는 정치가 실현되는 순간이 바로 그런 기적일 수 있을까? 도대체 누구한테 그런 기적을 기대할 수 있는지 지금의 정당 구도를 떠나 유심히 살펴볼 일이다. _____ 2013년 7월

증세, 정쟁 말고 논쟁하라

민주주의는 논쟁이 필요하다. 한 나라의 주요 정책은 논쟁을 거쳐 더욱 좋은 정책이 된다. 정책의 어떤 점이 부족하고 어떻게 보완해야 하는지를 여러 사람과 집단이 모여 함께 찾아낼 수 있기 때문이다. 그래서 논쟁은 어느 일방이 아니라 동의와 합의에 바탕한 정책을 만들어내는 실천이기도 하다. 조금 부족하더라도 드러난 의견 차이를 좁혀야만 결과를 낼 수 있기 때문에 서로 조금씩 양보하면서 대안을 찾을 수밖에 없다. 그리고 논쟁 당사자로, 결과에 관한 책임 공유자로 각자 더 넓은 사회적 동의와 합의를 함께 구해야 하기 때문이다.

요즘 한국 정치 현실에서는 좋은 정책을 둘러싼 논쟁다운 논쟁을 찾아보기 어렵다. 힘을 앞세운 정쟁인 경우가 더 많다. 논쟁에 앞서 진영 논리에 기대어 자기가 옳고 맞고 좋다고 전제하고 강변하면서 상대방을 무조건 그리고 틀리고 나쁘다고 몰아간다.

현실 정치에서는 정쟁이 불가피하기도 하다. 당장은 그렇게 보이지 않을지 몰라도, 좀더 넓고 긴 관점에서 나라 살림과 민생 개선에 더 도움이 되는 방향으로 정치를 끌고 가려는 의도적이고 전략적인 선택일 수도 있다. 어떤 때는 그런 선한 의도가 아니더라도, 곧 '정쟁을 위한 정쟁'이 의도하지 않게 선한 결과를 가져올 수도 있다. 근대 민주주의의 핵심 특징인 대의 정치와 그 바탕인 선거 정치의 폐해가 오랫동안 지적받으면서도 유지될 수 있던 이유 중 하나가 바로 '경쟁의 의도하지 않은 결과'가 낳는 순기능이다. 그렇지만 좋은 정치는 의도와 결과의 간극을 메우는 일이다. 그래야 정치가 좀더 예측 가능해지고 안정될 수 있다.

민주화 이후의 대한민국은 물론이고, 우리보다 앞서 민주주의를 도입하고 시행한 서구의 근현대 정치사를 볼 때, 정치 세력들이 가장 치열하고 격렬하게 대립한 문제가 '분배'다. 민주주의 자체가 이미 부와 권력을 평등하게 분배하기 위한 사상이자 이념이고 제도기 때문이다.

더 중요한 이유는 분배 문제가 갖는 속성이다. 대표적인 자유주의 경제학자 존 스튜어트 밀이 이미 165년 전에 《정치경제학 원리》에서 지적했듯이 분배는 사회적 동의를 거쳐 진행된다. 그런데 사회는 서로 다른 처지와 생각을 갖고 있는 사람들로 가득차 있다. 분배는 동의를 거쳐야만 진행되는 문제인데, 그 동의를 만들어내기가 매우 어렵다는 말이다.

국정원 정치 개입 문제를 둘러싸고 몇 달째 정국이 경색되고 있다. 그런 상황에서 청와대가 세제 개편안을 발표했다. 4000~7000만 원 소득 구간은 연 16만 원, 8000만 원 초과 소득자는 연 98만 원, 3억 원 초과 소득자는 연 865만 원이 늘어나는 안이다. 민주당을 비롯한 야권이 중산층과 서민을 죽이는 '세금 폭탄'이라며 당장 반대하고 나섰다. 주말에는 국

"서민 경제가 가뜩이나 어려운 상황인데
서민과 중산층의 가벼운 지갑을 다시 얇게 하는 것은
정부가 추진하는 서민을 위한 경제 정책 방향과 어긋나는 것입니다.
…… 원점에서 다시 검토해주십시오.
…… 과세 형평성을 높이려는 취지에도 불구하고 오해하거나
국민들에게 좀더 상세히 설명할 필요가 있는 사안에 대해서는
정부에서 제대로 알리고 보완할 부분은 적극 바로잡아야 합니다."
— 박근혜, 청와대 수석비서관 회의, 2013년 8월 12일

정원 문제로 촛불 시위를 계속하고, 주중에는 직장인들을 대상으로 반대 서명 운동을 펼치겠다고 한다. 청와대는 자녀장려세제 신설 등을 고려하면 증세가 아니라고 해명에 나섰다.

그렇지만 납세자가 보기에 증세는 증세. 따라서 기왕 추진한다고 나섰으면 변명이 아니라 명분을 앞세워야 한다. 사회와 경제의 불평등을 해소하고 복지를 확대하려는 누진적 증세라고 말이다. 민주당을 비롯한 야권은 더 문제다. 전체 노동자 3분의 2를 차지하는 4000만 원 이하 소득자를 중심에 놓고 보면 세금 폭탄이라는 말은 설득력이 없기 때문이다. 게다가 정책을 둘러싼 논쟁을 하기도 전에 세금 폭탄 딱지를 붙이고 서명 운동 같은 직접행동에 나선다고 선언한 행동은 증세 문제를 정쟁 도구로 삼겠다는 말에 다름 아니다. 주의나 주장을 앞세우면 논쟁은 멀어지고 정쟁은 가까워진다.

청와대는 증세가 아니라고 변명만 할 게 아니라, 대기업 과세처럼 좀더 효과적인 세수 확대 방안을 찾을 논쟁의 장을 열어야 한다. 민주당과 야권은 어느 소득 계층을 중산층과 서민으로 부르는지 분명히 하면서, 더 늦기 전에 정쟁이 아니라 논쟁을 걸어야 한다. 정치 한번 제대로 해보겠다는, '을을 위한 정치'를 할 마음이 진짜 있다면 말이다. ____ 2013년 8월

민주주의가 필요한 이유

민주주의는 필요하다. 그런데 민주주의가 필요한 이유는 부와 권력을 가진 이들의 흠과 허물을 단죄하는 데 있지 않다. 뭔가 '불경한' 주장으로 보일지도 모른다. 부와 권력을 가진 자의 흠과 허물을 단죄해야 정의를 구현할 수 있고, 그런 사실을 민주주의가 일러줬다고 생각하면 그렇게 보일지도 모른다. 또한 '필요하다'는 말을 두고서는 민주주의를 마땅히 따라야 할 도리가 아니라 실리를 얻는 수단 정도로 깎아내리려는 생각 아니냐고 의심할 수도 있다.

부자와 권력자의 흠과 허물을 단죄하면 안 된다는 말이 아니다. 민주주의의 목적이 부자와 권력자들의 흠과 허물을 단죄하는 데 있지 않다는 말이다. 또한 설사 단죄하더라도 그렇게 하는 이유를 특정해야 한다는 말이다.

민주주의와 정당에 관한 연구에 큰 영향을 끼친 미국 정치학자 엘머 에릭 샤츠슈나이더는 《절반의 인민주권》이라는 책에서 이렇게 썼다. "인민을 위해 민주주의가 만들어진 것이지, 민주주의를 위해 인민이 만들어진 것은 아니다. 민주주의는 평범한 사람을 위한 것이다." 평범한 사람들이란 부와 권력을 갖고 있지 못한 많은 보통 사람들, 곧 민중을 가리킨다.

역사 속 민주주의가 실제 그랬다. 19세기 말에서 20세기 초에 걸친 때였다. 고대 그리스 뒤로 아주 오랫동안 잊힌 이름, 기억됐어도 부정적인 대상으로 여겨지던 민주주의가 '좋은 것'으로 탈바꿈해 인류 역사의 전면에 다시 등장한 게 바로 그때였다.

18세기 말 보수주의의 창시자 에드먼드 버크는 프랑스 대혁명을 지켜보면서 민주주의란 이성을 갖추지 못한 무지하고 몽매한 다수의 전체주의라는 '전통적' 견해에 바탕해 '세상에서 가장 수치심을 모르는 것'이라고 힐난했다. 그렇지만 거의 100년 뒤인 19세기 말을 지나면서 만들어진 유럽 각국의 주요 정당이 모두 민주주의를 신봉한다며 입을 모으기 시작했다. 그때 등장해 결국 다수당 자리까지 오른 독일의 사회민주당이나 영국의 노동당이 좋은 사례다.

이런 정당들이 민주주의를 내세운 까닭은 자본주의가 발전하는 과정에서 정치적이나 사회적으로 억압받고 차별받던 이들, 자기들의 지지자가 되리라고 여겨진 이들에게도 시민의 자격과 지위를 부여하려면 '인민 주권'의 사상과 이념이 필요하기 때문이었다. 민주주의는 특히 선거권 확장이나 보통 선거권 보장에 초점을 맞추고 있었다. 모든 인간은 평등하게 태어나 자유롭게 살아갈 권리를 지녔다고 선언한 근대 시민 혁명이 일어난 뒤에도 대개 재산 보유자만 선거권을 갖고 있기 때문이었다. 또한 참정권을 획득해야만 정치적 대표를 거쳐 복리를 증진시키고 부자와

"인민을 위해 민주주의가 만들어진 것이지,

민주주의를 위해 인민이 만들어진 것은 아니다.

민주주의는 평범한 사람을 위한 것이다."

— 엘머 에릭 샤츠슈나이더, 《절반의 인민주권》, 후마니타스, 2008년

권력자들의 전횡을 제어할 수 있기 때문이었다.

경제적 불평등이 심해지는데도 오히려 승자 독식이 더 판을 치는 한국 사회에서 민주주의가 필요한 이유도 별로 다르지 않다. 부와 권력을 갖지 못한 이들, 곧 민중도 '평등한 시민'으로서 자유롭게 저마다 꿈을 좇으며 행복을 추구할 수 있는 '조건과 기회'를 누려야 하기 때문이다. 그런 조건과 기회를 빼앗고 독점해 공화적 질서를 허물어뜨리는 짓이야말로 민주주의라는 이름으로 단죄해야 할 부자와 권력자들의 흠과 허물이다.

요즘 시민운동 활동가들 사이에 촛불 시위의 열기가 식은 게 아니냐는 말들이 나온다. 민주주의를 내걸고 국정원 정치 개입에 항의하며 대통령의 사과를 요구하는 촛불 시위 말이다. 근거가 뭔지는 모르겠지만 10만 명 넘게 모여야 대통령 사과든 국정원장 사퇴든 정부 쪽의 반응을 끌어낼 수 있다고 한다. 그런데 3~4만 명 정도에 머물러 있단다.

왜 그런 걸까? 정부 눈치를 보는 언론과 방송이 보도를 해주지 않기 때문이라는 사람도 있다. 과연 그런 이유 때문일까? 촛불이 내세운 민주주의가 평범한 사람들에게도 필요한 이유를 제시하지 못하거나 부각시키지 못한 탓은 아닐까? 그러면서도 단죄만 요구하는 모양새가 굳어진 탓은 아닐까? 곰곰이 생각해볼 일이다. _____ 2013년 8월

한국 민주주의, 역행도 순행도 아닌

박근혜 정권이 들어선 뒤 한쪽에서 '시대의 역행'을 염려하는 목소리가 커지고 있다. 그런 염려의 핵심에는 국정원과 김기춘 대통령 비서실장 등이 자리잡고 있다. 국정원과 김 실장이 주요 정치 행위자로 등장한 데 이어 옛 군부 독재 정권 때처럼 공작 정치를 저지르거나 그런 움직임의 배후 노릇을 하고 있다고 확신한다.

종북 딱지 붙이기 댓글로 18대 대통령 선거에 개입하기, 고 노무현 전 대통령의 엔엘엘 관련 발언 조작하기, 통합진보당 이석기 의원의 내란 음모 혐의 제기하기, 혼외정사 의혹으로 채동욱 검찰 총장 몰아내기 등이 그런 사례다. 한마디로 민주화 시대에 어울리지 않는, 박정희 정권, 전두환 정권, 노태우 정권 시절에나 볼 수 있던 용공 조작, 공안 정국 조성, 사유화한 권력 기구의 정략적 이용 같은 구시대 통치 방식이 다시 등장했다는 시각이다.

이런 시각은 민주화 시대라면 대통령과 정권 또는 특정한 정치 세력에 권력 기구가 좌우되지 않고 중립성과 독립성을 보장받아야 하며, 어떤 경우에도 권력이 사상과 표현의 자유를 침해해서는 안 된다는 가정에 기초하고 있다. 이런 가정은 '민주주의론 교과서'에 그대로 써 있다.

그런데 '원론'에 기초해 현실을 역행이라고 바라보는 시각에는 '오류'가 있다. 권력 핵심이 품은 '의도'의 세기 등에 차이가 날지는 몰라도, 민주화 뒤 김영삼, 김대중, 노무현, 이명박에 이르는 역대 어느 정권에서도 '무한한' 사상과 표현의 자유는 물론이고 권력 기구의 중립성과 독립성은 결코 실현된 적이 없다. 모든 정권 때 공안 사건이 터졌고, 사상과 표현의 자유를 둘러싼 갈등이 벌어졌으며, 정국을 뒤흔든 주요 사건의 '배후'에서는 늘 권력 기구가 큰 구실을 했다.

민주 개혁 정권으로 불려 '가장 안 그럴 듯하던' 김대중 정권과 노무현 정권 때만 해도 그랬다. 세상을 떠들썩하게 해 당장 기억나는 일만 해도 김대중 정권 때는 주요 정치인, 언론인, 경제인 등을 대상으로 한 국정원 도청 사건이 있었고, 노무현 정권 때는 종북주의 논란을 일으켜 진보 정당을 분열로 이끈 일심회 사건이 있었다. 또한 한-미 자유무역협정, 남북 정상 회담 등 정치 쟁점에 관련된 국정원의 댓글 공작도 있었다. 김대중 정권과 노무현 정권은 국정원을 비롯한 권력 기구 개혁을 어느 정권보다도 강하게 내세운 정권인데도 그랬다.

김대중 정권 때는 개혁 의지를 내세우며 '국가안전기획부'를 '국가정보원'으로 바꿨고, 노무현 정권 때는 진보 개혁 성향 인사를 국정원 원장과 기조실장으로 임명하고 대통령 독대 보고 관행도 폐지했다. 그러나 결국 국정원은 공작 정치 부대 구실을 계속했다.

"대통령께서는 채 총장의 사표를 수리하지 않으면서 본인이 조사에 응해서 자신의 모든 것을 해명하고, 의혹을 벗기를 바랐다. 그러나 전혀 조사에 응하지 않고 협조하지 않아 이 문제가 장기간 표류할 수밖에 없고 검찰 수장 자리가 계속 공백 상태가 되는 상황이 됐다. 이렇게 되면 검찰 조직이 불안정해지고 마비 상태가 돼 중요한 국가 기능을 수행하지 못하게 된다. 이런 상태를 오래 방치할 수 없어 대통령께서는 법무부의 건의를 받아들여 채동욱 검찰총장의 사표를 수리했다."

— 이정현 청와대 홍보수석, 2013년 9월 28일

검찰 총장 인사도 마찬가지였다. 중립성과 독립성을 보장한다며 임기제를 도입했지만 제대로 지켜진 적이 없다. 역대 검찰 총장들 모두 이런저런 정치 쟁점에 얽혀 권력 핵심의 의도에 따라 툭하면 거창한 말을 남기고 무대 뒷편으로 사라져야 했다. 그런 식으로 '잘려 나간' 검찰 총장의 퇴임사만 모아도 재미난 명언집 한 권을 낼 수 있을지 모른다.

그러니까 박근혜 정권에 들어서 나타난 현상들은 역행이 아니다. 무엇보다 역행이라고 할 만큼 민주주의적 이상을 실현해가는 순행이 없었기 때문에 그렇다. 그런데도 역행이라고 부르는 이유는 뭘까? 첫째, 민주화 뒤에 들어선 정권들을 냉철하게 비교하고 평가하지 않기 때문이다. 둘째, 독재자 박정희 전 대통령의 딸 박근혜 대통령이 육사와 서울대 법대 출신의 친유신 인사가 주축인 '육법당'을 매개로 유신을 부활시키려고 하는 게 아니냐는 의심 때문이다. 셋째, 정치 구도상 그런 의심에 기대어 박근혜 정권에 반대해야만 정권을 되찾을 수 있다는 정치 공학식 인식 때문이다.

역행의 이유가 무엇이든 간에 누가 역행이냐 아니냐 또는 순행이 있었냐 없었냐 하는 시비보다 더 중요한 문제가 있다. 누가 역행이냐 아니냐 하는 시비 속에서, 또는 누구는 순행이고 누구는 역행이라는 허구의 평가나 가상의 대립 구도 속에서 정작 순행의 힘을 찾지 못하고 있는 상황이 문제다. 이런 상황을 바꿔야 한다는 깨달음, 곧 순행의 힘을 찾아내야 한다는 자각이 요즘의 정치 상황과 사회 현실에서 한국 민주주의가 직면한 가장 시급하고 중대한 과제다. _____ 2013년 9월

문제는 '민심'이다

민심은 수치로 나타나는 여론 조사 결과하고 꼭 같지는 않다. 민심은 서로 신뢰하는 사람들 사이의 직접적 소통을 거쳐 만들어지는 집단적 심정 또는 의사다. 서로 알지 못하는 한 사람 한 사람의 선호를 대상으로 보기 몇 개 중 하나를 선택하게 해 결과를 추려내는 여론 조사하고 다르다.

민심은 여러 현상을 복기하고 종합한 바탕 위에 서로 신뢰하는 사람들 중 가장 그럴듯한 논변을 제시하는 누군가가 주도해 여론 조사 결과마저 (재)해석한 뒤 그 결과를 공유해서 만들어진다. 민심은 한 번 만들어지면 쉽사리 바뀌지 않는다. 다른 무엇보다도 이미 신뢰하는 사람의 말을 더욱 신뢰하는 사람들의 특성 때문이기도 하고, 신뢰하는 사람들 사이의 소통을 거쳐 만들어지기 때문이기도 하다. 민심이 강력한 힘을 발휘하는 이유는 이런 신뢰의 네트워크 효과에 기반하기 때문이다.

추석 연휴가 끝났다. 정치권은 촉각을 곤두세우고 있다. 추석 연휴를 거치며 민심의 향배에 영향을 주는 신뢰의 네트워크 효과가 작동하기 때문이다. 가족과 친지들이 한자리에 모여 세상 돌아가는 이야기를 나누다가 민심이 만들어지기 시작한다. 가족이고 친지들이기는 하지만 세대와 계층은 서로 다르다. 생각도 다르고 다툼도 있다. 그렇지만 그럴 때조차 인지상정을 확인한다.

이번 추석 연휴에는 어느 때보다 가족과 친지들이 모인 자리에서 함께 나올 수밖에 없는 뜨거운 정치 쟁점들이 있었다. 18대 대통령 선거 국정원 댓글 공작 수사, 고 노무현 전 대통령의 엔엘엘 포기 발언 의혹, 통합진보당 이석기 의원 등의 내란 음모 혐의 사건, 채동욱 검찰 총장을 향한 사퇴 압력 공작 등을 둘러싸고 '지루하게' 이어지는 정치 공방, 그리고 대통령(정부·여당)과 야당 중 '누가 국민적 저항에 직면할까'를 둘러싸고 또 다른 정치 논란을 불러와 갈등을 증폭시킨 대통령과 여야 대표 간 3자 회담 등이다.

백미는 3자 회담이다. 정쟁을 불러온 문제들을 수습할 수 있다는 기대 속에 추진된 때문이다. 민생에 직결된 예산 문제를 다뤄야 하는 때인 만큼 이쯤에서 다툼을 정리해야 한다는 목소리가 커지기도 했다. 물가 상승과 전세 대란 속에서 여야 정쟁의 승패보다는 생계를 꾸리는 데 더 관심을 가질 수밖에 없는 보통 사람들 사이에서는 더욱 그랬다.

정치 전문가들 사이에서 부정적 관측과 전망이 지배적인데도 혹시나 하는 마음으로 3자 회담을 지켜봤다. 집권 뒤 같은 시기의 노무현 정부나 이명박 정부하고 다르게 70퍼센트에 육박하는 높은 여론 지지율을 보이는 박근혜 대통령이 정쟁의 '당사자'가 아니라 '중재자'로서 리더십을 발

"회담을 통해서 오해가 있었던 부분은 서로 풀고 추석을 앞두고 국민들께 희망을 드릴 수 있는 그런 결과가 나오도록 했으면 합니다."

— 박근혜, 청와대 여야 대표 3자 회담, 2013년 9월 16일

"일련의 민주주의를 크게 훼손시킨 행위에 대해 국정의 최고 책임자로서 대통령께서 사과하시는 것이 마땅하다고 생각합니다. …… 많은 얘기가 오갔지만 정답은 하나도 없었습니다. 대통령과의 담판을 통해서 이 땅에 민주주의 회복을 기대하는 것은 무망하다."

— 김한길 민주당 대표, 청와대 여야 대표 3자 회담, 2013년 9월 16일

휘할 수 있으리라는 기대도 깃들어 있었다. 이런 기대는 비교적 높은 지지율 덕에 박 대통령이 선임자, 특히 집권 세력이 계속 시빗거리로 삼는 노무현 전 대통령하고 다르게 정쟁보다는 국정에 집중하면서 남북 관계에서 전략적으로 완급을 조절하고 전두환 추징금 강제 납부를 성사시켰다는 평판에 기댄 '이유 있는 생각'이기도 했다. 회담 결과는 보통 사람들의 기대를 충족시키지 못했다. 박 대통령은 정쟁의 중재자가 아니라 당사자가 되고 말았다. 높은 지지율에 취해 강수를 두지 않았냐는 평가도 나왔다.

때때로 정쟁의 당사자가 되는 지도자들에게는 공통점이 있다. 정적보다 자기가 지적인 면과 도덕적인 면에서 우위에 있다거나 더 많은 지지를 받고 있다는 '오만함'이다. 정치에 관해 보통 사람들이 갖는 인지상정, 곧 민심이 모아지는 예민한 지점이 있다. 권력의 오만함이다. 박 대통령이

정쟁의 당사자로 변신한 이유가 높은 지지율이라면 이 점을 간과한 탓이
리라.

지지율이 낮은 정당이 선거에서 승리할 때가 왕왕 있다. 권력의 오만함
을 심판해야 한다는 민심에 바탕해 힘의 균형을 찾와야 한다는 보통 사
람들의 간지가 발휘된 결과다. 3자 회담 뒤 10퍼센트 정도 지지율이 떨어
진 박 대통령. 지지율이 아니라 민심을 문제삼아야 한다. ＿＿＿ 2013년 9월

용서할 수 없는 정치의 죄악

"민주주의 정치에서 용서할 수 없는 죄악은 대중의 권력을 사소한 문제들에 사용함으로써 이를 낭비하는 것이다." 민주주의와 정당 이론에 큰 영향을 끼친 미국 정치학자 엘머 에릭 샤츠슈나이더가 한 말이다. 요즘 한국 정치가 귀기울여야 할 구절이다. 무엇이 중대한지 아닌지 또는 무엇이 사소한지 아닌지를 둘러싸고 논란의 여지는 있다. 그렇지만 샤츠슈나이더의 말은 정치가 기본적으로 우선순위를 결정해야 하는 실천이라는 점을 상기시킨다. 중대한 문제를 먼저 다뤄야 하는 일이 정치라는 말이다. 그런데 이때 유의할 점이 있다. 우선순위를 정해야 하는 이유다. 아마 많은 사람이 문제 자체의 중대성 때문이라고 할지 모른다.

틀렸다. 정치가 우선순위를 정해야 하는 이유는 능력의 제한성이다. 세상에 중대하다고 여겨지는 문제가 어디 한두 가지인가. 아무리 '정치 천재'라 해도 동시에 여러 가지 문제를 한꺼번에 다룰 수는 없다. 그럴 수 있다고 하는 말은 거짓말이다. 거짓말 자체가 죄악은 아니다. 우리가 살면서 경험하고 확인한 대로 때때로 필요한 거짓말이 있고 착한 거짓말도 있다. 윈스턴 처칠은 이런 '명언'을 남기기도 했다. "진실은 정말 소중해서 거짓말이라는 경호원이 필요하다." 그렇지만 거짓말 때문에 소란이 일어나고, 그 소란 탓에 정작 가장 시급하고 중요한 문제를 해결하지 못한다면, 그래서 보통 사람들의 삶이 어려워지고 고통스러워진다면, 그 거짓말은 범죄다.

사람들마다 중대하다고 생각하는 문제가 다를 수 있다. 그렇지만 정치가 중대하다고 여겨야 하는 문제는 대부분의 보통 사람이 삶을 살아갈 때 가장 기본이 되는 일, 곧 '먹고살기'다. 정치가 '상식'을 강조하는 이유, '공감'을 중시하는 까닭이 바로 이것이다. 상식에 바탕해야 공감을 살 수 있고, 공감을 살 수 있는 사안이 바로 먹고사는 문제다.

더 나아가 먹고사는 문제가 중대한 이유는 이 문제가 최소 수준에서 어느 정도 해결돼야 자유롭게 저마다 행복을 꿈꾸는 삶을 누릴 수 있기 때문이다. 이런저런 정치 이념들, 특히 근대 문명의 전개 과정에서 출현한 자유주의와 사회주의가 사회적이고 경제적인 평등을 핵심 가치로 설정한 이유도 바로 여기에 있다. 보통 사람들의 통치 가능성과 능력을 부정하려 한 보수주의도 혁명을 막으려면 사회적이고 경제적인 평등이 필요하다고 시인했으며, 오히려 평등의 제도화에 앞장섰다.

한국에서도 여당이니 야당이니, 보수니 진보니 할 것 없이 정치권의 모든 세력이 국민을 상대로 '민생'을 가장 앞세운다. 민생을 우선하지 않고서는 지지율을 올릴 수도, 득표력을 키울 수도 없기 때문이다. 군사 독재 시

"작금에는 부정 선거까지 언급하는데, 저는 지난 대선에서
국가정보원으로부터 어떤 도움도 받지 않았고
선거에 활용한 적도 없습니다. …… 민생과 거리가 먼 정치와 금도를
넘어서는 것은 국민들을 분열시키고 정치를 파행으로 몰게 될 것이고
그것은 진정 국민을 위한 정치가 아니라고 생각합니다.
…… 오히려 저는 과거로부터 이어져온 비리와 부패의 관행을 보면서
그동안 과연 무엇을 했는지에 대해 묻고 싶을 정도로
비애감이 들 때가 많습니다."
— 박근혜, 청와대 수석비서관 회의, 2013년 8월 26일

대가 막을 내린 민주화 시기에 들어 특히 그렇다. 그런데 신기하게도 모든 정치 세력들이 얼굴을 맞대고 앉으면 민생 문제는 늘 뒷전으로 밀려난다.

지금 국회에서 벌어지는 국정감사만 봐도 그렇다. 국정원 정치 개입과 검찰 내부 인사 같은 문제가 여전히 '쟁점'이다. 물가, 주거, 일자리와 소득, 교육, 건강 같은 민생에 '직접' 관련된 일들이 아니다. 많은 보통 사람들을 당장 고통스럽게 하는 문제가 아니다. 민주주의에 무관한 문제는 아니다. 그렇지만 이때 민주주의는 '권력 게임의 공정한 규칙'이라는 의미가 강하다. 지배자와 피지배자 사이의 권력 다툼도 아니다. '선수 자격증' 보유자, 곧 직업 정치인들 사이에 벌어지는 정쟁이다. '정책 국감이 아니라 정쟁 국감'이라는 비판이 나오는 이유가 여기에 있다.

민주주의 정치에서 선수들 사이의 공정한 경쟁 규칙이 지니는 의미를 과

소평가할 필요는 없다. 그렇지만 지금 대한민국 민주주의의 운명이 그런 규칙에 달려 있지는 않다. 보통 사람들이 대부분인 유권자의 간지와 선택에 좌우된다. 그럼 여야가 공방을 벌이는 문제들이 그 간지가 작동하지 못하게 가로막고 선택을 왜곡했는가? 그렇다고 보기는 어렵다. 이를테면 국정원 정치 개입 때문에 대선 승패가 바뀌었다고 보기는 어렵다는 말이다.

정치권은 왜 그토록 이 문제에 집착하는 걸까. 여러 문제를 한꺼번에 다룰 수 있는 자기 능력을 과신하기 때문인가? 민생 문제를 먼저 다룰 수 없는 무능 때문인가? 어떻게 답하든 간에 과신과 무능은 모두 정치적 죄악의 근원이라는 점을 자각하기를, 진짜 문제삼아야 할 정치적 죄악이 무엇인지 살펴보기를 바랄 뿐이다.＿＿＿＿＿＿＿＿＿ 2013년 10월

박정희는 불행

독재는 매혹적이다. 정치와 사회가 혼란과 내전의 시기일 때 그렇다. 또는 자기가 살아가는 현실을 그런 시기라 판단한 뒤 다양함을 혼란으로 보고 혼란을 내전으로 보면서 오직 강력한 절대 권력의 힘으로 그런 문제들을 제거할 수 있다고 믿는 이들에게 그렇다.

다양함은 분명 혼란을 가져올 수 있다. '공화共和'를 고려하지 않은 채 각기 다른 가치를 맹목으로 추구할 때 그렇다. 혼란이 내전으로 이어질 수도 있다. 공화를 가능하게 하는 실천 기술인 정치를, 적과 동지를 구분한 뒤 적을 죽이고 동지를 살리는 전쟁으로 생각할 때 그렇다.

독재를 정당화하고 이론화하는 데 지력을 쏟아부은 사상가들이 있었다. 독일의 저명한 법학자이자 정치학자로 《독재론》 등을 쓴 카를 슈미트가 대표적이다. 슈미트는 대공황의 여파로 살인적 인플레이션과 실업 등 위기를 겪고 있으면서도 다원적 의회주의 정치를 기본 원리로 삼은 채 무기력과 혼란에 빠져 있던 바이마르 공화국이 잠재적 내전 상태에 놓여 있다고 봤다. 《공화국론》(1576)을 쓴 장 보댕과 《리바이어던》(1651)을 쓴 토마스 홉스를 슈미트는 자기 사상의 원류로 꼽았다. 보댕과 홉스 모두 혼란과 내전의 시기를 산 이들인데다가, 독재를 정당화하는 근거를 국가 이성론에서 찾고 있기 때문이다.

보댕, 홉스, 슈미트는 모두 국가란 공적 질서 자체인 만큼 법, 윤리, 종교 등에 우선한다고 봤다. 혼란스러운 현실을 타파해야 한다는 명분을 내세워 슈미트는 프로이센의 사회민주당 정부를 제거하려는 힌덴부르크 연방 정부의 긴급 조치를 옹호했고, 결국 아돌프 히틀러의 나치 정권을 지지했다. 단순히 잇속을 챙기려는 행동은 아니었다. 철학과 신념에 바탕했다. 아마도 슈미트가 나치 시대의 황제 법학자로 불린 진짜 이유가 바로 이것이리라.

카를 슈미트는 나치가 패망한 뒤에도 자기가 한 행동을 공적이나 사적으로 사과하지 않았다. 히틀러에 관해 '착각'한 탓에 나치에 가담했을 뿐이라고 변명하기는 했다. 히틀러가 독일이라는 나라와 서양 문명을 발전시킬 독재자가 아닌데 잘못 봤다는 말이었다. 사람을 현혹시키는 독재의 힘을 확인할 수 있는 대목이다. 2차 대전이라는 더 큰 전쟁을 불러온 독재의 무서움을 목격해놓고도 독재가 필요하다는 고집을 꺾지 않은 듯하니 말이다.

2013년 10월 26일에 박정희 전 대통령 추도식과 추모 예배가 열렸다. 날선 말들이 쏟아져 나왔다. "한국에는 독재가 필요하다." "간첩이 날뛰는 세상보다는 차라리 유신 시대가 더 좋았다." 이런 말들은 대한민국이 박

"정치권 일각에서 나오는 이 말에 대해 우리 서민들은 '간첩이 날뛰는 세상보다는 차라리 유신 시대가 더 좋았다'고 부르짖습니다."
— 손병두 박정희대통령기념재단 이사장, 박정희 전 대통령
34주기 추도식, 2013년 10월 26일

정희를 넘어서지 못하고 있다는 사실을 확인시키면서, 그 핵심에 독재의 유혹이 엄존하고 있다는 점을 알려준다. 물론 그런 몇몇 사람들 때문에 대한민국이 다시금 독재 시대로 접어들 리는 없다. 그 사람들은 보댕도, 홉스도, 슈미트도 아니다. 그렇게 될 능력을 갖춘 듯하지도 않다. 독재가 필요한 이유를 기껏해야 주위의 반대에 아랑곳하지 않고 밀어붙이는 돌쇠 정신과 억압적 반공주의에서 찾고 있기 때문이다.

부하가 쏜 총탄에 맞아 세상을 등진 박정희는 이런 점에서 죽은 뒤에도 불행하다. 자기를 그저 추억 대상으로 삼으면서 반세기가 다 돼가는 과거의 존재로 고착시켜놓고 있기 때문이다. 진정한 추종자라면 미래를 열어제칠 살아 숨쉬는 전망으로 재구성해야 할 텐데 말이다. 대한민국의 혼란과 내전을 이겨내는 지혜 같은 가치로 말이다. 그렇지만 그저 반목과 대립만 키우고 있을 뿐이다.

독재가 필요하다는 말을 전해 들은 어느 유명 시민운동가는 이제 박정희 추종자들이 유신이 좋았다고 대놓고 말할 수 있는 사회가 됐다며 안타까워했다. 그렇지만 그런 말에 크게 마음 상할 필요는 없는 듯하다. 이 땅의 박정희 추종자들이 독재를 향한 보통 사람들의 열정을 일으킬 수는 없어 보이기 때문이다. 민주화 뒤 대한민국이 보여주는 다양함이 혼란으로, 혼란이 내전으로 이어질 성격을 띠고 있는지도 의문이다. 그런데도 박정희 추종자들이 독재 타령을 하는 이유는 둘 중 하나이리라. 낡은 것에 관한 지나친 집착이 낳은 망령이거나, 강자에게 대들지 말고 계속 얌전히 있으라는 협박이거나. _____ 2013년 10월

불평등은 질병이다

사회적이고 경제적인 불평등은 민주 공화국의 생명을 위협하는 질병이다. 부의 독점, 그 결과인 권력의 독점은 공존과 자유와 평등을 핵심 가치로 삼는 민주 공화국의 유지와 재생산을 불가능하게 한다.

국민 주권 사상을 내세운 장 자크 루소는 모든 사회 구성원들이 일정한 양의 재산을 소유하되 어느 누구도 지나치게 많이 소유하지 않을 때만 유익한 사회가 만들어질 수 있다고 말했다. 그래서 오직 타인에게 지배당하거나 예속되지 않을 만큼만 개인의 자산 소유를 허용하는 사회가 '좋은 사회'라고 말했다.

사회적이고 경제적인 불평등이 어느 때보다도 심한 요즘 대한민국은 이런 루소의 말을 깊이 새겨들어야 한다. 지난 11월 19일 발표한 통계청 자료 〈2013년 가계금융·복지조사 결과〉에 따르면, 한국은 지니 계수가

0.353이다. 경제협력개발기구ᴼᴱᶜᴰ 평균 0.314에 견줘도 높은 수치로, 오이시디 34개국 중 6위다.

정작 문제는 딱딱한 수치가 아니라, 우리가 실제 앓고 있는 질병이다. 한국은 몇 년째 자살률과 저출산율에서 오이시디 1등을 달리고 있다. 그동안 서울은 세계의 다른 대도시에 견줘 치안이 좋은 도시라고 자랑했지만, 이제는 아니다. 흉악 범죄 발생 빈도가 이미 2000~2004년 사이에 오이시디 평균을 넘어섰다. 지난 5년 동안 존속 살인이 2배 넘게 늘었는데, 같은 기간 미국과 영국에 견줘 2배가 높은 수치다. 요즘에는 비존속 살인도 빠르게 늘어나고 있다. 2000년대 초에는 가족 동반 자살이 크게 늘었다. 제힘으로 키울 수 없는 아이들을 보육 기관에 맡기고 떠나는 부모도 많았다. 2008년 경제 위기 뒤 그런 부모가 다시 늘었고, 아이를 되찾아 데려가는 비율은 더 줄어들었다.

2013년 2월 21일 발표한 경찰청 자료에 따르면, 이 기간에 걸쳐 아예 자식과 가족을 버리고 떠나는 성인 가출도 32.5퍼센트 늘었다. 사회의 가장 기본적인 공동체 단위인 가족마저 해체와 파멸의 길을 걷고 있다. 대부분의 전문가들은 이런 현상이 벌어지는 핵심 이유는 생계 곤란을 포함한 경제 문제라고 분석하고 있다.

한국 10대 그룹 등기 임원의 평균 연봉은 9억 7000만 원이다. 특히 삼성그룹 등기 임원의 평균 연봉은 삼성그룹 정규 직원에 비교해도 19.8배가 높다. 한국의 법정 최저 임금은 연봉으로 따지면 1300만 원 정도다. 빈곤층을 가리는 기준 연소득 1068만 원을 겨우 넘는다. 사회적이고 경제적인 불평등은 정치적 불평등으로 이어지고 있다. 오이시디가 발표한 2012년 '행복 지수ᵞᵒᵘʳ ᴮᵉᵗᵗᵉʳ ᴸⁱᶠᵉ ᴵⁿᵈᵉˣ'에 따르면, 한국은 소득 부문 상위 20퍼센

"주인 아주머니께……. 죄송합니다.

마지막 집세와 공과금입니다.

정말 죄송합니다."

— 송파 세 모녀, 2014년 2월 26일

트의 91퍼센트가 선거 때 투표를 하는 반면 하위 20퍼센트의 투표율은 59퍼센트에 그쳐 정치적 불평등 지수가 29개국 중 최하위다.

스위스는 11월 24일에 최고 경영자 임금이 최저 임금의 12배가 넘지 못하게 하는 '1 대 12 이니셔티브' 도입을 놓고 국민 투표를 실시한다. 경제계가 반발하면서 통과 전망이 그리 밝지는 않다. 찬성율이 35퍼센트 정도에 그치고 있다. 그렇지만 이미 지난 3월에 최고 경영자 임금을 주주 투표로 제한하는 '민더 이니셔티브', 곧 고액 연봉 제한안이 통과됐다. 유럽연합 차원에서는 이런 법안을 올해 말까지 법제화할 예정이다. 독일도 최고 경영자 임금 한도제 도입을 검토하고 있다. 프랑스는 이미 지난해 공기업 경영자의 임금이 최저 임금의 20배를 넘지 못하게 우리 돈 6억 5000만 원으로 제한하는 안을 통과시켰다. 모두 불평등을 해소하려는 노력이다.

이런 나라들에서 불평등을 해결하려는 실천을 이끄는 주역은 정치권이다. 한국의 정치권은 어떤가? 여전히 정쟁만 일삼는다. 기껏해야 지난 정권 시절의 남북 정상 회담 회의록 유출과 조작, 대선의 공정성, 종북 이념 문제 등을 둘러싸고 말이다. 오죽하면 적과 동지의 경계를 넘어 영혼의 고통을 어루만지는 일을 최우선으로 삼아야 하는 사제들이 대통령 퇴진을 요구하며 정치의 한복판으로 뛰어들었겠는가.

한국의 정치권도 유럽 여러 나라들처럼 불평등 문제를 해결하는 데 전념해야 한다. 일개 정권의 정당성을 둘러싼 다툼보다 대한민국을 제대로 된 민주 공화국으로 만드는 일이 더 중요하다. 그런 일이 정치의 본분이다. 그 본분의 핵심에 불평등 문제가 놓여 있다. _____ 2013년 11월

순서를 지켜라

선거에 환상을 가질 필요는 없다. 이미 대한민국 국민들은 잘 알고 있다. 민주화 뒤만 해도 30여 년 동안 해마다 한두 차례 여러 선거를 치러왔는데 모를 리 없다.

그래도 선거는 중요하다. 민심을 확인해서 새로운 정책을 시도할 수 있는 세력을 모으고 힘을 확보할 수 있기 때문이다. 물론 그런 일들이 자동으로 되지는 않다. 위임받은 사람과 위임한 사람들 사이에 간극과 괴리가 생길 수 있다. 아니, 간극과 괴리가 늘 있다. 없을 때보다 있을 때가 더 많다.

애초 선거는 '우중愚衆의 지배'로 흐를 민주주의의 위험성을 제어하려 고안된 제도였다. 더 좋은 세상과 정치를 위해 더 잘난 엘리트에게 의탁하는 제도라는 말이다. '엘리트elite'라는 말의 뜻이 애초에 고대 프랑스어 '엘리트elit'와 라틴어 '엘리제레eligere'나 '엘렉투스electus' 등에서 보이듯이 선거나 정식 절차를 거쳐 뽑힌 사람을 가리킨다는 사실에서, 또한 동사 '선출하다^{elect}'가 명사일 때는 '엘리트 계층'이라는 사실에서 이런 점을 확인할 수 있다. 특히 18세기부터는 'elect'와 'elite'의 용법이 대체로 일치했다. 그런데 'elect'는 '최고의^{best}'나 '가장 중요한^{most important}'이라는 뜻이 있다. 선거는 최고 엘리트나 가장 중요한 엘리트를 뽑는다는 의미지만, 좀더 넓게 생각하면 '가장 중요한 문제를 해결할 최고의 기회'라는 뜻도 지닌다.

환상을 품을 필요는 없지만 최고의 기회가 될 수도 있는 선거가 올해도 어김없이 찾아온다. 6월 지방 선거 말이다. 박근혜 정부 들어 처음 치르는 전국 선거다. 그런데 지방 선거를 앞둔 정치권이 혼란스럽다. 게임의 규칙을 어떻게 마련할지, 정치 세력들 사이의 관계를 어떻게 설정할지, 후보를 누구로 할지 등을 두고 그렇다. 국회는 기초 선거 정당 공천제를 폐지할지 말지를 두고 여전히 논란 중이다.

민주당과 안철수 신당과 정의당은 야권 연대와 후보 단일화는 없다며 신경전을 벌이고 있다. 새누리당은 박근혜 대통령에다 정당 지지도도 우위에 있지만 당선 가능성이 높은 후보를 찾아내지 못하고 있다. 오로지 '친박' 후보만 보일 따름이다. 안철수 신당도 마찬가지다. 신당이 정말 창당될 수 있을지도 불확실하다. 3월 창당 일정을 제시했는데도 그렇다. 새 정치의 내용이 뭔지를 여전히 못 밝히고 있다. 윤여준 전 장관이 복귀해 창당 작업에 속도가 붙은 듯하지만, 새 정치에 걸맞은 역량을 갖춘 후보는 모이지 않고 있다. 그러는 사이에 서울시장 선거에 관련해 안철수 의원이 이번에는 자기(안철수 신당 후보)가 양보받을 차례라고 한 발언이 비판받았다. 정치를 '짜고 치는 고스톱' 정도로 착각하고 있다고 말이다.

"양보받을 차례인가요?

······ 그, 다 국민들이 판단하실 겁니다. 정치 도의적으로. 하하하."

— 안철수, 새정치추진위원회 사무실, 2014년 1월 19일

이래저래 논란과 소동을 일으키고 있는 사안들이 당사자들에게 중요한 문제이기는 하다. 제도, 후보, 세력 연합이 모두 선거의 승패를 좌우하는 변수일 수 있기 때문이다. 그렇지만 많은 국민들은 관심이 없다. 민주화 뒤 30년이 다 돼가는 동안 숱하게 겪어온 대로, 제도와 후보와 세력 연합이 어찌되든 간에 국민들의 삶은 늘 고단하고 괴롭기 때문이다.

이번에는 다른가 싶어 들여다보지만, 도대체 왜 제도와 후보와 세력 연합을 갖고 저 소란을 피우고 있는지 영문을 모를 일이다. 거기서 거기인 제도와 사람과 세력들끼리 왜 저럴까 하고 생각할 뿐이다. 제도와 후보와 세력 연합이 도대체 어떤 문제를 해결하려 하는지를 정치권은 명확히 설명하지 못한다. 한마디로 이번 지방 선거가 도대체 대한민국과 지역 공동체에 어떤 의미를 지니는 선거여야 하는지 묻는 목소리에 '응답'이 없다는 말이다.

아직 시간이 많이 남았다고 생각하는 걸까? 4개월이 짧은 시간은 아니지만 긴 시간도 아니다. 이 땅에는 저마다 이해관계를 달리하는 사람들이 모여 산다. 가장 중요한 문제가 뭔지를 정하고, 그 문제를 누가 어떻게 해결할 수 있을지를 놓고 많은 국민을 설득하는 데에는 만만치 않은 시간이 필요하다. 4개월을 길다고 볼 수 없다는 말이다.

6월 지방 선거를 준비하는 정치권은 무엇이 가장 중요한 문제인지를 먼저 제시해야 한다. 국민과 주민의 동의를 얻어야 한다. 그러고 나서 가장 중요하다고 여겨지는 문제를 해결할 방법에 관련해 제도와 후보와 세력 연합을 이야기해야 한다. 모든 일에는 순서가 있다. 지금 그 순서를 잘 지키고 있는지 살펴야 한다. _____ 2014년 1월

정도전의 도전

드라마 〈정도전〉이 꽤 인기다. 정신 없는 예능 프로그램과 막장 드라마가 판치는 탓에 텔레비전에서 한참 멀어진 나도 열심히 본방을 사수하는 덕인지 꾸준히 두 자릿수 시청률을 이어가고 있다. 민생을 살피지 않고 전횡을 일삼으며 사리사욕만 채우던 권문세족 탓에 망국의 길로 들어선 고려 말에 지금의 대한민국이 겹쳐져서 그러리라.

대한민국의 현실을 보자. 소수 재벌 대기업과 주류 보수 언론과 기성 정치권이 부와 권력을 독차지하고 있다. 재벌 대기업은 골목 상권에서 대학 교육까지 지배하고, 주류 보수 언론은 '종편'을 거쳐 낡고 치우친 정보와 지식을 쏟아내 공론장을 좌지우지하며, 기성 정치권은 정부 요직과 국회 의석을 차고 앉아 지난 시절에 벌어진 일과 이념 시비로 얼룩진 정쟁을 벌이면서 세월을 보내고 있다.

그러는 사이 대한민국은 '부채 공화국'이 됐다. 1000조 원을 넘어선 가계 부채만 심각한 게 아니다. 무능함 탓인지 간교함 탓인지, 기업과 국가 부문의 부채도 심각하다. 한국은행의 〈2012 기업경영분석〉에 따르면 상장 기업과 업종별 대표 비상장 기업 중에서 영업 이익으로 이자 비용도 충당하지 못하는 기업이 32.7퍼센트에 이르고, 부채 비율이 200퍼센트를 넘는 기업이 14.7퍼센트다. 국내 총생산^{GDP} 대비 비중으로 측정한 기업 부문 금융 부채 규모가 1997년 외환 위기 직전 수준에 가깝다. 미국, 영국, 독일, 일본, 대만 등에 견줘 훨씬 높은 수준이다. 국가 부채는 1413조 원에 이른다. GDP 대비 106.5퍼센트다. 이자만 60조 원이 넘게 나간다. 국민 부담으로 상환해야 하는 적자성 채무만 2013년 10월 현재 246조 원이다.

대한민국을 둘러싼 대외 정세와 남북 관계도 조마조마하다. 중국은 '대국굴기'의 열망으로, 일본은 '절치부심'의 각오로, 미국은 '패권 유지'의 속셈으로 저마다 외교 행보에 박차를 가하고 있는데, 대한민국은 의도와 대상은 불분명한데 메시지는 요란한 글로벌 기업 광고와 대통령의 세련된 해외 순방 이벤트만 눈에 띌 뿐이다. 탈냉전 뒤 또 한 번의 큰 격동을 예비하고 있는 세계를 헤쳐 나갈 전망과 전략을 제시하지 못하고 있다.

드라마가 어디 현실하고 똑같기만 해서야 인기를 얻을 수 있겠는가. 드라마 속에는 있지만 현실에는 없는 무엇인가가 인기 비결 아니겠는가. 정도전, 급변하는 국제 정세를 읽어내고 새로운 이념에 기대어 민본 개혁이라는 명확한 전망을 제시하며 권문세가에 온몸으로 맞서 싸우는 실천가 말이다.

이심전심, 심심상인이라 했던가. 얼마 전 주요 언론사 편집국장과 국회

"지금보다 더 나은 세상이 가능하다는 희망, 이제 다시 꿈을 꾸자.
두려움을 떨쳐내고 냉소와 절망, 나태와 무기력을 혁파하라.
저마다 가슴에 불가능한 꿈을 꾸어라.
그것이 진정한 그대들의 대업이다."

— 〈정도전〉(KBS1), 2014년

의원과 장관을 지낸 언론계-정치계 원로 한 분을 모시고 여럿이 함께 저녁을 먹었다. 그분이 주도해 정도전 이야기가 나왔다. 대한민국의 어두운 현실을 헤쳐 나갈 길을 정도전에게서 찾을 수 있다는 데 다들 공감했다. 지금 대한민국의 현실을 보면서 어느 누가 그러지 않겠는가.

정도전에게서 길을 찾자는 말은 망해가는 원나라를 버리고 명나라에 줄을 대고, 불교를 버리고 성리학을 이념으로 삼으며, 토지 개혁을 해 자영농을 육성한 길을 그대로 따라 하자는 게 아니다. 시대에 맞는 외교 전략과 이념과 정책을 벼리고 민생 개선과 지속 성장으로 이끌 '대한민국 혁신의 길'로 가자는 말이다.

정도전에게서 대한민국 혁신의 길을 찾자는 말은 오로지 정도전 한 사람에게 기대자는 게 아니다. 대한민국의 혁신은 정도전만으로는 가능하지 않다. 신진 사대부와 이성계가 있어야 한다. 새로운 이념과 정책을 담아

내 권문세족에 맞서 함께 투쟁할 '혁신의 대오'가 필요하고, 변방 출신이라 주류에 끼지 못해 기성 질서에서 자유로운 지도자, 홍건적과 왜구를 물리친 눈부신 업적을 쌓은 지도자, 민심에 탄탄히 결합된 '힘 있는 지도자'가 필요하다.

'갑오년' 새해가 진짜 시작되는 설을 앞두고 혁신의 대오와 힘있는 지도자를 갖춘 '정도전'을 꿈꿔본다. '새 정치'가 본격적으로 시험을 치를 한 해가 될 테기도 하고 _____ 2014년 1월

정권 교체의 길?

야권 재편이 눈앞에 다가오고 있다. 김한길 민주당 대표와 안철수 새정치연합 중앙운영위원장이 통합 신당 창당을 '전격 선언'하고 나섰다.

두 사람은 통합 선언문에서 다섯 가지를 내걸었다. '새 정치를 위한 통합 신당의 창당에 바탕한 2017년 정권 교체 실현', '기초 선거 정당 공천 폐지 약속 이행과 정치 개혁의 지속적 추진', '대선 시 불법 선거 개입 등에 대한 진상 규명', '경제 민주화와 복지국가의 실현이라는 민생 중심주의 노선 견지', '튼튼한 안보와 한반도 평화의 구축과 통일 지향'이다.

통합 선언(문)의 내용은 긍정적으로 평가할 만하다. 아주 간략하면서도 야권이 지금 해야 할 일과 앞으로 추구해야 할 목표를 분명히 하고 있다. 통합 신당 창당의 명분과 실리도 고르게 담고 있다. 새 정치를 지속적으로 추진하고 경제 민주화와 복지국가를 실현하는 민생 중심주의 노선을 견지한다는 조항이 대표 명분이라면, 지방 선거 승리와 정권 교체는 핵심 실리다.

통합 선언은 왜 하필 지금 나왔을까? 민주당과 새정치연합 모두 위기를 느끼지 않을 수 없는 상황에 몰리면서 '반전의 계기'를 만들어야 했기 때문이다. 민주당은 국민적 지지와 관심이 크게 떨어지는데도 정당을 유지하는 데 필요한 '혁신의 동력'을 만들어내기 어려워 '사멸 가능성'마저 얘기되는 지경이고, 새정치연합은 역량 있는 후보를 확보하는 데 어려움을 겪으면서 민주당을 앞지르던 지지율이 점차 빠져 '독자 정당'을 꾸릴 기반을 마련하기 쉽지 않은 상황이다.

한국 정당 정치의 특성 때문이기도 하다. 야권 성향 유권자의 편성 구도에 따라 민주당, 새정치연합, 여러 진보 정당 등으로 나뉜 야권은 연대를 하지 않으면 선거에서 승리할 전망을 확보하기가 어렵다. 그런데도 당내 부정 선거 소동, 내란 음모 혐의, 정당 해산 청구로 이어진 통합진보당 사태에다 새 정치를 둘러싼 경쟁과 갈등으로 야권 연대가 어려운 상태다.

지방 선거를 앞둔 상황에서도 민주당과 새정치연합의 혁신과 창당 작업이 지지부진하자, 얼마 전부터는 경기도의 김상곤과 부산의 오거돈 등 경쟁력을 갖춘 '무소속 범야 연대 후보'가 등장할 가능성이 높아지고 있다. 후보자 등록과 공천 확정 등 선거 일정도 고려하면 '반전 카드'를 더는 미룰 수 없는 시점이다.

통합 신당 창당 선언은 박근혜 정권 들어 더욱더 열세에 몰린 민주당과 점차 부정 평가가 늘고 있는 안철수의 새정치연합이 '상황'을 극복하려고 내린 '결단'이다. 포스트 3김 시대에 들어 사라진 정당 지도자의 '전향적 리더십'이 다시 등장한 사건으로 볼 수도 있다. 적어도 '불가피하게'

"정치가 선거 승리만을 위한 거짓 약속 위에 세워진다면 앞으로 국민과의
어떤 약속도 불가능하며 국민은 정치와 정당의 약속을 진실로
받아들이지 않을 것이다. 정치적 기만은 국민의 정치 혐오를 부추기고,
민주주의에 대한 위협으로 이어진다. 엄중한 상황 앞에서 새정치를 위한
실험은 계속되어야 한다. 새정치는 국민과의 약속을 지키는
신뢰의 자산을 만들어 나가는 데서 출발한다.
새정치는 약속의 실천이다!"
— 안철수 · 김한길, 〈통합 신당 창당 선언문〉, 2014년 3월 2일

다시 작동하기 시작했다. 안정된 사회 기반과 상호 존중의 효율적 리더
십과 팔로우십을 갖춘 정당이 만들어지지 않는 현실, 특히 야권의 현재
상태를 고려할 때 그렇다. 지난 대선의 범야 후보 문재인 민주당 의원, 민
주당 '원조 주류' 박지원 전 원내 대표, 조국 교수 등 친야 성향 지식인들
도 속마음이야 어떻든 간에 환영한다는 뜻을 밝히고 나섰다. 김한길과
안철수라는 두 정치 지도자가 모처럼 정치권 안팎의 관심과 기대를 끌어
모으는 실천을 선보였다.

절차를 따지는 목소리가 나오기는 하지만, 정치는 지도자나 지도부의 비
상한 결단이 필요할 때가 있다. 지금이 바로 그때다. 게다가 정당 제도는
그럴 권한도 보장하고 있다. 무엇보다도 모든 정당 내부 구성원의 동의
에 기반한 의사 결정 자체가 아니라, 그런 의사 결정이 정당 밖의 국민들
에게 좋은 결과를 가져오는 일이 정치에서는 중요하다.

통합 신당 창당 선언이 지방 선거 승리는 물론이고 2017년 정권 교체로 이어질 수 있을지는 아직 '미지수'다. 손익 계산이 서로 다른 정치인들의 문제 제기로 벌어질 내부 분란 때문만은 아니다. 지방 선거도 아직 세 달이나 남아 있다. 선언 하나로 국민적 지지를 끌어낼 수 없다. 새 정치와 경제 민주화의 콘텐츠는 물론이고, 국민들이 체감할 수 있는 성과를 끌어내야 한다. 고작 기초 선거 정당 공천제 폐지 정도로 새 정치를 대신할 수 없다. 생활고 때문에 목숨마저 끊는 서민들의 고통스러운 삶은 구체적인 민생 개선을 집권 뒤 과제로 미룰 수 없게 한다.

김한길과 안철수, 두 사람의 통합 신당 창당 선언은 고난의 끝이 아니다. 진짜 고난의 시작이다. _____ 2014년 3월

새 정치는 '책임 정치'다

새 정치는 이제 더는 정치권과 지식인들 사이에서 논란과 비판의 대상으로 머물러서는 안 된다. 새 정치를 진정으로 갈망하고 구현하려면 말이다. 새 정치를 포함해 우리네 삶에서 논란과 비판만으로 할 수 있는 일은 그닥 많지 않다. 의도하든 의도하지 않았든 논란과 비판을 앞세우면 대개 불만과 분노를 드러내는 데 그치고 만다.

새정치민주연합을 만들어가는 안철수 의원의 행보는 실망스럽다. 누구처럼 '안철수 새 정치'의 성공과 실패를 서둘러 재단할 필요는 없다. 그러나 실패를 예측하거나 선언해버리는 이들이 점차 많아지는 상황이라는 사실을 부인할 수는 없다.

안 의원은 새정치민주연합 정강 정책에서 4·19 혁명, 5·18 광주 민주화 운동, 6·15 남북 공동 선언, 10·4 남북 정상 선언의 정신을 계승한다는 부분을 빼자고 했다. 당연히 논란이 일었다. 민주당은 물론 진보 정치 세력까지 포함한 야권 전체의 역사성을 훼손하는 일이기 때문이다.

'논란의 정치.' 안 의원이 새 정치라고 이름 붙이고 해온 정치는 논란을 일으키는 정치다. 신당의 정강 정책을 둘러싼 논란이 벌어지기 전에도 그랬다. 국회 의원 정수 축소, 기초 단위 공천제 폐지를 갖고서도 논란을 일으켰다. 통합을 결정하는 과정에서도 그랬다. 지금은 정부와 여당이 내놓은 기초연금과 국민연금 연계안을 한시적으로 수용하는 방안을 검토하고 있다고 해서 또 논란 중이다.

논란이 나쁘다는 말은 아니다. 논란을 할 때와 논란을 하지 않을 때를, 논란을 벌일 문제와 논란을 벌이지 않을 문제를 제대로 구분하고 있느냐는 말이다. 뭔가 제안할 때마다 논란을 일으키면서 도대체 언제 민생을 챙기고 경제 민주화를 추진할 계기를 만들고 힘을 키울 수 있느냐는 말이다.

안 의원의 새 정치를 비판하는 이들, 특히 지식인들도 마찬가지다. 이런 지식인들도 논란의 회로에 갇혀 있다. 안 의원이 던지는 이런저런 제안에 '그게 새 정치냐' 반문하고 난 뒤 '아니다' 또는 '틀렸다'는 비판에 기대어 논란을 키웠다. 안 의원을 마치 시험 보는 학생 취급하면서 어딘가에 이미 있는 정답을 갖고 점수를 매기려는 싸늘한 채점관들 같다.

이 지식인들이 생각하는 정답은 '4·19, 5·18, 6·15, 10·4 정신 계승은 역사적 정통성을 확보하려면 꼭 명기해야 한다', '국회 의원 정수는 국가 규모를 감안할 때 오히려 늘려야 한다', '정당 정치가 뿌리내리려면 기초 단위 공천제를 유지해야 한다', '기초연금은 국민연금하고 성격이 다른 별도의 제도인 만큼 연계하면 안 된다' 등이다.

> "안철수 진영이 정치적 상상력의 한계를 드러내는군요.
> 그냥 민주당과 새누리당의 중간 지대 어딘가에 위치하는 걸
> '새 정치'로 이해하나 봅니다. 보자 보자 하니까, 너무 하네요.
> …… 민주당보다 뭔가 혁신적인 느낌을 줘야 하는데,
> 외려 더 보수적인 느낌."
> — 진중권 트위터(@unheim), 2014년 3월 18일

정말 고정불변하는 정답일까? 설사 그런 정답이라고 해도, 그 정답을 따르지 않으면 안 의원의 새 정치는 실패하는 걸까? 그렇지 않고 그 정답을 따르면 새 정치를 실현할 수 있을까?

이 지식인들은 안 의원의 리더십 스타일을 지적하기도 한다. 혼자 또는 소수 최측근하고만 의논해 결정하는 최고 경영자CEO 리더십이라는 말이다. 그럴 수도 있다. 그렇지만 리더십 스타일을 탓한다고 달라질 게 도대체 뭘까? 갑자기 안 의원이 다른 사람이라도 될 수 있다는 말인가? 안 의원이 다른 사람이 되면 새 정치의 실패를 막고 성공을 가져올 수 있다는 말인가?

새 정치를 주창하는 안 의원도, 안 의원의 새 정치를 비판하는 지식인들도 아직 권력을 다루는 정치의 본령, 곧 '책임'의 미덕을 선보이지 못하고 있다. 고용 불안과 소득 불평등이 앗아간 인간다운 삶을 복원해달라는

국민들의 요구에 반응하지 못하고 있다. 이런저런 논란과 비판을 넘어서서, 또는 논란과 비판에도 책임을 우선시하는 새 정치를 바라는 게 무리인가? _____ 2014년 3월

'정치인 김부겸'의 진심 살리기

박정희라는 이름 석 자는 한국 정치를 말할 때 결코 빼놓을 수 없는 역사다. 박정희는 대한민국에서 신화기도 하고 현실이기도 하다.

조국 근대화라는 기치를 내걸고 산업화를 이끌었으며, 같은 처지에 있던 국가들에 견줄 때 무척 놀라운 수준의 경제 성장을 달성했다. 게다가 산업화 과정에서 만들어진 정치 질서와 경제 질서, 그리고 그 작동 원리는 지금도 우리네 삶에 적지 않은 영향을 끼치고 있다. 국정원 같은 권력 기구와 재벌 대기업이 주도하는 수출 중심 대외 의존형 경제 등은 모두 산업화 시기를 거치며 제도화됐다.

이번 지방 선거를 앞두고 박정희가 또 논란이다. 새정치민주연합 김부겸 대구시장 예비 후보가 논란의 한 복판에 있다. 박정희 컨벤션 센터 설립 공약을 발표하면서 그렇게 됐다. 김부겸 후보의 공약을 두고 한쪽은 반독재 민주화 운동 세력인 야당 후보에게 어울리지 않는 '잘못된 공약'이라고 비판하고 있다. 다른 한쪽은 표를 얻으려고 속에도 없는 '거짓말 공약'을 했다고 냉소를 보내고 있다. 한쪽은 '진심이면 안 된다'고 보고, 다른 한쪽은 '진심이 아니다'고 본다.

나는 김부겸 후보의 공약을 진심 어린 약속이라고 믿는다. 반독재 민주화 세력인 야당의 후보라는 처지를 망각한 탓이 아니라, 오히려 뼈저리게 자각한 덕에 그런 공약을 했다고 믿는다. 그저 유권자의 표만 받으려는 꼼수가 아니라, 시민들의 마음을 얻으려 한 공약이라고 믿는다.

무엇보다도 김 후보의 공약은 대한민국의 역사와 현실을 나름대로 깊이 통찰한 뒤 나온 결과물이라고 믿는다. 한마디로 '정치인 김부겸'을 믿는다는 말이다. 모름지기 정치인이라면 자기가 속한 세력과 따르는 이념이 무엇이든 간에 자기 조국이 걸어온 역사와 발 딛고 선 현실을 있는 그대로 바라봐야 한다. 그때야 비로소 정치인은 자기가 지녀야 하는 진심이 무엇인지를 가려낼 수 있다.

김부겸 후보의 진심은 산업화 세력과 민주화 세력 사이의 역사적 화해와 생산적 교류다. 민생을 챙기지 못하는 소모적 이념 갈등과 약자를 존중하지 않는 양보 없는 이해 갈등의 중심에 산업화 세력과 민주화 세력 사이의 오랜 반목이 자리잡고 있다고 본다. 크게 공감한다.

김부겸 후보의 시각에는 한계도 있다. 산업화와 민주화라는 커다란 정치적 변화와 경제적 변동을 주동자 몇몇의 몫으로 한정해 보는 점에서 그렇다. 마치 산업화 세력이 따로 있고 민주화 세력이 따로 있는 듯 표현하고 있다.

산업화와 민주화는 모두 '국민들의 것'이다. 한국의 산업화와 민주화는

"진보 가치를 가진 분들의 비판에도 불구하고 현재 영남과 호남 지역,
보수와 진보 세력 간의 갈등과 대립이 지속되면
나라 발전은 한치도 나아갈 수 없고 통일 에너지도 생길 수 없다.
이 방법만이 두 지역과 두 세력을 화합시켜
국가 발전과 통일의 전기를 마련할 수 있다고 확신한다."
— 〈김부겸 '박정희 컨벤션센터' 건립 공약 논란〉,
《오마이뉴스》, 2014년 3월 26일

박정희나 김대중이 아니라 국민들이 일군 성과다. 그래서 대한민국 국민 중에 산업화나 민주화 중 하나만 중시하는 이들은 존재하지 않는다. 국민들이 박정희를 칭송한 이유는 민주화와 김대중을 배격하고 산업화와 독재와 박정희 개인을 숭배하려는 생각 때문이 아니었다. 박정희는 가난한 삶의 고통을 벗어나자고, 잘살아보자고 자기 자신을 독려하던 주문일 따름이었다. 민주화는 한층 더 계속 잘살고 싶어 외치는 또 하나의 주문이자 전망이었다.

산업화 또는 민주화라는 이름으로 자기를 포장하고 거짓 갈등을 만들어내는 이들이 분명히 있다. 그렇다고 그런 사람들을 화해와 생산적 교류의 장으로 이끌 방법이 박정희 컨벤션센터 건립뿐인 건 아니다. 잘살고 싶어하는 열망으로 가득한 국민들의 마음을 움직이는 새로운 주문과 전망을 제시해야 한다. 산업화와 민주화를 국민의 관점에서 하나의 내러티

브로 통합하는 주문과 전망 말이다. 특정 세력이 아니라 국민이 주역으로 나서고, 국민의 삶이 중심이 되는 주문과 전망 말이다.

국민들은 그 주문을 외우고 전망을 따르며 거짓 갈등을 일으키는 자들을 심판하고 계도한다. 바로 그 주문과 전망을 제시하는 일이 김부겸 후보가 해야 할 약속이다. _____ 2014년 4월

안철수 새 정치의 '가면'

정치는 바둑이다. 뜻한 바를 달성하려면 한 수 한 수 두면서 차근차근 나아가야 한다. 포석도 둬야 하고 겉보기에 허튼 수도 둬야 한다. 저마다 생각이 다르고 목적도 제각각인 상대들하고 협력하거나 경쟁해야 하기 때문이다. 때로는 침묵으로 뭔가를 말하고 드러내야 하며, 때로는 뭔가를 말해서 다른 뭔가를 미루고 숨겨야 한다.

《인간의 조건》과 《예루살렘의 아이히만》으로 유명한 한나 아렌트가 상기시킨 대로 정치는 '가면극'이다. 진실을 숨긴다는 뜻에서 그런 게 아니라, 자기가 세운 목적을 달성하는 과정에서 때와 장소에 따라 달라지는 배역을 제대로 수행해야 한다는 점에서 가면극이다. 가면 속 얼굴이 누구든 간에 가면을 진짜 얼굴로 삼아 좋은 연기를 선보일 때 좋은 평가를 받는다는 점에서 그렇기도 하다.

고금을 통틀어 맨얼굴을 드러낸 채 자기만의 생각의 속도로 말하고 행동하는 정치는 성공하지 못했다. 자기에게는 옳고 맞고 좋다 여겨져도 다른 사람들에게는 그렇지 않을 수 있다는 점, 실제로 그렇지 않다는 사실을 헤아리지 못했기 때문이다. 자기만의 생각과 행동을 진리이자 정의라고 여기고 다른 사람에게 마구 들이댄 정치는 늘 실패했다. 다른 사람의 생각과 행동을 무시하고 억누르게 되고, 결국 커다란 저항에 직면했기 때문이다.

나치 같은 독재 정권만 그런 게 아니다. 독재 정권을 물리치고 들어선 민주 정권도 그런 잘못을 저질렀다. 독재든 민주주의든 본질에서는 결국 통치의 한 형태기 때문에 그렇기도 하다. 또한 더 많은 국민이 독재보다는 민주주의를 선호한다는, 또는 선호한다고 가정하는 점 때문에 오히려 민주 정권이 도덕이나 이념 면에서 자기만이 선이라는 오만과 독선에 쉽게 빠져들 수도 있다.

정치에서 소통은 자기가 낸 답이 정답이 아닐 수 있는, 다른 사람이 낸 답이 정답일 수 있는 가능성을 인정할 때 시작된다. 그 가능성을 염두에 두고서 필요 없는 적과 소모적 갈등을 만들지 않은 채 국민의 요구에 부응하면서 제 갈 길을 가려고 집어드는 게 바로 가면이다. 소통은 그런 이유로 집어든 가면을 쓰고 수행하는 정치적 연기기도 하다.

문제는 집어든 가면이 필요 없는 적과 소모적 갈등을 만들지 않게 하는, 진짜 소통에 쓸 가면이냐는 데 있다. 또한 국민이 진짜로 요구하고 자기도 가려고 하는 길을 열어주는 가면이냐는 데 있다.

새정치민주연합의 안철수 공동 대표가 청와대를 '전격' 방문, 기초 선거 정당 공천제 폐지 문제에 관련해 박근혜 대통령을 직접 찾아가 면담을

"대한민국 국민의 한 사람으로서 누구나 면담 신청할 권리가 있는 것이 아닌가. …… 저희도 130석을 가진, 40퍼센트가 넘는 국민들의 지지를 받고 있는 제1야당이다. 따라서 저희에게보다는 저희를 지지하는 국민들께 답을 해주시는 것이 맞다고 생각한다. 만약에 면담이 힘들다면 왜 힘든지 말해 달라. 또 저는 언제, 어떤 형식이든, 어떤 장소든 가능하다. 면담이 가능하다면 거기에 따라서 만나 뵙고자 한다."

— 안철수, 청와대 영빈관 앞 분수대, 2014년 4월 4일

요청했다. 앞서 박 대통령에게 회담을 요청했지만 청와대 쪽에서 답변이 없자 일정도 조율하지 않은 채 그렇게 했다. 한국 정치에서 찾아보기 어려운 파격 행보이자 흥미로운 장면이었다.

이 일을 두고 의견이 분분하다. 새누리당은 '다급한 처지에 몰린 안 대표의 삼류 정치 쇼'라고 혹평했다. 《조선일보》도 방문 이벤트가 안철수식 새 정치냐며 비난했다. 왜 집안일을 밖으로 갖고 나와 난리를 떠느냐는 말이었다.

박근혜 대통령에게 기초 선거 정당 공천제 폐지 공약을 지키라며 소속 국회 의원들이 농성 중인 새정치민주연합은 환영을 하고 나섰다. 새누리당은 안 하는데 새정치민주연합만 기초 선거 정당 공천제를 폐지하면 지방 선거에서 크게 패할 게 불을 보듯 뻔하니, 새누리당도 무공천을 하게 하든지 새정치연합이 무공천을 철회하든지 뭔가 수를 써야 했기 때문이

다. 몇몇 친야 성향 지식인들은 때맞게 잘한 행보라고 칭찬도 했다. 다만 무공천 문제 말고 민생 문제도 다루면 더 좋겠다고 충고했다.

잘 모르겠다. 본디 정치는 쇼고, 집안일이든 집 밖 일이든 요구가 있으면 자기 생각하고 달라도 가면을 쓴 채 쇼를 하는 일이 정치다. 정치가 아무나 할 수 있는 일이 아닌 이유다. 그런데 문제는 기초 선거 정당 공천제 폐지라는 제도를 갖고 청와대를 찾아가 대통령하고 소통하겠다는 새 정치의 가면과 연기가 정말 좋은 결과를 기대할 수 있느냐다. 정말 잘 모르겠다. _____ 2014년 4월

대한민국의 '진짜 선장'

아이들 방문을 살며시 열어본다. 내 아이가 어두운 바닷속에 가라앉은 '난파선'이 아니라 자기 방 침대에 누워 곤히 잠들어 있는 모습을 보고 안도의 한숨을 내쉰다. 이내 죄스러운 마음이 엄습한다. 세월호에 갇혀 있는 학생들이 내 아이들이 아니어서 다행이라고 생각하는 게 아닌가 해서.

자식의 생사를 모르는 부모, 싸늘한 시신으로 돌아온 자식을 안은 부모의 마음을 무슨 말로 표현할까. 매일, 매순간 보고 있을 때도 부모 마음은 애달프고 간절하다. 애써 아닌 척해도 그렇다. 때때로 엄하게 꾸짖고 나서는 속이 상해 몇 날 며칠 밤을 뒤척인다. 한참 지난 뒤에도 풀죽은 채 고개를 떨구고 있던 아이 모습이 떠오르면 남몰래 눈물 흘리며 아파하기도 한다.

자식은 언젠가 자기 꿈을 향해 부모 품을 떠날 독립된 존재다. 때가 됐는데도 떠나지 않으면 억지를 쓰더라도 떠나 보내야 하는 게 자식이다. 그런데도 자식이 어딘가에 살아 있다는 소식을 듣지 못하면, 살아 있다는 믿음이 없으면 삶을 이어가지 못하는 게 부모다. 세월호는 그런 부모의 마음 한가운데에 시커먼 대못을 박았다. 신음 소리도 내지 못할 고통을 안겼다.

뱃머리만 드러내놓고 가라앉은 세월호를 보며 무슨 사색을 하고 어떤 말을 떠들겠는가. 영혼과 정신이 빠져나가 스르르 무너져내린 거죽이 된 느낌에 사로잡혀 그저 침묵할 따름이었다. 그러다가 침몰한 지 하루가 지난 어느 순간부터 화가 나기 시작했다. 오늘도 무사히 하루를 보내고 잠든 아이를 보며 안도의 한숨을 쉬는 부모를 죄스럽게 만드는 이 땅의 삶을 향해. 그리고 그 삶을 지배하고 있는 어떤 힘을 향해.

도대체 그 힘의 정체는 무엇인가. 대한민국이라고 불리는 이 땅에 세월호 사태처럼 부모 마음에 대못질을 해댄 참사는 처음이 아니다. 민주화 뒤만 봐도 그렇다. 1994년에는 성수대교가 무너졌다. 등굣길을 나선 학생들이 여럿 목숨을 잃었다. 이 사고로 딸을 잃은 한 아버지는 몇 년 뒤 스스로 목숨을 끊었다. 수학여행과 수련회로 눈길을 돌려도 참사는 쉽게 찾아볼 수 있다. 1999년에 어린 유치원생들의 생명을 앗아간 씨랜드 화재 사고가 있었다. 필드하키 국가 대표 선수를 지낸 한 어머니는 아들을 잃은 뒤 국가가 준 훈장을 반납하고서 대한민국을 떠났다.

세월이 흘러 국민 안전을 강조하며 안전행정부로 부처 이름까지 바꾼 박근혜 정부가 출범한 뒤에도 사고는 이어졌다. 고등학생과 대학생들이 목숨을 잃은 지난해 7월의 안면도 해병대 사설 캠프 사고와 올해 2월의 경주 마우나 리조트 체육관 붕괴 사고가 일어났다. 어떤 힘이길래 이토록

"구명조끼를 학생들은 입었다고 하는데 그렇게 발견하기가 힘듭니까?"

— 박근혜, 중앙재난안전대책본부, 2014년 4월 16일

질기게 거듭해서 아이들 생명을 앗아가고 부모들이 자식 뒤를 따르거나 조국을 등지게 한다는 말인가.

세월호를 보며 확인했다. 그 힘은 '선장'이라고 불리는 사람들의 '무능'이라는 사실을. 선장인데도 국민의 생명과 안전을 지키는 데 영 젬병인 사람들 때문이라는 사실을. 그러니까 세월호는 선장 자리에 있는 이들이 이런저런 재난과 재해에 능수능란하게 대처하는 훈련을 제대로 받지 못한 사실을 보여주고 있다.

구조 의무를 다하지 않은 채 먼저 배를 버리고 탈출한 세월호 선장만을 말하는 게 아니다. 이 나라에는 '더 높은 선장들'이 있다. 중앙재난안전대책본부만 해도 선장들이 많다. 그렇지만 중앙재난안전대책본부는 구조 인원과 승선 인원도 제대로 파악하지 못했다. 그런 탓인지 정부는 더욱더 높은 선장, 곧 법조인 출신 정홍원 국무총리가 직접 지휘하는 '범정부

사고대책본부'를 구성해야 했다.

지난날 어떤 직업을 갖고 있었든 정 총리가 잘하기를 바란다. 그렇지만 묻자. 대한민국에 재난이나 재해를 전문으로 다룰 선장은 없다는 말인 가. 또다시 훈련받지 못한 선장의 무능을 보고, 또 한 번 부모들 마음을 무너뜨릴까 염려가 돼 던지는 물음이다. 부모들이 바라는 선장은 더 높은 지위에 있는 선장이 아니라 더 유능한 선장이라고 생각해 던진 물음이다. 대한민국에 '진짜 선장'은 정말 없는가. _____ 2014년 4월

책임질 수 없으면 정치를 떠나라

'정치의 실종'이 계속되고 있다. 세월호 참사를 지켜본 국민들의 충격과 분노와 상처를 매만지는 특단의 실천을 찾아볼 수가 없다.

세월호 참사를 계기로 사람들은 정치가 국민의 생명과 안전을 지키는 일에 책임을 다하게 되리라는 기대와 희망을 품었다. 그러나 기대와 희망에 부응하기는커녕 위로도 주지 못하고 있다. 많은 사람들이 희생자와 유가족들에게 미안하다며 직접 거리로 나와 대통령과 정부를 향해 항의의 목소리를 내고 있다. 심지어 보호받고 치유받아야 할 유가족들이 청와대와 한국방송을 직접 찾아가 참사에 관련해 잘못된 보도를 하고 보도국장이 실언을 하게 된 이유를 따져 묻고 있는 형편이다. 대통령과 여당의 지지율은 계속 떨어지는데, 제일 야당은 반사 이익도 얻지 못한 채 여전히 낮은 지지율에 머물러 있다. 오히려 무당파층만 더 늘어났다.

정치권은 이제 제 할 일을 하기 시작했다고 주장할른지도 모른다. 임시 국회를 소집하고 세월호 참사 대책 관련 상임위를 열기로 했다. 진상 규명과 책임자 처벌, 피해자 지원 대책과 재발 방지책 같은 후속 대책을 마련하는 데 초당적으로 협력하기로 했다. 6·4 지방 선거 관련 일정도 다시 시작했다. 안전을 최우선 의제로 설정하고 관련 정책을 준비하고 있기도 하다.

정치권을 바라보는 시선은 여전히 싸늘하기만 하다. 이명박 정부 시절 미국산 쇠고기 수입 반대 촛불 집회 때처럼 광장에 나온 시민들은 정치권을 향해 아주 심한 거부감을 드러내고 있다. 대통령과 정부의 무능을 탓하는 집회인데도 야당까지 똑같이 취급된다.

정치의 중요성을 무시해서 그런 게 아니다. 정치가 갖는 힘을 몰라서 그런 것도 아니다. 대한민국 국민들은 정치가 무엇보다도 중요하다는 사실을 잘 알고 있다. 정당 후보가 아니라 무소속 시민운동가를 서울시장으로 뽑은 직후인 2011년 10월 말에《매일경제》와 엠브레인이 실시한 여론 조사에서 국회 의원이 민의를 대변하느냐는 물음에 겨우 5퍼센트만 그렇다고 답했다. 그렇지만 국회 의원 말고도 국민의 의견을 대변하는 사람이 있느냐는 물음에는 85퍼센트가 없다고 했다. 국민들이 정치의 중요성을 모를 수 없다는 사실을 보여주는 조사 결과다.

노무현 정부 때인 2005년 7월에 한국사회여론연구소가 실시한 조사에서는 정치권력(65.4퍼센트)이 경제 권력(29.7퍼센트)보다 사회에 끼치는 영향력이 훨씬 크다는 답이 많았다. '대통령이 할 수 있는 것이 없다'는 선언이 나오기도 했고, (대)기업이 나라의 운명을 쥐고 있다는 식의 기업 우위 담론이 맹위를 떨치고 있는데도 그랬다. 정치가 제구실을 해야만

> "세월호 사고는 300명이 한꺼번에 죽어서 많아 보이지만,
> 연간 교통사고로 죽는 사람 수를 생각하면 그리 많은 것은 아니다."
> — 김시곤 KBS 보도국장, 전국언론노조 KBS본부 성명서,
> 2014년 5월 4일

자기 삶이 좋아질 수 있다는 점을 국민들이 너무 잘 알고 있다는 사실을 보여주는 대목이다. 정치를 향한 혐오와 불신은 정치권이 국민들의 그런 인식에 부응하지 못한 탓에 생겨났을 뿐이다.

정치를 복원해야 한다. 세월호 참사가 단지 비극에서 끝나지 않고 우리의 생명과 안전을 잘 지켜낼 수 있는 '대한민국 혁신의 길'로 이어지려면 말이다. 유가족들을 포함한 국민들을 아무런 정치적 호위도 없이 서슬퍼런 국가 권력 앞에 직접 노출시키면 안 된다. 그렇게 되면 구조와 수색과 수습 과정에서 지켜본 대로 부와 권력을 지닌 세력들이 저지르는 정보와 의제의 조작이나 공권력의 횡포에 크게 상처받을 가능성이 높다.

정치권은 국회 일정을 잡고 선거 운동을 재개하는 데 그쳐서는 안 된다. 여야가 초당적으로 협력해야 할 뿐 아니라 유가족과 국민들하고 함께 지속적으로 대책을 협의하고 결정하는 단위를 만들어 무능한 정부를 혁신

하고 관피아 같은 사익 추구망을 없애야 한다. 그렇게 할 수 있게 하는 국민들의 정치적 에너지를 계속 창출하고 보존해야 한다.

그게 책임 정치다. 그럴 의지도 없고 능력도 모자라면 정치를 그만둬야 한다. 새로운 정치 세력이 등장하게 길을 내주는 쪽이 오히려 국민의 생명과 안전을 지킬 수 있는 가장 좋은 선택이다. _____ 2014년 5월

세월호 모멘텀

5·18 광주 민주화 운동이 있은 지 '34년'이 흘렀다. 5·18 광주 민주화 운동은 한국 사회에 커다란 변화를 가져왔다. 1980년대를 '민중 민주 변혁'의 새로운 시대로 이끌었다. 많은 이들의 희생과 그 희생을 지켜본 많은 이들의 각성이 그런 변화를 가능하게 했다. 특히 청년 학생들이 각성의 선두에 섰다. 학업도 포기하고, 감옥행도 불사했으며, 목숨까지 내걸었다.

각성의 핵심에는 두 가지가 있었다. 하나는 국가였다. 군대를 동원해 국민을 학살하는 국가 말이다. 살아남은 자들은 그런 국가를 보고 경악하지 않을 수 없었다. 그래서 국가의 본질이 무엇인지 짚어보고, 좋은 국가 없이는 좋은 사회는 물론 좋은 나라도 없다는 사실을 깨달았으며, 국가를 어떻게 새로이 만들어갈지 치열하게 고민하고 실천했다.

다른 하나는 시민이었다. 무시무시한 국가의 폭압에 맞서 목숨 걸고 총까지 집어 들며 민주주의 쟁취를 외친 시민들. 대부분 부자는커녕 중산 층도 아니었고, 정치인도, 학자도, 대학생도 아니었다. 민중이었다. 누가 국가의 횡포에 진정으로 맞서는지, 누가 민주주의를 가져올 수 있는지, 그래서 누가 정말 시민인지를 생생하게 확인했다.

정치권도 각성의 대오에 동참했다. 야당이 그랬다. 군부 정권이 야당 지 도자들을 감옥과 자택에 가두고 '가짜 야당'까지 만들면서 정치를 억누 르는데도 포기하지 않았다. 무고한 국민의 희생을 막지 못한 무능을 참 회하면서, 진상을 규명하고 희생자들을 기리라는 국민의 요구에 부응하 려 했다. 김영삼 같은 야당 지도자가 목숨을 건 무기한 단식을 감행하면 서 온 힘을 쏟았다.

'진짜 야당'을 만들려는 실천도 게을리하지 않았다. '직선제 개헌'을 기치 로 내걸고 민주화를 향한 국민의 총의를 모아내기도 했다. 마음이 착하 고 머리가 좋아서 그런 게 아니라, 정치의 위상과 구실을 제대로 간파한 덕분이었다. 어떤 식이든 국민의 의사를 대표하고 조직할 책임을 수행해 야 한다는 사실 말이다. '문민 정부'와 '국민의 정부'라는 분명한 전망을 갖고 국가를 운영해보겠다는 열망을 한시도 놓치지 않았다. 늘 '뭐라도 하는' 정치인들, '정치의 실종'을 막아낸 이들이었다.

4·16 세월호 참사가 있은 지 어느덧 한 달이 훌쩍 지났다. 다시금 국가 가 무엇인지, 누가 국가를 바꿔낼지를 시민들이 묻고 있다. 물음에 답하 려는 실천을 펼쳐 '잊지 않겠다는 약속'을 지키려 일어섰다. 5·18 광주 민 주화 운동이 그 앞과 그 뒤의 한국 사회를 구별짓는 '모멘텀'이 됐듯이, 4·16 세월호 참사도 그렇게 자리매김하게 하려고 마음과 지혜를 모으기 시작했다.

"미안합니다. …… 잊지 않겠습니다."

— 세월호 희생자 합동분향소, 2014년 5월 16일

4·16 세월호 참사는 5·18 광주 민주화 운동하고는 성격이 사뭇 다르다. 국가의 폭력보다는 국가의 무능에 초점이 맞춰져 있고, 그 저변과 배후 에는 군부 독재가 아니라 사리사욕만 채우는 데 열심인 관료와 기업이 있다. 앞에서 각성과 실천을 이끄는 청년 대학생도 없다. 그렇지만 훨씬 더 중요한 차이점이 있다.

정치를 찾아볼 수 없다. 시민들의 뒤를 따르면서 결연한 의지를 안고 우 리의 마음을 감동시키는 실천을 하는 정치인과 정당이 없다. 특히 제일 야당 말이다. 몇몇 사람이 분노에 차 직접 정권 퇴진을 외치고 나선 이유 다. 그런데도 아직까지 새로운 국가를 만들 수 있다는 전망을 둘러싸고 낙관보다 비관이 더 우세한 이유다.

이 사회와 나라의 운명은 결국 정치에 달려 있다. 대표와 결정에 관한 권 한과 의무를 정치가 다 갖고 있기 때문이다. 많은 시민이 정치를 불신하면서도 정치가 중요하다고 생각하는 이유다. 5·18 광주 민주화 운동에서 시작된 민주 변혁 운동을 '1987년 헌정 체제'의 수립으로 귀결시킨 일도, 5·18 광주 민주화 운동에 관한 '기억의 제도'를 만든 일도 다 정치가 했다. 4·16 세월호 참사도 그럴 수밖에 없다. '세월호 모멘텀'의 핵심인 국가에 관한 새로운 구상과 실천, 정치권이 목숨걸고 해내야 할 일이다.

정치를 그렇게 유도하고 강제하려면 거리와 광장에도 나가야 하지만, 6·4 지방 선거와 그 뒤 이어질 정치 일정을 내다보며 계획하고 준비해야 한다. 5·18 광주 민주화 운동 34주년을 맞이하고 4·16 세월호 참사 한 달을 지내며 마음속에 새겨넣는다. 이제 더는 지면 안 된다. __2014년 5월

희망의 원리를 공허하게 만드는 법

희망이라는 단어가 점점 낯설어지는 나날이다. 국민의 생명과 안전을 지키는 데 무능하고 무책임한 정부를 보면서, 또 그런 정부를 제대로 견제하지도 바꿔내지도 못하는 정당들을 보면서.

이 나라의 정치를 보고 있노라면 희망이라는 말은 마치 외계어 같다. 유가족을 꼬옥 껴안고 함께 눈물 흘리며 아픔을 나누지도 못할 정도로 망가진 정치다.

스승의 날, 내 수업을 들은 한 학생이 편지를 보냈다. 세월호 참사를 지켜보며 힘겨운 시간을 보내고 있는 듯했다. 그 힘겨움의 한복판에 비관과 회의가 자리잡고 있었다.

"편지에는 좋은 일만 적어야 하는데, 지금은 그렇질 못해서 안타깝습니다. 끝이 있긴 할지, 이 사회에서 제대로 작동하는 부분이 과연 존재할지……. 언론부터 시작해서 정경유착과 관료제, 게다가 종교, 개개인의 도덕성과 책임감까지, 어디서부터 어디까지 문제인지, 바뀌긴 할지 무섭습니다. 정권 퇴진을 외치지만 그것으로 해결되지 않을텐데……. 자꾸만 비관적으로 생각하게 되고, 회의만 듭니다. 사람을 지키지 못하고 오히려 버리는 이 국가가 존재할 가치가 있는지, 옳고 그름 따위는 무시하고 눈앞의 이익과 개인의 안정만을 위해 굴러가는 사회가 유지될 가치가 있는지……."

학생이 품은 비관과 회의는 정치를 훌쩍 넘어 대한민국 전체를 향해 있다. 정권 퇴진이 아니라 국가의 존재와 사회의 유지가 '이유 없다'고 판결할지 말지를 고민하고 있다. 그 고민 속에 대한민국이 나아질 수 있다는 희망은 없었다.

편지를 받고 나흘이 지난 5월 19일, 박근혜 대통령이 대국민 담화를 했다. 박 대통령은 대형 참사를 막지 못한 잘못을 말하고 눈물까지 흘리며 국민들에게 사과했다. 고심 끝에 해경을 해체하고, 안전행정부와 해양수산부를 축소하며, 국가안전처를 신설하겠다며 정부 조직 개편안을 제시했다. 민관 유착의 고리를 끊고 '관피아' 문제를 해결하기 위해 공직 사회를 근본부터 개혁하겠다고 했다.

기업의 비정상적인 사익 추구도 엄벌하겠다고 했다. 민간이 참여하는 진상조사위원회를 구성한다는 약속도 했다. 오늘보다 나은 내일을 만들고, 아이들에게 자랑스러운 대한민국을 만들겠다고 다짐했다. 구조를 하러 달려온 어업인들과 민간 잠수사들, 친구와 학생들과 승객들을 구하려다 목숨을 잃은 학생과 선생님과 선원들을 영웅이라 불렀다. 그런 영웅들에게서 대한민국의 희망을 본다고 했다.

"이번 세월호 사고에서 해경은 본연의 임무를 다하지 못했습니다. 사고 직후에 즉각적이고 적극적으로 인명 구조 활동을 펼쳤다면 희생을 크게 줄일 수도 있었을 것입니다. 해경의 구조 업무가 사실상 실패한 것입니다. …… 해경의 몸집은 계속 커졌지만 해양 안전에 대한 인력과 예산은 제대로 확보하지 않았고 인명 구조 훈련도 매우 부족했습니다. 저는 이런 구조적인 문제를 그냥 놔두고는 앞으로도 또 다른 대형 사고를 막을 수 없다고 판단했습니다. 그래서 고심 끝에 해경을 해체하기로 결론을 내렸습니다."

— 박근혜, 대통령 대국민 담화, 2014년 5월 19일

희망! 대통령이 이제는 찾아볼 수 없을 듯하던 대한민국의 희망을 이야기했다. 학생이 보낸 편지 끝자락에도 이런 말이 적혀 있었다.

"서로를 격려하고 챙기며 그 안에서 끝까지 믿고 기다린 아이들과 그들을 구하기 위해 희생한 사람들을 생각하면 도망치고 싶다가도 다시 희망을 갖게 됩니다." 대통령이 편지를 훔쳐본 걸까. 당연히 아니다. 사실은 누구나 이미 알고 있는 '희망의 원리'를 단지 기억해냈을 뿐이리라.

그 학생은 어땠을까. 대통령이 자기처럼 희망의 원리를 잘 알고 있다며 안도하고 국가와 사회의 필요성에 관해 다시 생각하게 됐을까? 직접 물어보자.

"수희야, 대통령 대국민 담화 어땠니? 괜찮았니? 나는 어땠냐고? 선생님은 먼저 너도 그렇고 대통령에게도 고마웠어. 희망이라는 말을 다시 들려줘서, 그리고 희망의 원리를 떠올리게 해줘서. 그렇지만 금세 공허해졌

단다. 왜냐고? '안전 대한민국'을 만들겠다고 해놓고서는 중동으로 원전 세일즈 한다며 후다닥 떠나는 모습을 보다가 그랬지. 문제 많다는 원전을 수출까지 하려 하다니……. 중동은 위험해져도 된다는 건가. 대통령은 희망의 원리를 공허하게 만드는 법도 잘 알고 있는 것 같아……. 너도 그런 것 같다고?" _____ 2014년 5월

욕먹고 사과하기 욕하고 사과하기

욕먹기와 사과하기. 한국 정치인들이 그나마 잘하는 두 가지다. 정부와 국회와 정당에 이런저런 지위를 가진 채 똬리를 틀고 있는 이들 말이다. 욕먹기와 사과하기, 둘 다 정치의 중요 기능이기는 하다. 국민들은 정치를 욕하면서 이런저런 불만을 조금이라도 해소할 수 있다. 사과를 받으면 화를 달래고 그나마 위안을 얻을 수도 있다.

한국 정치의 진짜 문제는 그 두 가지 말고는 하는 게 없다는 데 있다. 선거가 아닌 일상의 정치 과정에서 국민들의 의견을 듣는 일, 전망과 전략과 정책을 제시하는 일, 힘겨운 삶을 살아가는 국민들을 다독거리고 도우며 함께 잘 살아갈 수 있는 길로 이끄는 일, 자기가 먼저 나서서 자기 자신이 저지른 잘못을 평가하고 책임지는 일 같은 좀더 중요한 구실을 하지 못하고 있다.

새누리당은 이번 지방 선거에서도 사과를 선거 운동 전략으로 들고 나왔다. 새정치연합은 세월호 참사 효과에 기대어 참패를 면했지만, 뭘 한 게 있냐며 여전히 욕을 먹고 있다. 국민들이 정치를 냉소하고 불신할 수밖에 없다. 욕먹고 사과하는 일말고 하는 일이 없으니 말이다.

낮은 투표율은 물론 정부와 국회와 정당의 낮은 신뢰도를 보면 정치를 향한 냉소와 불신이 매우 심각한 현실을 알 수 있다. 정치학자들은 투표율 60퍼센트를 선거와 정치 체제의 정당성을 가늠하는 마지노선으로 본다. 유럽의 선진 민주주의 국가들은 대개 이 선을 훌쩍 넘어서고 있다. 낮아야 70퍼센트대 초반이다.

한국은 그렇지 않다. 대통령 탄핵 문제를 둘러싸고 한참 시끄럽던 2004년 17대 총선이 60.6퍼센트를 기록한 사례를 빼면 2000년대 들어 치른 모든 총선이 투표율 60퍼센트 미만을 기록했다. 지방 선거는 말할 것도 없다. 이번에도 겨우 56.8퍼센트였다. 대통령 선거 때나 70퍼센트를 조금 넘어설 뿐이다.

정부와 국회와 정당의 신뢰도가 10퍼센트대 미만으로 떨어진 지도 이미 오래됐다. 국회와 정당은 심지어 5퍼센트도 안 된다. 중앙선거관리위원회가 지난 5월에 발표한 유권자 의식 조사 결과에 따르면, 투표 불참자 절반 이상이 투표를 안 하는 이유로 투표해도 바뀌는 게 없기 때문이라고 답하고 있다. 정치가 뭔가 제대로 할지도 모른다는 기대감 자체가 사라진 상태다.

이런데도 욕먹고 사과하는 정치는 여전히 진행 중이다. 문창극 총리 후보자와 새누리당을 보며 하는 말이다. 문 후보자는 지명을 받자마자 이런저런 말과 글 때문에 심하게 비판받고 사과를 요구받았다. 그렇지만

"하나님은 왜 이 나라를 일본한테 당하게 식민지로 만들었습니까"라고
우리가 항의할 수 있겠지. …… 하나님의 뜻이 있는 거야.
너희들은 시련이 필요하다. 너희들은 고난이 필요하다.
…… 조선 민족의 상징은 …… 게으른 거야. 게으르고 자립심이 부족하고
남한테 신세 지는 것, 이게 우리 민족의 디엔에이로 남아 있었던 거야."
— 문창극, 〈기회의 나라를 만들어 주십시오〉, 온누리교회, 2011년 6월

욕을 좀더 먹어야 정치인의 삶을 제대로 시작할 수 있다고 생각했는지
문 후보자는 사과는 무슨 사과냐며 문제 발언을 처음 보도한 한국방송
기자를 명예 훼손으로 고소했다.

새누리당 지도부는 처음에는 당황하다가 관련 영상물을 살펴본 뒤 문
후보자를 애국자라며 옹호하고 나섰다. 그런데 비판 여론이 가라앉지 않
은 탓인지 6월 15일에 갑작스럽게 태도를 바꾸더니 기자 간담회를 열어
문제 발언 등을 사과했다. 결국 욕도 먹고 사과도 한 셈이다.

문 후보자는 공직을 맡게 되면 거기에 맞는 구실을 하고 몸가짐을 갖춰
야 한다고 말했다. 욕먹고 사과하는 일말고 총리로서 해야 할 일을 하겠
다고 약속한 셈이다. 그렇지만 약속이 지켜질른지는 미지수다. 야당의
반대가 심해 임명 동의안이 쉽게 통과되기가 힘든데다, 반대를 뚫고 총
리가 되더라도 공직자로서 제구실을 할 수 없을 듯하기 때문이다. 정말

적폐를 척결하고 나라의 기본을 다시 세우려면 여당과 야당들이 서로 협력해야 하는데, 그런 결과를 얼마나 끌어낼 수 있을지 의문이다.

박근혜 대통령과 새누리당은 총리 임명을 강행하는 수밖에 없을지도 모른다. 문제는 그렇게 하면 또다시 욕하고 사과하는 정치로 세월을 보낼 공산이 크다. 벌써부터 정치 불신과 냉소로 가득찬 깊은 한숨 소리가 여기저기에서 들려오는 듯하다. _____ 2014년 6월

노란 리본

소망이 하나 있다. 지난 6월 13일 개막한 2014년 브라질 월드컵에 나간 대한민국 대표팀에. 대표 선수들이 노란 리본을 달고 축구를 하면 좋겠다. 가슴이든 손목이든 발목이든 어디든 간에.

꼭 노란 리본이 아니어도 좋다. 잊지 않겠다는 약속의 징표면 무엇이든 좋다. 세월호 참사 희생자들은 물론 희생자 가족과 벗들, 참사를 지켜보고 큰 상처를 받은 국민들에게 큰 위로가 되리라. 세월호 참사가 터진 뒤 잊지 않겠다고 약속하는 어른들을 향해 슬픔을 참지 못하고 울음을 터뜨리는 한 학생을 봤다. "월드컵 시작하면 다 잊을 거잖아요."

대표팀이 노란 리본을 달고 축구를 하면 이 나라와 어른들을 향한 절망과 불신으로 힘겨워하는 학생들에게 큰 위로가 될 수 있다. 희망을 찾을 여지가, 믿을 만한 구석이 아직 있다는 사실도 알려줄 수 있으리라. 게다가 전세계에 생명과 안전의 중요성을 알리는 의미 있는 실천이 될 수도 있다.

온 나라가 세월호 참사의 충격으로 한참 휘청이고 있던 5월 13일, 터키 마니사 주 소마 탄광에서 폭발 사고가 났다. 300명이 넘는 사람이 죽었다. 터키 역사상 최악의 탄광 사고로 기록됐다. 사고가 나고 닷새 뒤인 18일, 터키를 대표하는 프로 축구팀 갈라타사라이가 시합을 했다. 선수들이 헬멧을 쓰고 갱도를 빠져나오듯 로커룸을 나와 경기장에 들어왔다, 광부들이 설사 이미 저세상으로 떠났다 해도 살아 돌아오기를 바라는 마음을 담은 퍼포먼스였다. 희생자와 유족과 국민의 마음을 살피고 보듬는 의미 있는 실천이었다.

갈라타사라이의 에이스고 코트디부아르의 국가 대표인 디디에 드로그바는 사고를 수습하고 희생자를 위로하는 데 쓰라며 100만 유로(14억 원 정도)를 기부했다. 드로그바는 2006년 월드컵 때 코트디부아르의 본선 진출을 이끈 뒤 일주일만이라도 전쟁을 멈춰달라고 호소한 적도 있다. 평화를 위해, 국민들이 하나돼 월드컵을 즐기며 국가 대표 축구팀을 응원하게 하기 위해. 코트디부아르는 부유한 남쪽(정부군)과 가난한 북쪽(반군)으로 나뉘어 내전을 치르고 있었다.

드로그바가 평화를 호소한 뒤 놀랍게도 정말 전쟁이 멈췄다. 드디어 국민들은 기뻐하며 월드컵을 마음놓고 즐길 수 있었다. 월드컵이 끝난 이듬해인 2007년에는 정부군과 반군이 평화 협정을 맺어 5년 동안 이어진 내전이 끝났다. 드로그바는 단지 돈 많고 유명한 축구 선수가 아니라 갈라진 국민을 축구로 화해시키고 마음을 합치게 한 영웅이었다.

지금 드로그바는 개인 재산을 털어 코트디부아르의 수도 아비장에 무상

> "우리는 불치병에 관해 듣고 있습니다. 그렇지만 예전에 아비장에 있는
> 병원에 갔을 때 거기 있는 어린이들은 그저 인슐린이 없어 당뇨병으로
> 죽어 가고 있었습니다. 그저 살아 있을 수 있는 기회를 주고 싶습니다."
>
> ― 디디에 드로그바, 2009년

의료 병원을 짓고 있다. 이미 전염병 퇴치와 의료 서비스 개선에 쓰라며
1000만 유로가 넘는 돈을 기부하기도 했다. 또한 어린이 예방 접종 사업
에 달마다 15만 유로를 기부하고 있다. 성공한 축구 선수로서, 인정받는
직업인으로서, 책임 있는 사회인으로서 자기 책무를 훌륭하게 수행하고
있다.

어린 시절 미국 프로야구 메이저 리그의 전설인 홈런왕 베이브 루스의 전
기를 읽은 적이 있다. 야구를 막 좋아하기 시작하던 '국민학생' 때였다.
인상 깊은 대목이 있었다. 야구 선수가 기부와 사회봉사를 활발히 하는
모습이었다. 베이브 루스는 특히 가난 때문에 고통받는 아이들을 위해
많은 활동을 했다. 수십 년 전의 한국 사회라 가질 수밖에 없던 한 아이의
편견, '운동 선수는 운동이나 하면 된다'는 생각이 깨지는 순간이었다.

한 나라의 품격은 그 나라가 이런저런 이유로 상처받고 아파하는 이들을

대하는 모습을 보면 알 수 있다. 좋은 나라일수록 소외받은 이들을 보듬어 안고 다시 행복을 찾아 살아갈 수 있는 힘과 기회를 주려고 노력한다. 그런 노력을 앞장서서 하는 이들이 바로 국민을 대표하는 정치인이고, 국가를 대표하는 운동선수다.

대한민국은 어떨까. 이번 월드컵 국가 대표팀을 보며 확인할 수 있겠다. 꼭 노란 리본은 아니더라도 골세리머니로 잊지 않겠다는 약속을, 생명과 안전의 갈망한다는 메시지를 전할 수도 있겠다. 국민을 대표한다는 정치가 하도 엉망이라서 국가 대표팀에 거는 기대가 더 큰가 보다. 홍명보 감독을 비롯한 국가 대표팀 선수들이 시민의 덕성을 발현하고 좋은 경기도 펼치기를 기대한다.

힘내자, 대한민국! _____ 2014년 6월

망가진 국가, 살아 있는 국민

대한민국의 수명은 얼마나 될까. 국가에도 흥망성쇠가 있다고 해서 그냥 던져본 물음이 아니다. 세월호 참사가 일어나고 두 달이 지난 지금, 정부와 국회가 돌아가는 꼴새를 보며 이 국가가 장수할 수 있을지 의문이 생겨 떠오른 질문이다. 참 많이도 망가져 있다. 대한민국이라는 이름을 단 국가 말이다. '정치적 질서**state**'로서 국가말이다.

몇 년 전 존경하는 선배 한 분이 대한민국을 긍정하라고 할 때, 그래도 되겠다 싶었다. 식민 지배와 분단과 전쟁이라는 상처를 딛고 일어나 경제성장과 민주화에 성공한, 세계사에서 드문 국가라 생각해 그랬다. 건국 50년을 지나며 더욱 심해진 사회적 차별과 경제적 불평등 탓에 많은 국민들이 고통을 겪고 있지만, 경제 민주화와 복지국가 건설이라는 새로운 목표에 정치권이 합의한 듯해 차차 나아질 수 있겠다는 기대감에 그랬다. 그러나 세월호 참사가 일어난 뒤인 지금은 다르다.

이명박 정부와 박근혜 정부에 들어 몇몇 진보 지식인들이 권위주의 회귀나 한국형 파시즘의 도래를 걱정했다. 그렇지만 기우였다. 세월호 참사 뒤 우리는 국가가 그럴 수 있는 역량이 없다는 사실을 확인하는 중이다. 이 땅의 국가는 관료와 재벌과 거대 언론 등 특권층을 제어할 통제력이 없고, 많은 국민의 동의와 지지도 받지 못하는 상태에 있다. 국가를 다시 세워낼 지적 능력, 실천적 역량, 인적 자원이 없다.

그렇지 않다면 꼭 하겠다고 약속한 경제 민주화를 그렇게 쉽게 완수했다고 선언할 리 없고, 이번 지방 선거에서 고정 지지층을 결집하는 데만 기대어 대통령의 눈물을 닦아달라고 구걸할 리가 없다. 국가 개조를 내걸고는 적폐에 연루된 사람들을 총리후보로 지명할 리도 없다. 국회는 어떤가. 무능한 정부를 견제하기는커녕 원 구성도 못 하고 있다. 세월호 국정 조사도 진척이 전혀 없다.

대통령과 여야 의원 모두 전체 국민 중 일부의 지지만 얻었을 뿐이다. 박근혜 대통령만 해도 2012년 대통령 선거에서 전체 유권자 4050만 7842명 중 1577만 3128명의 표를 얻어 39퍼센트 정도의 득표율을 기록했을 뿐이다. 제일당인 새누리당도 2012년 19대 총선에서 정당 투표 기준으로 전체 유권자 3779만 6035명 중 겨우 17퍼센트 정도인 642만 1727명의 표를 얻었을 뿐이다.

지금 국가 운영의 직접 책임자인 대통령과 새누리당은 정부와 여당의 대표성을 강화해야 할 뿐 아니라 국가의 정당성을 제고하기 위해 더 많은 국민들의 지지를 얻으려 각고의 노력을 기울여야 하는 처지다. 그런데 그렇게 안 하고 있다.

"인사 청문회까지 가지 못해서 참 안타깝게 생각한다.
앞으로는 청문회에서 잘못 알려진 사안들에 대해서는
소명의 기회를 줘 개인과 가족이 불명예와 고통 속에서
평생을 살아가지 않도록 했으면 한다."
— 박근혜, 청와대 브리핑, 2014년 6월 24일

다시금 대한민국을 긍정할 여지를 찾는다면, 부와 권력을 갖고 있지 못한 사람들이 이 땅에서 여태 국민이라는 이름으로 살고 있다는 사실이다. 특히 세월호 참사 유가족들이 그렇게 하고 있다.

그냥 살고 있는 정도가 아니다. 정부와 국회가 아무것도 안 하고 있는 상황에서 유가족들은 진도와 제주 해상교통 관제센터VTS 교신 내용과 해경이 촬영한 구조 동영상에 관해 법원에 증거 보전을 신청했고, 얼마 전 브이티에스 교신 내용을 확보했다. 또한 생존 학생, 구조 작업에 나선 잠수사, 어민 등을 상대로 면담도 진행하고 있다. 억울하게 떠나간 아이들을 헛된 죽음으로 만들지 않겠다는, 더는 대형 참사를 반복하지 않겠다는 일념으로 말이다.

이분들이 '살아 있는 국민'이다. 유가족하고 함께 실천하는 분들도 있다. 이런 분들을 보면 '국민 공동체commonwealth'로서 국가가 가능할 수 있겠다는 희망을 얻는다. 정치적 질서로서 국가를 새롭게 만들 힘도 느낄 수 있다.

세월호 참사 두 달, 아직 아무것도 바뀐 게 없다. 그렇지만 누가 진정 좋은 국가를 만들려 하는지는 드러나고 있다. 슬퍼하고 아파하는 사이에도 이렇게 세월호 모멘텀의 중핵이 만들어지고 있다. _____ 2014년 6월

선거가 민주주의 제도인 이유

선거는 그것 자체로 민주주의 제도가 아니다. 민주주의 국가의 헌법과 정치학 교과서들이 선거를 참정권을 행사하는 제도로 규정하고 있기는 하다. 그렇지만 선거 제도가 있어도 참정권을 행사하지 못하는 사람들이 많다.

오이시디가 2012년 발표한 행복 지수를 보자. 한국은 소득 상위 20퍼센트의 91퍼센트가 투표하지만, 소득 하위 20퍼센트는 단지 59퍼센트만 투표한다. 둘 사이의 격차가 오이시디 평균 7퍼센트보다 무려 5배 가까이 많은 32퍼센트다. 게다가 반민주적 독재 정권이 선거를 거쳐 등장하기도 한다. 아돌프 히틀러의 나치 정권이 그랬고, 박정희 정권이 그랬다.

민주주의가 보통 사람들의 통치 체제라는 관점에서 보면, 선거는 민주주의하고 거리가 멀다. 보통 사람들이 뽑기는 하지만, 선거는 결과적으로 보통 사람들이 아니라 엘리트를 정치적 대표자나 결정권자로 만드는 제도다. 선거는 애초에 민주주의가 도입되는 과정에서 보통 사람들의 직접 통치를 막으려 고안됐다. 민주주의를 받아들일 수밖에 없던 보수주의자들은 지식과 정보와 네트워크가 없는 보통 사람들이 국가에 해를 끼칠 어리석은 결정을 내릴 수 있기 때문에 엘리트가 정치를 해야 한다고 생각했다.

이때 내놓은 제도가 바로 선거였다. 어원을 살펴보면 '선거election'라는 말 자체가 '엘리트elite의 통치'라는 뜻이 있다. 'elect'는 동사로 '선출하다'지만, 명사로 '엘리트 계층'을 가리키기도 한다. 고대 프랑스어 '엘리트elit'와 라틴어 '엘리제레eligere'나 '엘렉투스electus'에서는 엘리트라는 말 자체가 선거로 뽑힌 사람을 가리켰다.

그런데도 선거가 민주주의 제도인 이유는 있다. 교체 가능성 때문이다. 보통 사람들이 판단과 선택을 달리해 정치(정권)를 맡을 인물과 세력을 교체할 수 있다. 정치 세력들이 교체당하지 않고 권력과 지위를 유지하려면 둘 중 하나는 해야 한다.

첫째, 보통 사람들의 삶의 질을 개선하는 정치를 잘하기다. 둘째, 별다른 성과가 없어도 잘하는 듯 보이기다. 어느 정도까지는 둘째 방법이 통할 수 있다. 그러나 보통 사람들도 보는 눈이 있고 듣는 귀가 있다. 일상생활 속에서 정치가 잘하는지 못하는지를 느끼기도 한다. 그래서 궁극의 답은 하나다. 실제로 정치를 잘하면 된다. 그렇지 않으면 교체당하는 수밖에 없다.

교체 가능성이 있고 교체가 실제로 일어나려면 좋은 야당이 존재해야 한다. 많은 국민이 권력을 잘 쓸 수 있겠다고 인정하는 야당, 곧 수권 야당 말이다. 그러니까 선거를 민주주의 제도로 만드는 열쇠는 바로 야당이

"14년간 지역을 지켜오며 헌신한 사람의 절규를 이해합니다.
절박한 마음을 알면서도 이 길을 갈 수밖에 없는 제 생각도 있습니다.
큰길에서 하나돼 만날 수 있도록 최선을 다하겠습니다."
— 기동민 예비 후보(7·30 재보선 새정치민주연합 동작을),
국회 기자회견장, 2014년 7월 8일

다. 야당이 여럿이면 제일 야당의 책임이 가장 클 수밖에 없다. 지금 여기 대한민국으로 치자면 새정치민주연합이다.

7·30 재보선에서 대한민국 국민들은 선거가 민주주의의 제도인 이유를 확인할 수 있을까? 2016년 총선과 2017년 대선에서 정부와 여당이 교체될 가능성을 엿볼 수 있을까? 회의적이다. 새정치민주연합은 전략 공천이라는 미명 아래 내부 분란을 겪으며 자기들을 향하는 부정적 인식을 한층 더 키웠다. 무엇보다도 그 난리를 치면서 내세운 후보의 경쟁력이 여당 후보에 견줘 높지도 않다.

어떻게 해야 할까. 새정치민주연합은 야권 맏형답게 큰 수를 둬야 한다. 양보하는 미덕을 보여야 한다. 보통 사람들의 권익을 위해 몰염치한 강자 집단들에 맞서 싸우며 긍정적 이미지를 쌓아온 다른 야당의 좋은 후보에게 말이다. 그래서 명분을 틀어줘야 한다. 정권 교체의 전망을 높이는 실리도 얻을 수 있다. 무조건 양보가 아니어도 좋다. 야권 후보 단일화 경선도 있다. 경선에서 이긴 후보는 시너지 효과에 바탕해 두 후보의 단순 합산 지지도를 훌쩍 넘어설 수 있다.

답이 안 보일 때는 시야를 넓히고 거꾸로 생각하는 현명함이 필요하다. 그 현명함의 산물이 바로 양보다. _____ 2014년 7월

'100년의 고통' 함께할 정치인

사람을 사람으로 볼 줄 알기. 그리고 다른 사람들의 처지에 자기를 놓아보는 상상을 할 줄 알기. 이 두 가지를 못 갖추고 있는 사람은 정치를 하면 안 된다. 자기만을 위해 아무렇지도 않게 다른 사람들의 생명을 해치는 결정을 내릴 수 있기 때문이다.

정치는 권력을 가진 사람들이 다른 사람들의 생사여탈을 결정하는 무시무시한 일이다. 그래서 사적이고 자의적인 권력 행사를 예방하고 처단하는 법과 제도가 있어야 한다. 그렇지만 무엇보다도 앞서 말한 두 요건을 갖춘 '사람다운 사람'이 정치를 해야 비극을 막을 수 있다. 법과 제도를 만들고 운용하는 주체는 결국 사람이다.

2009년 8월 19일, 윌리엄 캘리라는 66세 된 한 미국 남자가 41년 전에 벌어진 일을 고백하고 참회했다. 캘리는 베트남전 때 양민 수백 명이 학살된 미라이 사건으로 유죄 판결을 받은 전직 미군 장교다. 캘리는 양심의

가책을 느끼지 않은 날이 단 하루도 없었다고 했다. 학살 명령을 내린 상관들에게 저항하지 않은 행동은 어리석었다는 말도 했다. 왜 그때는 몰랐을까? 캘리는 재판에 넘겨졌을 때 이렇게 진술했다. "공산주의자들이 인간이라는 생각을 단 한 번도 해본 적이 없다." 부당한 명령에 저항하지 않고 어리석은 범죄를 저지른 이유다. 이념을 탓하며 사람을 사람으로 보지 못한 탓이었다.

캘리를 전쟁터로 몰아넣어 학살자로 만든 정치인들은 어땠을까? 베트남 양민들을 사람으로 볼 줄 알았을까? 그때 기소된 장교는 모두 14명. 그중 유죄 판결을 받은 이는 가장 계급이 낮은 캘리뿐이었다. 캘리는 베트남 민간인 22명을 죽인 혐의로 종신형을 선고받았다. 그렇지만 리처드 닉슨 대통령은 캘리를 가택 연금으로 감형했다가 3년 뒤에 가석방했다.

2014년 7월 14일 대한민국, 세월호 희생자 가족들이 국회에서 단식농성에 들어갔다. 세월호 특별법 제정시 설치할 진상규명위원회의 구성 방식과 권한 범위에 대해 정치권이 희생자 가족들의 요구를 수용치 않고 있기 때문이다.

세월호 희생자 가족들은 '4·16 세월호참사 특별조사위원회'의 정원 중절반을 희생자 가족으로 하고, 위원회가 수사권과 기소권을 모두 갖게 하자고 제안하고 있다. 이유가 뭘까? 세월호 국정 조사 특위가 한 활동을 보면서 확인했기 때문이다. 국가가 무능해 가족을 잃은 처지를 헤아리지 못하는 정치인들이라는 사실을 말이다. 이런 정치인들에게 맡겨놓았다가는 진상 규명은커녕 후속 대책도 제대로 세우지 못해 또다시 참극을 반복하게 되리라는 사실을 말이다. 그러니 희생자 가족들은 직접 관여해야겠다고 한다.

"저희들 기본 입장은 이것(세월호 참사)이 기본적으로 사고다. 교통사고다."

— 주호영, 새누리당 최고위원회의, 2014년 7월 24일

새누리당 이완영 의원은 지지부진한 국정 조사에 분을 참지 못하고 항의하는 희생자 가족들을 타박했다. "내가 당신에게 말했어?" 쫓아내겠다고 위협도 했다. "경비는 뭐하나!" 같은 당 조원진 의원도 세월호 사건을 조류 인플루엔자에 비유하는 듯한 발언을 했다. 같은 당 심재철 의원은 희생자 가족들에게 퇴장 명령을 내렸다.

야당 의원들은 이런 여당 의원들을 효과적으로 제어하지 못하고 있다. 그렇지만 새정치민주연합 우원식 의원이 한 말은 귀기울일 만하다. 세월호 참사를 단순 사고가 아니라 살릴 수 있는 국민을 국가가 살리지 못한 사건으로 생각하는 정치인들이 특위 위원을 맡아야 했다. 희생자 가족들의 마음과 생각이 바로 그렇다.

7월 24일은 세월호 참사 100일이 되는 날이다. 육신과 영혼이 갈갈이 찢기는 고통 때문에 희생자 가족들에게는 그 100일이 100년 같다. 7월 30

일에는 재보선이 있다. 이날은 국민을 표가 아니라 사람으로 볼 줄 알아 '100년의 고통'을 함께 나눌 정치인들이 더 많이 당선하기를 바란다. 부와 권력을 앞세운 몰염치한 강자들에 맞서 싸워온 정치인들 말이다. 그래야 사람 살리는 정치를 기대라도 해볼 수 있다. _____ 2014년 7월

정신 차려 정치야

"정신 차려 정치야." 동작을 보궐 선거에 출마한 정의당 노회찬 후보의 선거 홍보물 제목이다. 노 후보를 지지하느냐에 관계없이 무척이나 의미심장한 말이다. 정치를 바라보는 사람들의 마음을 콕 집어서 현실을 정확히 포착했기 때문이다. 그렇다. 한국 정치는 정신을 못 차리고 있다. 아니, 정신이 나가 있다.

《절반의 인민주권》에서 미국 정치학자 엘머 에릭 샤츠슈나이더는 민주주의란 보통 사람들을 위한 정치 체제라고 했다. 정치학자들은 말할 것도 없고 대한민국 헌법을 포함한 모든 민주주의 관련 텍스트에서 쉽게 찾아볼 수 있는 정의다.

대한민국 헌법이 국민이라고 부르는 주권자에 해당하는 영어 단어는 'people'이다. 영어본 대한민국 헌법에 실제로 그렇게 돼 있다. 미국 헌법도 주권자를 'people'로 명시하고 있다. 'people'의 뜻이 바로 보통 사람이다. 에이브러햄 링컨 대통령은 게티스버그 연설에서 'of the people, by the people, for the people'라는 구절로 민주주의를 정의했다. 민주주의에 관한 가장 유명한 정의 중 하나다. 이때 나오는 'people'도 보통 사람을 가리킨다. 요즘 한국 정치권 인사들이 앞다퉈 강조하는 서민이 바로 보통 사람이다.

샤츠슈나이더가 민주주의를 보통 사람들을 위한 정치 체제로 본 이유는 보통 사람들이 부와 권력을 지닌 강자들하고 겨뤄 이길 수 있는, 적어도 부당하게 지지 않을 수 있는 정치 체제가 민주주의라고 생각했기 때문이다. 어떻게 보통 사람들이 강자들하고 겨뤄 이기거나 부당하게 지지 않을 수 있을까?

답은 '갈등의 공공화公共化'다. 샤츠슈나이더는 갈등을 개인 문제로 놔두지 않고 공공의 문제로, 다시 말해 우리 모두 함께 다루고 풀어야 할 문제로 만들어야 한다고 생각했다. 갈등의 공공화를 거쳐 강자들의 폭리와 전횡을 제어하고 보통 사람들의 권익을 보장할 수 있는 다수의 힘과 지혜를 끌어낼 수 있다고 여겼다. 시시콜콜한 모든 갈등을 공공의 문제로 만들자는 게 아니다. 사회의 지속성과 보통 사람들의 인간적 존엄성을 해치는 문제일 때 그렇게 해야 한다는 말이다.

샤츠슈나이더는 갈등의 공공화가 가능한 이유와 갈등의 공공화를 앞서서 실행해야 할 주체를 정치, 특히 정당 정치에서 찾았다. 명분 측면에서도 그렇고 실리 측면에서도 갈등의 공공화를 제구실로 삼아야 하는 집단이 바로 정당이기 때문이다. 선거를 거쳐 다수의 지지를 얻어 정권을 차지하는 집단이 정당이다. 따라서 정당은 다수의 지지를 얻으려고, 또한 다수의 지지를 얻어 차지한 권력을 유지하려고 보통 사람들의 이해와

> "원래 최선이 아니면 차선, 차선이 아니면 차악이라도 선택해서
> 더 나은 길을 나아가는 것이 정치의 본령이기도 합니다."
> — 노회찬, 〈김현정의 뉴스쇼〉(CBS 라디오), 2014년 7월 23일

요구를 공공의 차원에서 수렴하고 표출해야 한다. 이런 과정을 거쳐 사회의 지속성과 보통 사람들의 인간적 존엄성을 보장할 수 있다.

노회찬 후보가 정신 차리라고 일갈한 한국 정치의 문제점은 정확히 이것이다. 한국의 정당들이 갈등의 공공화를 거쳐 사회의 지속성과 보통 사람들의 인간적 존엄성을 보장하지 못하고 있다는 말이다. 밀양 송전탑 공사를 둘러싼 국가와 주민 사이의 갈등을 보라. 고리 원전 폐쇄를 두고 아직도 진행 중인 원전 마피아와 시민들의 갈등을 보라.

어디 이것뿐인가. 대한민국 곳곳에서 강자들과 보통 사람들 사이에 갈등이 넘쳐난다. 하나같이 생명과 안전과 생계를 위협하는 문제다. 그렇지만 한국의 정당들, 특히 집권 여당과 제일 야당은 밀양 송전탑 문제에도, 고리 원전 패쇄 문제에도 별다른 힘을 쏟지 않았다. 그냥 특정한 지역과 특정한 사람들의 문제로 치부하고 방치했다. 도대체 왜 정치를 하는지,

무슨 낯으로 민주주의를 외치는지 알 도리가 없다.

세월호 특별법이 늦어지고 있다. 그사이 거짓 특혜 시비가 벌어져 희생자 가족들이 또다시 큰 상처를 받고 있다. 7월 24일이면 세월호 참사 100일이다. 문재인 의원의 말처럼 100일을 안 넘기고 희생자 가족들이 바라는 대로 일이 잘 처리될 수 있을까? 한국의 정치가 조금이라도 정신을 차릴른지 두고 볼 일이다. 아니면 정말로 바꾸고 갈아야 한다. ___2014년 7월

인간 망종과 공갈의 정치

"불행한 사람들에게 가해질 수 있는 가장 잔인한 모욕은 그 사람들의 재난을 경시하는 태도를 나타내는 짓이다. 동료들의 기쁨에 아무 반응을 보이지 않는 태도는 그저 무례함일 뿐이지만, 동료들이 고통에 관해 말할 때 진지한 표정을 짓지 않는 태도는 그야말로 인간 망종의 짓이다."

애덤 스미스가 《도덕 감정론》에서 한 말이다. 다시 읽으니 새누리당의 몇몇 의원이 떠오른다. 세월호 희생자 가족들에게 막말을 해댄 의원들 말이다. 희생자 가족들은 국가의 무능과 무책임이 가져온 비극을 더는 반복하면 안 된다는 일념으로 목숨걸고 단식 농성을 하고 있다. 그런 이들에게 집권 여당의 국회 의원이 가짜 단식 아니냐는 말을 했다. 세월호 참사를 조류 독감에 비유한 국회 의원도 있었다. 스미스가 살아서 이런 이들을 보면 뭐라고 했을까? '인간 망종 같은 것들'이라고 하지 않았을까.

정치는 '공감의 지대를 만드는 실천'이다. 조인원 경희대학교 총장이 내린 정치에 관한 이런 정의를 찬찬히 되새기다 보니 새정치민주연합이 떠오른다. 새정치민주연합은 7·30 재보선에서 대패한 뒤 비상대책위원회를 꾸렸다. 이름이 '국민공감혁신위원회'다. 지금 새정치민주연합은 세월호 희생자 가족과 시민들의 거센 비판에 직면해 있다. 박영선 원내 대표 겸 비대위원장이 세월호 진상조사위원회에 기소권과 수사권을 부여하지 않는 안에 합의한 탓이다. 세월호 희생자 가족과 시민들이 공감할 수 없는 합의다. 공감을 앞세웠지만 '공갈'을 한 꼴이 됐다.

재보선 승리를 정부와 여당의 무능력과 무책임에 국민들이 준 면죄부처럼 여기며 인간 망종이라 할 정도로 오만방자한 새누리당 국회 의원들, 그런 의원들을 방치하는 대통령과 새누리당 지도부, 그리고 연이은 선거 실패에도 공감이라는 단어만 갖다 쓸 뿐 정말 공감을 얻을 수 있는 실천을 보여주지 못하는 제일 야당.

박근혜 정부와 새누리당은 승리감에 취해 그렇다 치자. 비상사태를 선포한 뒤에도 헛발질만 하는 새정치민주연합은 도대체 뭐라는 말인가. 당 관계자들에 따르면 소속 국회 의원들이 위기감조차 느끼지 못하고 있다 한다. 그냥 지금의 당내 질서를 유지하려 한단다. 당 혁신 방안으로 결국 현직 의원에게 유리한 오픈 프라이머리를 먼저 내세우는 이유도 그런 속내 때문이라고 한다. 비대위원을 위촉하기도 쉽지 않다고 한다. 선뜻 해보겠다는 사람이 없단다. 뭘 하든 결국 공갈치는 게 아니냐는 의심을 받고 있기 때문이다.

야당 성향 정치 관심층 중에 차라리 새누리당을 고쳐 쓰는 게 더 낫지 않냐고 말하는 이들이 늘고 있다. 그게 더 현실적이고 효과적인 정치 혁신

"우리가 집권당이고 150석 이상 가지고 있으면
원하는 대로 다 해드리죠.
…… 모든 걸 원하는 대로 안 됐다고
무효라고 하는 것은
지금까지 해온 것, 탑을 무너뜨리는 거예요."
— 박영선 새정치민주연합 공감혁신위원회 위원장,
국회 본관 앞 세월호 농성장, 2014년 8월 10일

방안이 아니냐는 말이다. 2012년 대선 뒤 점점 이런 생각을 하는 사람들
이 늘어나고 있다. 그때그때 지지 정당을 바꾸는 스윙 보터가 아니라, 아
예 새누리당 지지층으로 돌아서는 이들이 늘어날 조짐이다. 인간 망종의
모습을 보이며 새누리당 스스로 그런 흐름을 막아서고 있기는 하다. 그
런 새누리당을 좋게 고치기 위해서라도 제일 야당 새정치민주연합을 바
꿔야 한다. 새정치민주연합이 공갈의 정치를 이어가면 상황은 또 달라질
지도 모르지만 말이다.

정당은 혼자서 바뀌지 않는다. 정당은 관계의 존재다. 경쟁자가 달라질
때 나도 달라진다. 새정치민주연합은 해체 수준에 버금가는 혁신을 해야
한다. 영화 〈명량〉이 인기다. 생즉사 사즉생의 결기를 요구하는 이들이
많아졌다. 그 결기에 더해 두려움을 용기로 바꾸는 지혜를 소망하는 이
들이 많다. 결기와 지혜가 있어야 국민의 공감을 얻어 기사회생하는 천

행이 따른다. 선명성도 중도도 아니다. 새정치민주연합은 결기와 지혜를 섬겨야 한다. 노장 은퇴도 486 퇴진도 아니다. 새정치민주연합에서 정치를 그만둬야 하는 이는 결기와 지혜를 갖지 못한 이들이다. '빅 텐트'라 부르는 새정치민주연합과 정의당의 통합도 답이 아니다.

결기와 지혜를 지닌 이들이 동맹을 맺어, 평소에 경제 민주화와 민생 개선을 놓고 자웅을 겨루며 정부와 여당을 바꿔내는 '빅 리그'가 답이다. 이 점을 알아야 인간망종과 공갈의 정치를 끝낼 수 있다. _____ 2014년 8월

'추기경' 없는 대한민국호

"김수환 추기경 없는 대한민국이다."
며칠 전 세월호 특별법 제정을 촉구하는 광화문 단식 농성장에 갔다가
만난 천호선 정의당 대표가 한 말이다. 나도 꽤 오래전부터 국회에서 열
린 정당 토론회를 비롯해 이런저런 자리에서 여러 차례 한 말이다. '김수
환 추기경의 부재'란 정치와 사회의 갈등을 해결할 중재자가 없는 상황
을 가리키는 말이다. 중재가 가능하려면 신뢰받는 사람이나 집단이 있어
야 한다. 지금 대한민국에는 그런 사람도 집단도 보이지 않는다.

대한민국에는 세월호 참사가 일어나기 전에 시작됐지만 아직 해결되지
못한 갈등이 즐비하다. 용산 참사, 쌍용자동차, 제주 해군 기지, 밀양 송
전탑 등이 그렇다. 하나같이 정부와 기업을 한편으로 하고 주민과 시민
을 한편으로 하는 갈등이다. 시간이 흐르면 흐를수록 오히려 갈등의 골
은 깊어만 간다. 모두 중재자 부재가 가져온 결과다.

대한민국은 시간마저 약이 되지 못하는 참 고약한 사회가 돼가고 있다. 고령 사회에 접어들고 있다고 하지만, 정말 그렇게 될까 의심스럽다. 갈등이 깊어지면서 만병의 근원인 스트레스가 크게 높아진 사회에서 도대체 누가 얼마나 오래 살 수 있을까. 설사 오래 산들 어디 인간답게 살 수나 있을까.

정부-기업과 주민-시민 사이의 갈등은 결국 권력과 부를 가진 사람과 그렇지 못한 사람들 사이, 곧 강자와 약자 사이에 벌어지는 갈등이다. 강자와 약자 사이의 갈등에서는 분명 강자가 승리할 테고, 더 오래 살 가능성이 높다. 이미 소득 수준이 높을수록 오래 산다는 연구 결과가 자주 나오는 대한민국이다. 그렇지만 약자를 짓밟고 오래 사는 삶이 얼마나 행복할까. 또한 강자 사이의 갈등은 얼마나 무서운가. 국가 사이의 전쟁은 물론 재벌가에서 벌어지는 집안 싸움이 단적인 사례다.

과학 문명이 진화하는데도 인간이 '신을 향한 믿음'인 종교를 중시해온 이유는 중재를 거쳐야만 구현할 수 있는 공존의 원리, 곧 어우러짐 때문이다. 신의 이름 앞에서는 모두 공평한 존재인 만큼 적대와 차이를 줄일 수 있다고 여겼다. 근대 문명에 접어들어 신의 이름은 국가-정치로 대체된다. 현실에서 드러나는 신-종교처럼 국가-정치도 강자와 약자를 냉혹하게 경계 짓고 약자를 타인 취급하면서 괄시하거나 천대하지만, 끊임없이 강자와 약자의 어우러짐을 추구할 때 비로소 자기의 존재 이유를 찾을 수 있다.

존경받고 추앙받는 종교 지도자와 정치 지도자들은 모두 그런 어우러짐을 실천한 중재자다. 김수환 추기경도 그렇고, 얼마 전 한국을 다녀간 프란치스코 교황도 그렇다. 노예 해방을 이끈 에이브러햄 링컨 대통령과

"고맙습니다. 서로 화해하고 사랑하세요."

― 김수환 추기경, 2009년 2월 16일

뉴딜을 성공시킨 프랭클린 루스벨트 대통령이 또한 그렇지 않은가. 민주화를 진리와 정의의 구현이 아니라 강자와 약자 사이에 힘의 균형을 찾으려는 실천으로 볼 때, 김영삼, 김대중, 노무현 전 대통령도 이런 어우러짐에 큰 구실을 했다.

지금의 대한민국 정치권은 균형과 조화와 어우러짐을 이끌 중재자 구실을 전혀 못 한다. 천호선 정의당 대표가 김수환 추기경의 부재를 말한 이유도 같은 선상에 놓여 있다. 정치인, 그것도 약자를 대표하는 진보 정치인으로서 가질 수밖에 없는 자괴감마저 배어 있는 말이었다.

새정치민주연합 박영선 대표 쪽의 한 관계자가 내게 전화를 해 신뢰 집단을 형성하는 데 힘을 기울여 달라는 주문을 하기도 했다. 상대적으로 젊은 지식인들이 중재자나 중재 집단이 없는 상황을 극복하는 실천에 나서달라는 말이었다. 내 알량한 역량과 궁박한 처지에서 그런 일에 선뜻 나설 수는 없겠지만, 대한민국 현실 정치권이 지닌 문제점에 관해서는 모두 같은 생각을 하고 있다는 사실을 확인했다.

세월호 특별법 문제를 풀 사회적 중재 기구를 구성하는 문제가 논의되기 시작했다. 종교계가 앞에 나섰다고 한다. 여야 정치권의 무능과 박근혜 대통령의 '무관심' 또는 '무책임'에 맞서 문제를 해결하려는 어쩔 수 없는 방책이라고 생각한다. 사회적 중재 기구가 신뢰 집단의 형성과 중재자의 등장으로 이어지는 실천이 되기를 소망해본다. _____ 2014년 8월

인간의 고약함에 대처하는 법

참으로 고약하다. 46일 동안이나 곡기를 끊은 유민 아빠 김영오 씨를 향해 명백한 사실까지 왜곡하면서 인격 모독을 서슴지 않은 사람들 말이다. 가짜 단식이니 황제 단식 운운한 행동을 비롯해, '김진요'(김영오씨에게 진실을 요구합니다)를 꾸려 치킨에 짜장면 먹는 장면을 연출한 사람들 말이다. 자식 잃은 깊은 상처로 고통받고 있는 이를 헐뜯고 조롱한 사람들 말이다. 정부의 무능과 무책임 때문에 자식을 잃었는데도 단식하다가 그냥 죽으라며 막말하는 사람들 말이다.

어떤 이는 그런 고약한 사람들하고 같은 하늘 아래 같은 땅에 살아야 하느냐며 슬프게 묻고, 어떤 이는 사람도 아니니 응징해야 한다고 분노를 터뜨리며, 어떤 이는 화낼 가치도 없는 사람들이라고 냉소한다. 어떤 이는 다 그렇고 그런 거라며 대수롭지 않게 여기고 그냥 넘긴다.

뭐가 맞는지 모르겠네 싶다가도 어떻게 저럴 수 있을까 자문자답한다. 양보 없는 이해 갈등과 소모적 이념 갈등으로 얼룩진 대한민국의 현대사를 살아온 탓에 그럴는지 모른다. 아집과 편견을 내세워야 생존에 유리하다고 여겨 그럴는지 모른다. 내일이 두려운 고단한 삶 때문에 악밖에 안 남아 그럴는지 모른다. 결국 누군가를 적으로 몰고 망가뜨리는 일에만 익숙해져 그럴는지 모른다.

결국은 뭣일는지 모른다로 귀결된 연이은 추측 끝에 자괴감에 빠져들기도 한다. 인간에 관한 이해, 대한민국 국민에 관한 이해가 아직도 부족하다 싶어 그렇다. 정부 수립 뒤 이어진 대한민국 현대사의 3분의 2가 넘는 짧지만은 않은 시간을 살아왔는데도, 이 땅 사람들의 고약함에 화들짝 놀라는 내게 무슨 문제가 있는 게 아닌가 싶어 그렇기도 하다.

필요 없는 생각으로 시간을 낭비하는 게 아니냐는 물음에 다다르기도 한다. 그렇지만 그렇지는 않다. 쉽게 이해할 수 없는 일을 보고 물음을 던지지 않으면 답을 구할 수 없고, 답을 구하지 않으면 아무 변화도 일어날 수 없다. 정답이란 게 따로 있고, 정답을 알아야만 문제를 없앨 수 있다는 말이 아니다. 썩 훌륭하지는 않더라도 나름대로 내놓은 답이 있어야만 몸과 마음을 움직이게 하는 확신과 의지가 생겨난다. 특히 뭇사람들의 생각과 뜻을 모으려면 자기만의 답을 갖고 있어야 한다.

우리를 괴롭히는 정치적 갈등과 사회적 갈등을 잘 풀지 못하는 가장 큰 이유는 답을 갖고 있지 않기 때문이다. 설사 갖고 있다 해도 서로 공유한 답이 아니라 그렇다. 갈등은 당사자 사이의 쟁투만으로 해결되지 않는다. 해결된 듯 보여도 강자에게 유리한 결과만 낳고 끝난 상황일 수 있다. 약자가 자발적으로 동의할 수 있는 끝맺음이 아니다. 갈등의 결과가 공평해지려면 힘의 불균형을 채워주는 비당사자들이 관여해야 한다. 그러나 대부분의 사람들은 당장 자기 문제가 아닌 일, 또는 아닌 듯 보이는 일에 뛰어들지 않는다. 답이 있어야만 한다. 그냥 답이 아니라 비당사자들이 공감할 수 있는 답이어야 한다.

답을 구하려 물음의 방식을 바꿔본다. 대부분의 오류는 물음을 잘못 던져 태어난다. 이명박 정권이 미국산 쇠고기 수입 반대 시위로 수난을 당한 이유는 '어떻게 민심을 돌릴 수 있을까'를 묻지 않고 '시위 배후가 누구냐'를 물었기 때문이다. 현실의 우리 삶에서는 어떻게 저럴 수 있을까 하고 이유를 묻기보다는, 저런 문제에는 어떻게 대처해야 하는지를 묻는 쪽이 훨씬 더 효과적이다. 현실을 타개하려면 일단 주어진 현실을 있는 그대로 받아들여야 한다. 그래서 다시 묻는다. 인간의 고약함에 어떻게 대처해야 할까, 또는 고약한 인간을 어떻게 대해야 할까. 지켜보고 있는 많은 사람들이 그나마 마음속으로 수긍할 대처법은 무엇인가. 외면하거나 비난하지 말고 다가가 말을 걸어주면 된다.

아무리 고약하다 해도 누군가를 절멸시킬 수는 없다. 규범으로 봐도 그렇고 현실에서도 그렇다. 악마 같다고 해도 어쨌든 인간이다. 분별력을 잃은 듯 보여도 헌법에 따른 국민이다. 특히 갈등을 중재하는 구실을 맡은 정치인들이 나서서 그 사람들이 갖고 있는 답이 도대체 뭔지 묻고 들어줘야 한다.

누군가를 적으로 다루면 진짜 적이 된다. 유령으로 취급해도 안 된다. 실체를 인정받으려 더 고약해질 수도 있다. 그저 도리와 책임을 요구받는 같은 인간이자 같은 국민으로 대하면 된다. 그래야 자격 부여와 자격 박탈을 결정할 규칙을 지키라고 명령할 수 있다. 판단과 처분에는 요건과 순서가 있다는 점도 잊어서는 안 된다. _____ 2014년 8월

신의 한 수

정당이 위기를 돌파할 때 취할 가장 인상 깊은 조치는 분명 새로운 인물을 내세우는 일이다. 그렇지만 새로운 인물을 구할 수 없는 때가 있다. 새로운 인물이라 여길 사람이 딱히 없을 때, 있다고 해도 들이기가 어려울 때, 들인다 해도 효과를 거두기 어렵다고 여겨질 때다.

지금 새정치민주연합의 꼴새가 딱 그렇다. 새정치민주연합은 안경환 서울대학교 명예 교수와 이상돈 중앙대학교 명예 교수를 영입하지 못했다. 이유는 간단하다. 하나는 두 사람, 특히 이 교수가 새정치민주연합을 위기에서 구할 새로운 인물이라는 합의가 당내에서 형성되지 않았기 때문이다. 다른 하나는 두 사람이 위원장을 맡아도 당내 분열 탓에 성과를 기대하기 어렵다고 여겨졌기 때문이다. 한마디로 단결도, 승리의 전망도 가져오기 어려운 선택이기 때문이었다. 반발과 분란은 여기서 비롯했다.

박영선 원내 대표가 두 사람을 영입하려 한 이유, 특히 '이상돈 카드'를 추진한 이유는 뭘까? 당내 반발과 분란을 충분히 예견할 수 있었는데도 말이다. 개혁과 보수의 통합 노선으로 전환하려는 생각이었을까? 그 과정에서 분란만 일으키는 계파하고는 결별하는 상황마저 감수하려 각오했을까?

개혁과 보수의 통합은 집권을 준비해야 할 제일 야당에 어울리는 노선이다. 또한 집권이 아니라 다음 선거에만 관심을 갖는 이들하고 결별하는 일도 불가피하다. 문제는 그 정당이 그런 구상을 실현할 역량을 갖고 있느냐다. 그렇지 않다면 그런 역량을 갖추려는 실천을 했느냐다. 노선을 전환하려면 생각이 다른 이들을 설득해 다수파를 형성해야 한다.

설득은 시간이 필요하다. 상대에 따라 설득 방식도 각기 다르다. 시간을 들이고 이런저런 방식을 다 써봤는데도 설득이 어렵다면 거래라도 해야 한다. 거래마저 어렵다면 그때는 결단을 내려야 한다. '내보내든지 떠나든지.' 결별은 아무것도 못하면서 머무르는 쪽보다는 좋거나 덜 나쁜 선택이다. 그렇지만 설득과 거래가 좌절된 결과에 따른 행동이어야 한다.

박 대표는 설득도 거래도 생략했다. 김한길 전 대표가 안철수 의원이 이끄는 신당하고 통합할 때처럼 전격적이지는 않았다. 그나마 다행이다. 표출의 기회를 빼앗겨 실족을 욕망하는 불만이 만들어지는 사태는 피했기 때문이다. 대신 언론에 흘리는 방식으로 반응을 떠봤다. 이 교수를 접촉하는 과정에서 문재인 의원이 박 대표하고 같이 있었다고 한다. 그렇지만 그런 식으로는 설득도 거래도 불가능하다. 언론에 흘리기는 아이디어를 검증할 때나 쓰는 방식이다. 문 의원이 동석한 데 의미를 부여하려면, 문 의원 스스로 설득과 거래를 촉진했어야 한다.

"안경환 이상돈 두 교수님께 참 미안하게 됐습니다.
처음부터 같이 모셨으면 또 당내 동의를 구하는 과정이 좀 매끄러웠으면
당 혁신과 외연 확장에 도움이 됐을 텐데 아쉽습니다. 혁신과 외연 확장.
우리 당의 재기와 집권을 위해 반드시 잡아야 할 두 마리 토끼입니다."
— 문재인 트위터(@moonriver365), 2014년 9월 13일

새정치민주연합은 아이디어에 관한 반응이나 살필 처지가 아니다. 문 의
원이 동참하느냐 마느냐가 당의 행보를 좌지우지하지도 않는다. 뭔가
해놓은 일도 없고 하려는 일도 없이 너무 오랜 시간을 지내왔기 때문이
다. 또한 새누리당이 김무성 대표의 진두지휘 아래 개혁 성향의 초선 의
원과 재선 의원을 내세워 보수 혁신을 외치고 있기 때문이다.

박 대표가 노선을 전환할 의지를 진정 갖고 있다면, 두 교수를 영입하는
일이 당을 혁신하고 승리의 전망을 키우는 데 도움이 된다고 정말 확신
한다면, '정공법'을 써야 했다. 당내 계파들을 일일이 찾아다니거나 한데
모아 직접 만나고 설득하고 거래해야 했다. 그런데 그렇게 하지 않았다.
역량의 문제를 떠나, 의지가 있기는 한지 물을 수밖에 없는 대목이다. 의
지가 있다고 해도 '노력하는 듯 보이기'에 먼저 힘쓰고 있지는 않은지 묻
게 된다.

서생의 머리로는 간파할 수 없는 '신의 한 수'를 준비하는지도 모르겠다. 결과적으로 정권 교체와 민생 개선의 전망을 밝힐 제일 야당의 등장을 가져올 한 수 말이다. 제발 그러기를 바랄 뿐이다. 그럼 문제는 시간일 따름이리라. 많지도 적지도 않은 시간 말이다. _____ 2014년 9월

정치를 망치는 두 가지 착각

정치를 망치는 두 가지 착각이 있다. 뭔가 도모하다 보면 아무리 평등을 강조해도 결국은 맺어지고야 마는, 지도자와 추종자 관계에서 일어나는 착각이다.

하나는 자기가 지닌 영향력을 과소평가하는 '지도자의 착각'이다. 중차대한 시기라 해서 큰마음 먹고 내린 결정을 비판하고 반대하는 사람들이 나오기 때문에 갖는 착각이다. 다른 하나는 지도자를 자기보다 어른으로 여기는 '추종자의 착각'이다. 지도자를 자기가 따라다녀야 할 사람으로만 보기 때문에 갖는 착각이다.

지도자의 영향력은 자기 자신이 하는 생각보다 훨씬 크다. 영향력이 크기 때문에 비판과 반대에 직면한다. 비판과 반대를 극복하면 영향력은 한층 더 커진다. 극복까지는 아니더라도 포용하면 영향력은 줄어들지 않는다.

지도자의 영향력은 권한과 권위에 바탕한다. 권한은 지위가 준 힘이고, 권위는 추종자들의 동의가 준 힘이다. 권한을 지혜롭게 행사해 권위를 키우고 권위에 바탕해 권한을 행사해야 영향력을 극대화할 수 있다. 이렇든 저렇든 지도자는 권한과 권위를 갖고 있기 때문에 다른 사람의 삶에 큰 영향을 끼친다. 대통령을 비롯한 정부 요인이나 정당 대표의 언행에 사회가 촉각을 곤두세우고 반응하는 이유다. 지도자에게 공과를 돌리는 이유이기도 하다.

자기가 지닌 영향력을 중히 여기지 않는 지도자는 제 할 일을 한정하면서 사회 갈등을 방치한다. 그러면 약자들이 큰 해를 입는다. 생명을 잃기도 한다. 강자들에게 속수무책으로 당할 수밖에 없다. 노조 조직률이 10퍼센트 정도로 오이시디 국가 평균의 3분의 1밖에 안 되는 대한민국에서는 더욱 그렇다. 강자에 대항할 조직 재화마저 갖고 있지 못한 약자들은 지도자, 특히 대통령 같은 지도자가 개입하지 않으면 강자에 맞선 싸움에서 살아나지 못한다. 그렇게 되면 '민주 공화국 대한민국'은 유지되기 어렵다. 약자가 다수인 사회 현실을 고려할 때 그렇다.

늑대 공동체에서 교훈을 얻을 수 있다. 같은 무리의 늑대끼리 서로 다투고 있으면 우두머리 늑대는 힘세고 포악한 늑대에게 장난을 걸어 싸움을 멈추게 해 약한 늑대를 보호한다. 그러지 않으면 약한 늑대들이 다 죽거나 떠나버려 공동체가 존립하기 어려워진다. 때로는 흉포한 늑대를 추방하기도 한다.

지도자가 꼭 어른은 아니다. 어른은커녕 얼르고 달래야 할 어린아이다. 지도자도 칭찬을 먹고 자란다. 어느 누구보다 인정 욕구가 강한 사람이다. 지도자의 길에 들어서거나 그 길을 걸으려 하는 이들을 직접 만나보

"국민을 대표하는 대통령에 대한 모독적인 발언도 그 도를 넘고 있습니다. 이것은 국민에 대한 모독이기도 하고 국가의 위상 추락과 외교 관계에도 악영향을 미칠 수 있는 일입니다. 가장 모범이 돼야 할 정치권의 이런 발언은 자라나는 세대들에게 혐오감을 주고 국회의 위상도 크게 떨어뜨릴 것입니다. 앞으로도 정치권이 국민들로부터 신뢰를 받을 수가 있도록 노력을 해주실 것을 당부합니다."
— 박근혜, 국무회의, 2014년 9월 16일

"대통령을 욕하는 것은 민주 사회에서 주권을 가진 시민의 당연한 권리입니다."
— 노무현, 민주평화통일자문회의 상임위원회, 2007년 12월 21일

면 하나같이 그렇다. 인정을 받아야 권한과 권위를 얻을 수 있으니 더 그럴 테다.

지도자에게 매달려 요구만 해서는 안 된다. 공동체를 유지하는 데 필요한 약자를 보호하는 일에 권한과 권위를 쓰게 해야 한다. 대한민국을 명실상부한 민주 공화국으로 만드는 데 쓰게 해야 한다. 추종자들이 더 어른스러워야 한다. 미국 정치권에 떠도는 이야기가 하나 있다. 대통령에 당선한 이에게 참모가 해준다는 말이다. "대통령 님, 러쉬모어 산에 얼굴 하나가 더 들어갈 자리가 남아 있습니다." 좋은 대통령이 돼 역사의 위인으로 남으라며 동기를 부여해주는 말이다.

'좋은 지도자는 좋은 추종자가 만든다'는 말을 떠올리게 한다. 지도자를 당장 바꿀 계기와 힘을 갖고 있지 못한 이들도 현명해져야 한다. 비판하고 반대하는 이유가 사익이 아니라 공익이라면 그래야 한다. 비판과 반

대만으로는 지도자를 움직일 수 없다.

착각은 자유라는 말이 있다. 틀린 말이다. 착각은 자유가 아니다. 공동체의 운명에 관련된 착각은 그렇다. 착각에서 깨어나야 한다. 지도자와 추종자 모두. 그래야 뭇사람들이 숨 좀 쉬며 살 수 있다. _____ 2014년 9월

야당, 반대당, 수권 정당

한국 정당사에서 지금처럼 제일 야당이 거세게 비판받은 적이 있었을까. 세월호 특별법 제정을 둘러싸고 혼란에 빠져 헤어날 줄 모르는 새정치민주연합을 두고 하는 말이다.

지금처럼 비판이 거센 적이 없지는 않다. 아니, 제일 야당은 한국 정당사에서 늘 비판 대상이었다. 그래서 제일 야당의 역사는 '비판받기'의 역사기도 하다. 특히 민주 변혁을 향한 열망이 크던 때 제일 야당을 향한 비판은 어느 때보다 높았다.

제일 야당을 민주 변혁을 향한 연대의 파트너로 생각하는 이들마저도 그랬다. 민주화실천가족운동협의회와 민족민주연구소가 1989년에 펴낸 《80년대 민족민주운동 10대 조직사건》이라는 책에는 제일 야당을 향한 신랄한 비판이 담겨 있다.

"한국 현대사를 살펴볼 때, 보수야당이 민족민주운동의 선두에 서서 투쟁하려고 했다거나 민족적, 민중적 요구를 제대로 수행하려고 했던 흔적은 찾을 수 없다. 다만 1979년 이른바 선명 노선 기치를 내걸고 투쟁한 것과 1986년 이후 헌법 투쟁 시기의 일련의 원외 투쟁 등 예외적인 사실이 있기도 하다. 그러나 사실 이것조차 예외가 아니라 그들의 계급적 속성의 다른 한 측면을 보여주는 것에 불과하다. 1979년이나 1986년 모두 청년·학생·노동자를 선두로 한 대중투쟁이 고양되어 나가고 민중들의 불만이 점증해 나가자 그때서야 비로서 어처구니없게도 대중의 우두머리로 자처하고 나섰을 뿐이다. …… 그들은 대중투쟁을 선도하여 지도하지 못하며 대중투쟁이 일정 정도 발전한 후에만 투쟁의 대오에 겨우 합류하기 시작하여 투쟁의 키를 부여잡고 자유주의적이며 부분적인 개혁으로써 자신의 집권에 유리한 공간을 조성하려고만 한다.”

역사적 경험에 바탕해 이런 비판적 인식이 이미 자리잡고 있었다는 점을 고려할 때, 제일 야당이 국민적 지지를 얻으려면 지금보다 갑절은 더 잘해야 한다. 그러나 지금의 제일 야당은 1980년대에 견줘 갑절은 더 못한다는 평가를 받고 있다. 보수가 한참 동안 '박정희 향수'에 빠져 있었듯이, 민주 진보 진영이 '양김 향수'에 빠져 있는 현실을 확인할 때 특히 그렇다. 한편에서는 '노무현 향수'에 빠져 있기도 하다.

새정치민주연합은 박영선 원내 대표가 사퇴하고 물러난 뒤 새 원내 대표를 추대할지 경선을 할지 고민 중이다. 원내 대표를 추대하면 새정치민주연합은 선출된 지도부가 없는, 사실상 '무정부 상태'에 놓이게 된다. 내년 3월까지 전당 대회를 열어 새로운 당대표를 뽑을 때까지 그렇다. 그래서 경선을 하자니 이번에는 계파 갈등이 재연될까 염려하고 있다. 이러지도 못하고 저러지도 못하면서 '아무것도 못하는' 최악의 리더십을 선

"강력한 야당이 서야 여당도 바로 서고 대통령도 바로 설 수 있습니다.

야당이 잘 설 수 있도록 국민 여러분, 당원 동지 여러분,

꼭 도와주십시오. 살려주십시오."

— 문희상 새정치민주연합 비상대책위원장, 2014년 9월 18일

보이고 있다. 비판을 넘어 비난을, 더 나아가 아예 무관심을 받는 존재가 될지도 모른다. 지금 새정치민주연합의 지지율은 18퍼센트 정도다. 제일 야당의 '역대급 최저 지지율'이다.

어쩌면 국정 감사 과정에서 이목을 끄는 쟁점을 만들어낼지도 모른다. 그러면 조금은 숨통이 트일 수 있다. 그렇지만 크게 기대하기 어렵다. 당 차원에서 조율하는 선택과 집중을 거쳐야 여기저기서 시시각각 쏟아지는 뉴스들을 뚫고 쟁점을 만들어낼 수 있는데, 당 상황이 그렇지 못하다. 몇몇 의원들이 벌이는 분투 정도로 끝날 가능성이 높다. 사실 제일 야당이라면 쟁점 만들기, 곧 문제 제기가 아니라 문제 해결을 해야 한다. 야당의 실제 이름인 '반대당opposition party'의 진짜 의미는 반대 자체에 있지는 않기 때문이다.

진짜 반대의 의미는 문제를 해결할 다른 '대안alternative'이 있다는 사실을

보여주는 데 있다. 그래야 정권 교체에 필요한 국민적 지지를 얻을 수 있고, '수권 정당authorized opposition party'이 될 수 있다. 대안을 갖고 있다고 '공인'되고 '검증'된 정당이어야 집권 가능성을 확보할 수 있다는 말이다. 지금 같아서는 '잘 씹히기 명수'나 공인되면 다행이다 싶다. 이렇게 저렇게, 제일 야당 비판의 역사는 오래 지속된다. _____ 2014년 10월

신뢰 집단

정당 2.9퍼센트, 국회 3.2퍼센트, 행
정부 8.0퍼센트, 사법부 10.1퍼센트.

무슨 수치일까? 2007년 10월에 서울대학교 사회발전연구소가 《동아일
보》하고 함께 실시한 '한국 사회기관 및 단체에 대한 신뢰도' 조사 결과
다. 이 사회를 좌지우지하는 '권력체'들의 신뢰도가 두 자릿수를 넘지 못
한 현실은 경악할 만한 일이다.

7년이 지난 지금, 좀 나아졌을까? 그렇다고 답하기는 어렵다. 신뢰도를
올릴 만한 일을 한 기억이 딱히 떠오르지 않는다. 더 나빠진 듯하다는 추
측에 훨씬 더 공감이 간다. 그동안 나라 꼴새가 그렇다.

'갑질'이라는 말이 유행어가 될 정도로 부와 권력을 쥔 사람들의 횡포가
만연해 있다. 그렇지만 정당, 국회, 행정부, 사법부가 갑과 을의 갈등 속
으로 뛰어들어 을의 권리를 '실제로' 지켜준 소식을 접한 적이 없다. 경제

민주화 입법을 추진했다 하고, 을지로위원회('을을 지키는 길') 활동을 펼쳤다 한다. 간간이 부당 해고 등에 관련된 전향적인 판결을 내리기도 했다 한다. 여전히 서민의 삶은 팍팍하기만 하다. 아니 팍팍하다는 표현마저 한가하게 느껴질 정도다.

2013년 2월 경찰청이 발표한 자료에 따르면 성인 가출이 2008~2012년 사이 32.5퍼센트 늘었다. 가정 의학 전문가나 경찰은 '불황에 따른 가족 해체'를 이유로 꼽았다. 자식과 가족을 버리고 떠난 만큼 무책임한 선택이라고 비판할 수도 있다. 그렇지만 삶이 얼마나 힘겹고 고통스러웠을지 짐작되는 대목이다. 자살율은 1997년 국제통화기금IMF 경제 위기 때 오이시디 평균을 넘어선 뒤 9년째 오이시디 1위였다. 2014년 9월 통계청이 발표한 2013년 사망 원인 통계를 보면, 하루 평균 39.5명이 자살한다. 오이시디 평균인 12.1명의 3배가 넘는다. 특히 노동 생산 연령대 주축인 40~50대 남성 자살율이 크게 증가하고 있다. 요즘은 경제와 자살이라는 말을 합성한 '경제적 자살', 곧 '이코노사이드econocide'라는 신조어가 생길 정도다.

자식과 가족과 생명을 포기하는 행동을 단지 경제적 이유만으로 설명할 수는 없다. 인간은 그저 경제적 동물에 지나지 않는 존재는 아니다. 먹고 살기 힘들다고 해서 자기의 전부를 간단히 내팽개치지는 않는다. 그렇지만 삶의 힘겨움과 고통을 견뎌내려면 어딘가 믿는 구석이 있어야 한다. 몸과 마음을 기댈 언덕이 필요하다. 그러니까 성인 가출과 이코노사이드가 증가하는 현실은 믿는 구석도 기댈 언덕도 없는 서민의 삶을 반영한다. 궁지에 몰린 서민의 삶을 헤아려줄 '누군가'가 없는 현실을 확인해주는 셈이다. 그 누군가가 돼줘야 하는 이들이 정당이고 국회고 정부고 사법부다. 그렇지만 이런 기관들을 우리 서민들은 신뢰하지 못한다.

세월호 참사 유족들이 진상을 규명할 특별법을 제정하는 일에 직접 나설 수밖에 없는 이유도 마찬가지다. 정당과 국회와 행정부와 사법부를 믿을 수 없기 때문이다. 언론도 시민 단체도 종교 단체도 매한가지다. 앞서 말한 신뢰도 조사 결과에 따르면 언론, 시민 단체, 종교 단체의 신뢰도는 13.3퍼센트, 21.6퍼센트, 15.5퍼센트에 지나지 않는다. 마찬가지로 지금은 신뢰도가 더 떨어졌으리라. '기레기'라는 말을 생각할 때, 중재의 힘을 잃었다는 시민운동가들의 자조 어린 푸념을 들을 때, 가장 영향력 있는 종교인이라는 염수정 추기경이 유족도 양보해야 한다는 말을 해서 비난받는 현실을 볼 때 그렇다.

신뢰 집단을 빨리 만들어야 한다. 보수와 진보, 계급과 계층, 세대와 지역, 분야와 영역을 가리지 말고 신뢰 집단 만들기에 나서야 한다. 기성 권력체의 신뢰를 회복하는 일도 필요하지만, '새로운' 신뢰 집단도 필요하다. 정치권과 정부를 비롯해 여기저기서 혁신을 말한다. 그런 혁신의 목표와 내용을 신뢰 집단의 형성에 맞춰야 한다. 그래야 쓸데 있는 혁신이 되고, 서민들은 삶을 이어갈 의지를 갖는다. _____ 2014년 10월

개헌으로 가는 길

개헌 논의가 다시 뜨고 있다. 여야 모두 혁신을 기치로 내걸고 개헌 카드를 손에 쥔 채 눈치를 살피는 중이다. 아직 박근혜 대통령은 개헌에 신중한 태도를 취하고 있지만, 국회는 무척이나 적극적이다. 국정 감사가 진행 중인데도 개헌 구상을 하고 있다는 사실을 숨기지 않는다. 개헌 특위도 곧 만들 예정이다. 학계도 정치학자들을 중심으로 개헌 필요성을 검토해왔다. 그래서 예전에 견줘 개헌 논의가 활발히 진행될 뿐 아니라 진짜 개헌으로 이어질 가능성도 있다는 관측이 나온다.

헌법은 최고법이다. 단지 모든 법 위에 있는 가장 높은 법이라는 뜻에서 그렇게 부르지는 않는다. 국가의 기본 이념과 정체성과 운영 원리를 담고 있다는 뜻에서 그렇게 부른다. '대한민국은 민주 공화국이다'(제1장 제1조 1항)나 '대한민국의 주권은 국민에게 있고, 모든 권력은 국민으로

부터 나온다'(제1장 제1조 2항) 등이 바로 그런 구절이다.

헌법은 조금 추상적인 언어로 채워져 있다. 그래서 실생활하고 동떨어져 있는 듯 보이기도 한다. 실상은 다르다. 헌법은 사람들의 삶에 커다란 영향을 끼친다. 개인과 집단 사이에 벌어지는 이익과 생각과 제도를 둘러싼 다툼이 어디로 나아갈지를 규정한다. 민주화 뒤, 특히 2000년대 들어 선거 제도, 행정 수도 이전, 양성 평등, 통상 임금 문제 등을 둘러싸고 부쩍 잦아진 위헌 소송은 이런 실상을 잘 간파한 결과다. 2012년 대통령 선거 때 정치권이 경제 민주화의 논거를 헌법 제119조 2항에서 찾은 사례도 마찬가지다.

잦은 위헌 소송은 이런저런 갈등을 정치권이 제대로 해결하지 못한 결과기도 하다. 그래서 정치학계를 비롯해 우리 사회 한쪽에서는 염려를 나타내기도 한다. 그래봐야 소용없지만 말이다. 이미 우리가 발 딛고 서 있는 현실이다.

꼭 부정적이지도 않다. 헌법에 담겨 있는 언어의 특성 때문에 그렇다. 추상적이라고 했지만 보편적 규범과 가치를 담고 있다. 보수든 진보든 '꼭' 따라야 하는 규범이다. 실현되기 어렵더라도 그런 가치를 구현하려 노력해야 정당성을 획득하고 존립의 근거를 마련할 수 있다. 보수와 진보 사이에 이념 대립과 진영 갈등이 심하다는 대한민국이다. 헌법은 그런 갈등의 유용성을 판가름하는 기준을 제시한다.

헌법은 동시에 '귀머거리의 대화'로 소모적 갈등을 키워온 보수와 진보가 서로 알아들을 수 있는, 그래서 상호 소통의 효율성을 높일 수 있는 '공통의 언어'를 제공한다. 미국 독립 혁명과 프랑스 혁명을 비롯한 민주주의 혁명이 근대 헌법을 탄생시킨 이유, 지금도 민주주의 정치 체제를

"대한민국은 민주 공화국이다.

대한민국의 주권은 국민에게 있고,

모든 권력을 국민으로부터 나온다."

— 〈대한민국 헌법〉, 1948년 7월 17일

헌정 체제라고 일컫는 이유가 바로 여기에 있다.

헌법만으로 세상을 바꿀 수는 없다. 그렇지만 헌법 제정 또는 개정은 새로운 세상을 열고 기성 질서를 바꿔보겠다는 의지를 생성시키고 확산시킬 수 있다. 직선제 개헌을 목표로 내걸고 투쟁한 대한민국 민주화의 역사에서, 직선제 개헌을 매개로 민주화를 향한 국민의 열망을 모아낸 경험에서 이런 점을 확인할 수 있다. 개헌은 정치 변화와 사회 변동의 가시적 목표이자 방법이다. '제왕적 대통령제'와 '기득권 독식 체제'의 폐해가 너무 크게 오랫동안 지속되고 있는 대한민국, 개헌을 시도할 때가 되기는 됐다.

명심할 게 있다. 정말 당연하지만 국민의 동의와 참여에 바탕해야 한다. 결국은 국민 투표를 거치기 때문이기도 하다. 그렇지만 내용을 만드는 논의 과정부터 국민이 주권을 실제로 행사할 수 있어야 한다. 국회 개헌 특위 활동에 정치인과 전문가뿐 아니라 일반 국민도 참여할 수 있어야 한다. 개헌에 관한 지식과 정보를 제공하는 사전 교육도 해야 한다. 그러지 않으면 개헌의 가능성은 희미해진다. 개헌을 해도 의미가 퇴색될 수밖에 없다. 국민의 주권 행사와 참여를 보장하기, 이것이 개헌으로 가는 길이다. _____ 2014년 10월

시민 주권자

대한민국에서 '시민'은 누구인가? 헌법에 기초하면 시민은 '주권자'다. 주권자란 무엇인가? 대한민국의 존재 이유를 결정할 권리를 가진 사람, 그래서 대한민국이라는 공동체의 유지와 재생산에 책임을 지는 사람이다. 대한민국의 시민들은 대한민국의 존재 이유를 민주 공화국에서 찾았다. 시민이 주권자라는 사실을 인정하는 동시에 주권자인 시민들이 함께 살아갈 수 있는 나라가 바로 민주 공화국이기 때문이다.

대한민국 헌법에는 주권자를 시민이라 부르지 않고 국민이라 부른다. '국적성'에 바탕해 호명하고 있다. 해방 뒤 정부 수립을 앞두고 헌법을 제정할 때 국민이 아니라 '인민'이라는 용어를 쓰자는 주장이 있기도 했다. 국적성을 강조하면 이 나라의 국적을 갖고 있지 않은 외국인 등의 인권을 보장하는 데 소홀해질지도 모른다는 게 이유였다. 그렇지만 '적대국'

북한이 조선민주주의인민공화국이라는 국호를 정하면서 인민이라는 용어를 앞서 사용하고 있어, 결국 국민으로 쓰기로 했다.

그런데 대한민국 헌법 영문본은 국민을 'nation'이 아니라 인민을 뜻하는 'people'로 옮기고 있다. 근대 민주 공화국 헌법의 원조인 미국 헌법도 주권자를 'people'로 표기하고 있다. 대한민국과 미국은 '보통 사람'을 뜻하는 인민이 주권자인 나라다.

이런 나라에서 시민은 인민의 다른 이름이다. 다만 시민은 인민 중에서도 주권자로서 지녀야 하는 권리와 책임을 '실제로' 수행할 수 있는 이들을 가리킨다. 정해진 나이가 돼 국방과 납세의 의무를 다하고 나라의 주요한 결정 과정, 곧 정치에 참여할 수 있는 이들 말이다.

대체로 보수 기득권층은 시민을 '착한 주체'나 '순한 주체'로 바라본다. 묵묵히 착실하게 각자 맡은 소임을 다하며 이미 결정된 규범을 잘 따르는 이들을 시민이라고 본다. 민주 공화제 질서가 완성되고 정착됐다면 그렇게 봐도 좋다. 굳이 질서를 바꾸거나 새로운 질서를 만들어낼 필요가 없기 때문이다. 주권자로서 기성 질서를 유지하고 재생산하는 일을 중시하면서 살아가면 된다. 대한민국의 현실은 과연 그런가?

11월 13일 대법원은 쌍용자동차의 정리해고가 적법하다며 2심 판결을 뒤집었다. 회사 쪽의 정리해고 결정권을 인정하느냐에 상관없이 정리해고를 실행한 근거가 적법하지 않고 문제가 있는데도 그런 결정을 내렸다. 쌍용차는 멀쩡한 공장 건물을 손비로 처리하는 식으로 손상 차손을 과다 계상하는 회계 조작을 벌여 정리해고의 근거로 삼았다. 고법은 이런 회계 조작을 근거로 정리해고가 부당하다고 판결했는데, 대법원은 달랐다. 정리해고용 회계 조작까지 용인하면서 기업의 손을 들어줬다.

"우리를 위해 열심히 사는 건데, 우리가 피해를 보고 있어."

— 〈미생〉(tvN), 2014년

'기업하기 좋은 나라=민주 공화국'이라고 보면 그렇게 해도 된다. 그렇지만 민주 공화국은 기업하기 좋은 나라가 아니라 보통 사람들이 살기 좋은 나라여야 한다. 기업이 보통 사람들의 삶과 행복을 위해 존재하는 나라가 바로 민주 공화국이다. 그런 나라에서 정리해고는 기업의 존속이 아니라 보통 사람들의 삶을 유지하는 데 기여할 때만 정당화될 수 있다. 대법원을 비롯한 사법부의 결정도 마찬가지리라. 그런데 대법은 이런 점을 간과했다.

어느 때보다도 더 시민 주권이 행사될 필요가 있다. 기업과 사법부의 결정을 민주공화국이라는 대한민국의 존재 이유에 부합하게 만들 시민 주권 말이다. 시민을 대표해 주권을 행사하라 했더니 '혁신'이라는 미명 아래 공천 제도 같은 '권력 게임의 규칙'을 정하는 데만 정신없는 정치, 그런 정치의 폐해를 극복하려면 시민이 직접 주권을 행사해야 한다.

시민을 착한 주체로 바라볼 수 있다면, 주권 행사의 결과로 민주 공화국 대한민국을 거머쥐었기 때문이리라. 착한 주체는 기성 질서에 순응하는 태도가 아니라 새로운 질서를 만들어내는 실천에서 나온다. 오직 그런 실천으로 착함의 본래 뜻, '좋음'을 구현할 수 있다. _____ 2014년 11월

혁신이 실패하는 이유

여야 양당 모두 정치 혁신에 '실패'하고 있다. 그나마 내놓은 혁신 방안도 국민들의 관심과 기대를 끌어낼 만한 참신성과 진정성이 없다. 내용은 구태의연하고, 실현 수단은 명확하지 않다. 최소한의 혁신 방안마저 실제 실천할 수 있을지 의심을 자아내고 있다.

새누리당과 새정치민주연합 모두 6월 지방 선거와 7월 재보선을 거치면서 당내 혁신 기구를 설치했다. 새누리당의 보수혁신특별위원회(위원장 김문수)와 새정치민주연합의 정치혁신실천위원회(위원장 원혜영)가 바로 그것이다. 두 당이 정치 혁신을 기치로 내걸고 당 기구를 설치해 혁신 방안 찾기에 나선 이유는 간단하다. '위기감' 때문이다.

특히 세월호 참사 뒤 여야 사이의 선거 승패를 떠나 정치 불신이 어느 때보다 심각한 현실을 절감했기 때문이다. 과반 의석을 차지하고 있는 집권 여당의 지지율이 40퍼센트가 안 되고, 130석이나 차지하고 있는 제일 야당의 지지율이 20퍼센트가 안 되는 상황에서, 정치에 관한 부정적 평가가 무려 90퍼센트에 가까운 여론 조사 결과가 속속 나오고 있었다.

그저 수치상의 문제가 아니었다. 세월호 특별법을 제정하는 과정에서 잘 드러났지만, 정치권은 서로 다른 이견을 조정해낼 역량도, 그런 역량을 갖추고 있으리라는 국민적 믿음도 다 잃어버린 상태에 놓여 있었다. 경제도 더 나빠지면 나빠졌지 나아질 기미를 보이지 않는 상황이 이어지고 있었다. 이런 때는 정치가 자기 자신을 바꾸겠다고 스스로 선언하지 않을 수 없었다.

그런데 혁신 활동은 별다른 성과를 내지 못하고 있다. 새누리당 보수혁신위원회의 혁신 방안은 의원 총회에서 거부당했고, 새정치민주연합 정치혁신실천위원회의 방안은 일부가 의원 총회에서 통과됐지만 눈길을 끌지 못하고 있다.

새누리당 보수혁신위원회는 '내년도 세비 동결', '국회 의원 불체포 특권 포기', '국회 의원, 지방 의회 의원, 지방 자치 단체장, 공직자 선거 출마 희망자 출판 기념회 전면 금지', '국회 의원 무노동 무임금 원칙 적용', '겸직 금지', '중앙선거관리위원회 산하 선거구 획정위원회 설치' 등을 제시했다. 새정치민주연합 정치혁신실천위원회는 '내년도 의원 세비 동결', '야당 몫 국회도서관장 외부 개방', '당 윤리위 강화', '비례 대표 후보 상향식 선출' 등을 내놓았다.

모두 거기서 거기다. 오래전부터 제기되던 방안들이다. 그런데도 의원 총회에서 거부당했고, 당장 실천에 옮기겠다고 하면서도 여전히 말뿐이다. 진짜 문제는 따로 있다. 내놓은 혁신안은 국민들이 지금 가장 바라는 내

"정당들이 수백 억 원의 국고 보조금을 받고 있는데 선관위와 감사원이
제대로 감사를 안 하고 있다. 시민들이 감사를 해야 한다. 지금 국고
보조금을 어떻게 쓰고 있냐면 중앙당의 인건비와 당대표의 식비 등인데,
나는 원칙적으로 국고 보조금을 주면 안 된다는 입장이다.
⋯⋯ 국고를 쓰면 국고에 대한 엄격한 감시와 통제를 할 수 있는
시스템을 정착해야 한다. 솔선수범을 해야 한다. 우리나라 모든 기관 중
신뢰도 꼴찌가 정당이고 밑에서 두 번째가 국회다."
— 김문수 새누리당 보수혁신특별위원회 위원장, 《조선비즈》,
2014년 5월 28일

용일까? 그런 혁신안대로 하면 정치가 실제로 좋아질까? 대답은 '아니올
시다'다.

국민들이 정치권에 거는 기대는 혁신 자체가 아니다. 혁신의 결과 사회적
강자들의 부당한 횡포를 바로잡고, 고용 불안과 소득 불평등이 가져오
는 삶의 고통을 해소해달라고 절규한다. 국민이 선택을 달리해 갈아치울
수 있는 정치인들이 먼저 나서서 '선출되지 않은 갑'들의 전횡을 막아달
라는 요구고, 그 결과로 민생을 개선해달라는 호소다.

지금은 경제 민주화, 관료 개혁, 사법 개혁을 먼저 시작하고, 사회 안전
망을 구축하는 데 힘을 쏟아야 할 때다. 정치적 의제와 목표와 전략을 손
볼 때지, 정치적 제도에 신경쓸 때가 아니다. 초이노믹스, 공무원 연금, 무
상 급식과 무상 보육, 증세 등을 두고 여야 사이에 벌어진 논란을 계기
삼아 나라 전체의 살림 체계를 다수 국민, 특히 사회적 약소자의 관점에

서 개선할 때다. 그 과정에서 국민들의 주권 행사를 보장하는 통로를 마련해 특수 이익 집단의 편취를 막아낼 때다. 이런 점을 간파하지 못하고 있으니 아무리 혁신을 외쳐도 제대로 힘을 받지 못하고 실패를 거듭할 뿐이다.

정치권은 혁신이 실패하는 이유를 잘 살펴야 한다. 실패한 정치 혁신을 빌미로 비판을 독점하면서 나라 살림의 체계를 바꾸자는 국민적 요구가 확산되지 못하게 하려는 의도가 아니라면 꼭 그래야 한다. __ 2014년 11월

역사를 다루는 방식

　　　　　　　　　　역사를 어떻게 다뤄야 할까. 특히 많
은 사람들의 삶과 죽음을 가른, 감당하기 어려운 분노와 슬픔이 배어 있
는 참혹하고 처절한 반목과 갈등의 역사를.

사실과 진실에 입각해서? 무엇이 사실이고 진실인가? 누구나 인정할 수
밖에 없는 객관적 증거에 따라 피해자와 가해자를 구분해서? 그런 증거
는 어떻게 찾아내고 판명하는가? 인류 문명의 산물인 과학과 보편의 관
점으로? 도대체 무엇이 과학이고 보편인가? 그런 판단은 누가 보장할 수
있는가? 보수가? 아니면 진보가?

이런 물음들에 답할 능력이 나는 없다. 다만 역사를 몇 가지 '목적'에 걸
맞은 방식으로 다뤄야 한다고 생각한다. 더는 무고한 사람들을 부당하
게 희생시키는 범죄를 반복하지 않겠다는 목적. 불가피했다는 논리로 사
람들에게 저지른 추악한 폭력과 억압과 차별을 결코 정당화할 수 없다

는 사실을 깨닫게 할 목적. 서로 연대하고 협력할 때만 소수 강자의 편취를 막아내고 생존의 위기를 극복할 수 있었다는 사실을 배울 목적. 주류와 영웅이 돋보이는 역사, 심지어 정당하지 못한 강자의 승리가 주된 흐름이 되는 역사라 하더라도 이면과 저변에는 많은 '보통 사람들'과 패배를 무릅쓴 '용기 있는 반역자들'이 있었다는 사실을 알릴 목적. 그래서 지난 시간의 흐름 끝에 놓여 있는 지금의 처지를 이해하고, 시공간을 관통해 서로 존중할 줄 아는 힘과 지혜를 얻을 목적. 이것이 역사를 다루는 이유이자 역사를 다루는 방식을 내올 목적이다.

나라와 사람의 품격은 역사를 어떻게 다루느냐에 달려 있다고 해도 지나치지 않다. 지난 시간을 살펴보면서 옳고 그름과 맞고 틀림을 가늠하는 기준을 찾아낼 감각을 회복할 수 있기 때문에 그렇다. 또한 인간의 나약함과 인류 문명이 저지른 잘못을 확인한 뒤 인류애에 바탕해 오만과 편견을 벗어날 반전의 계기를 찾아낼 수 있기 때문에 그렇다.

이를테면 인종 차별이 얼마나 무섭고 터무니없는 잘못인지는 역사를 읽어야 알 수 있다. 신과 과학의 이름으로 인종을 차별하고 학살했지만, 실상은 경제적 이익과 권력을 향한 탐욕에 지나지 않았다는 사실을, 그래서 꼭 그렇게 하지 않아도 됐다는 사실을 알아내는 길은 역사 공부다. 역사를 공부하면 벨기에의 레오폴드 2세가 고무 채취 할당량을 채우지 못했다고 콩고인의 팔목을 하루에 1308개씩이나 잘라낸 짓이, 40년 동안 2000만 명에 이르던 콩고 인구를 1000만 명까지 줄어들게 한 짓이, 도대체 인류 문명의 발전에 무슨 소용이 있었을까 하는 물음을 던지게 된다.

요즘 대한민국을 지켜보면서 역사 읽기와 공부의 중요성을 새삼 깨닫는다. 사회적 소외, 경제적 불평등, 상실의 아픔을 비아냥과 조롱으로 달랜

다며 광주 민주화 운동 희생자들을 모욕한 짓이 왜 민주 공화국의 안녕을 해치는 짓인지 모르겠다고 말하는 모습을 볼 때 그렇고, 세월호 참사 희생자들을 모욕하는 짓에 왜 사법부가 실형을 선고하는지 모르겠다고 말하는 모습을 볼 때 그렇다. 또한 나치를 떠올리게 하는 옷을 입는 짓이 왜 문제가 되는지, 그렇게 하면 왜 국제적으로 망신을 당하고 심지어 제재를 받는지 모르겠다는 말하는 모습을 볼 때 그렇다.

역사를 읽고 공부해야만 그저 불만을 터뜨리는 행동이거나 단순한 노이즈 마케팅이라 해도 '해서는 안 되는 짓'이 있다는 사실을 알게 된다. 표현의 자유라는 명분을 내세워도 받아들여질 수 없는 행동이 있다는 사실을 헤아리는 분별력을 갖출 수 있다.

지난주 하와이에서 열린 세계한국학대회에 다녀왔다. 중간에 짬이 나 명소 몇 군데를 찾아갔다. 가장 인상 깊은 곳은 '역시' 진주만이었다. 역사

195

를 다루는 방식을 배울 수 있었다. 전쟁이라는 과오를 반복하지 않기 위해 누군가를 탓하며 적으로 돌리기보다는 모두 함께 생각해볼 물음을 던져, 역사에 관한 기억과 이해, 그리고 희생자에 관한 존중이 지니는 중요성을 일깨우는 방식이었다. 사리 분별에 어두워 역사를 이념 다툼의 장으로 보고, 어느 한편의 소멸을 외쳐대는 이들이 가보면 괜찮겠다 싶었다. _____ 2014년 11월

3년짜리 대통령

대한민국 대통령의 '실질 임기'는 3년이다. 헌법에 5년으로 돼 있어도 그렇다. 아니 오히려 헌법에 5년으로 돼 있기 때문에 그렇다. 헌법에 정해진 임기가 5년이기 때문에 대통령이 자기만의 정책과 사람을 갖고 '더 좋은 나라'를 만드는 데 맘껏 승부할 수 있는 시간은 기껏해야 3년밖에 안 된다.

이유는 간단하다. 대통령 임기의 시간 배열을 보면 된다. 임기 마지막 해는 차기 대선을 치르기 때문에 사실상 정권 이양기다. 정치권과 국민의 관심이 온통 차기 대통령 선거에 맞춰지는 때다. 임기 첫해의 꽤 많은 기간은 진용을 갖추고 저변을 늘려야 하는 준비기다. 당선한 지 얼마 안 돼 정당성과 권위는 높지만, 실제로 권한을 행사할 수단을 채 확보하지 못한 때다.

이렇게 보면 박근혜 대통령의 실질 임기는 2014년, 2015년, 2016년 세

해뿐이다. 2014년이 다 갔으니, 이제 2015년과 2016년 두 해를 남겨놓은 셈이다. '성공한 대통령'으로 역사에 기록되려면 이 두 해를 잘 보내야 한다. 사실 이 두 해를 잘 보내려면 먼저 2014년을 잘 보내야 했다. 대통령이 해마다 새로운 시작을 할 수 있는 자리도 아니고, 국민들이 해마다 대통령을 새로 평가하지도 않는다. 대통령에 관한 평가는 한 해 한 해가 하나의 사슬로 엮여지면서 만들어진다. '박근혜 정권 시기'라는 사슬로. 그 사슬에 2014년, 2015년, 2016년이 한데 묶여 있다.

2014년은 한국 현대사에서 유례를 찾기 힘들 정도로 국민들이 깊은 슬픔과 분노에 휩싸인 한 해였다. 한가운데에 세월호 참사가 있었다. 박 대통령은 2013년 임기 첫해에 꾸린 진용으로 기민하고도 매끄럽게 국민의 눈물을 닦아주며 국가 개조와 적폐 척결이라는 약속을 실현해야 했다. 그렇지만 그러지 못했다. 그리고 지금도 못하고 있다. 국무총리 인선 등에서 드러난 인사 파동에 발목 잡히고, 잇따른 공약 파기에 허우적거리며, 여당 내부나 사회 보수층 한쪽에서 저지른 세월호 희생자 모독 행위를 방치한 끝에 이른바 '정윤회 사건'으로 불리는 국정 농단 의혹 시비에 휘말린 상태다. 실질 임기 중 3분의 1을, 나머지 두 해의 바탕이 되는 한 해를, 그 소중한 '통치의 시간'을 통째로 날려버리고 말았다.

박 대통령의 실질 임기는 내년이 마지막일 수도 있다. 공교롭게도 2016년 4월에 총선이 있기 때문이다. 제일 야당 새정치민주연합을 비롯한 야권의 무능 탓에 2014년 지방 선거와 7월 재보선은 어찌어찌 견뎌냈지만, 2016년 총선은 완전 딴판일 수 있다. 지금처럼 아무것도 한 일 없이 인사 파동을 반복하고 대통령 측근의 권력 암투만 부각되는 한 그렇다. 그나마 버팀목이 돼주던 제일 야당 새정치민주연합의 무능마저 사라져버릴

"저는 항상 비리를 척결하고, 또 국민의 삶이 편안해지도록 하는 데에 지금까지도 오직 그 생각으로 일해 왔지만 앞으로도 그 생각밖에 없습니다. 우리 경제가 한시가 급한 상황인데 소모적인 의혹 제기와 논란으로 국정이 발목 잡히는 일이 없도록 여당에서 중심을 잘 잡아주셨으면 합니다. 그 찌라시에나 나오는 그런 얘기들에 이 나라 전체가 흔들린다는 것은 정말 대한민국이 부끄러운 일이라고 생각합니다."
— 박근혜, 새누리당 지도부 및 예산결산특별위원회 오찬, 청와대, 2014년 12월 7일

수 있다. 버팀목이 아니라 몽둥이가 돼 돌아올 유능한 야당이 등장할 가능성도 배제할 수 없다. 야당이라고 언제까지 무능하라는 법은 없다.

박 대통령은 2015년 한 해를 잘 마무리해야만 2016년 임기도 보장받을 수 있다. 2015년을 한 해를 잘 마무리하지 못한 채 2016년 총선에서 패배하면 박 정권은 심한 레임덕에 빠진 '식물 정권'으로 전락할 수도 있다. 그러니까 박 대통령에게 2015년은 성공한 대통령이 되는 미래를 가늠할 절체절명의 한 해다. 2014년 한 해를 날려버린 탓에 국민의 마음을 온전히 회복하기는 쉽지 않겠지만, 오히려 그렇기 때문에 2015년 한 해에 모든 것을 걸고 승부를 해야 한다.

12월 7일 청와대로 새누리당 지도부와 국회 예산결산특별위원회 위원들을 초청해 점심을 먹는 자리에서 박 대통령은 찌라시에나 나오는 얘기들에 나라 전체가 흔들리는 모습은 부끄러운 일이라고 말했다. 공감한

다. 그렇지만 찌라시에 나오는 얘기들 때문에 대한민국이 흔들리고 있지
는 않다. 그런 얘기들만 나오게 만든 권력 핵심이나 측근들 때문이다. 실
질 임기의 마지막 해가 될 수도 있는 2015년을 앞둔 지금도 대통령이 적
폐를 해소할 의지를 세우고 있지 않은 듯해 걱정이다. ＿＿＿ 2014년 12월

춤, 삶의 바람

춤이 없다. 이 시대를 살아가는 사람들의 정서를 담고 있는 춤 말이다. 승자 독식 사회 또는 피로 사회라고 불리는 지금 이 땅의 생로병사를 지켜보고 겪으며 만들어진, 자기 내면 속 희로애락을 드러내는 몸짓 말이다. 특히 뭇사람하고 함께 손잡고 추는 춤을 찾아볼 수가 없다.

춤dance의 어원은 산스크리트어인 '탄하tanha'다. '생명의 욕구'라는 뜻이다. 춤은 '삶의 바람'인 셈이다. 춤이 없다는 말은 무엇인가 바라는 게 없다는 뜻이다. 함께 손잡고 추는 춤이 없으면 함께 하려고 하는 뭔가가 없다는 말이 된다.

내가 대학을 다니던 1980년대 말, '4박자 춤'으로 불린 '해방춤'이 있었다. 둘씩 짝을 지어 〈농민가〉에 맞춰 함께 박수 치고 어깨와 발과 엉덩이를 부딪친 뒤 서로 팔을 걸고 한 바퀴를 도는 간단한 춤이다. 해방춤이라

이름 짓고 〈농민가〉를 부르며 춤춘 이유가 있었으리라. 우리가 먹을 양식을 생산하는 구실을 맡아 일하면서도 힘도, 땅도, 돈도, 배움도 없다는 이유로 양반과 외세와 독재자에게 억압받고 수탈당한 이들에게 연민과 감사와 존중의 마음을 전하고 싶었으리라. 무엇보다도 그분들은 바로 '민중'이라 불리는 우리네 조상 또는 부모 아니던가. 평생을 흙과 태양과 바람과 비에다 농가 부채에 시달리면서도 자식은 공부시켜야 한다는 생각에 그 고역 같은 농사일을 견뎌낸 분들 말이다. 홍수와 가뭄으로 농사를 망치면 기르던 소라도 팔아 등록금을 대주던 분들 말이다.

해방춤은 바로 그런 분들이 자유롭게 자기 꿈을 좇으며 살 수 있는 세상이 오기를 바라는 마음을 드러내는 몸짓이었으리라. 어디 농민만을 위한 세상이겠는가. 저임금과 장시간 노동, 고용 불안과 소득 불평등, 천대와 무시라는 비인간적 처우에 고통받아온 노동자와 빈민을 위한 춤이기도 하고, 젊은 자기 자신을 위한 춤이기도 했으리라. 해방춤은 '대동大同의 춤'이었다.

누군가는 그게 무슨 춤이냐고 할지 모른다. 그저 대중을 선동하려는 '좌빨'들의 율동이라고 하면서 말이다. 춤이라면 가르마 탄 올백 머리에 멋진 정장을 빼입은 늘씬한 남성과 장미꽃 입에 물고 허벅지 드러나는 붉은 드레스 입은 여성이 추는 탱고쯤은 돼야지 하면서 말이다. 또는 왈츠처럼 우아해야 춤이지 하면서 말이다. 맞다. 나도 그런 춤을 추고 싶다. 그런데 그런 이유가 따로 있다.

19세기 말 아르헨티나 민중들 사이에서 시작된 탱고는 '가까이 다가서다'나 '마음을 움직이다'는 뜻이다. 힘든 삶 안에서도 서로 마음을 나누는 춤이었다. 왈츠는 어떤가. '돌다'나 '구르다'는 뜻을 가진 왈츠는 다문

삼천만 잠들었을 때 우리는 깨어

배달의 농사 형제 울부짖던 날

손가락 깨물며 맹세하면서

진리를 외치는 형제들 있다

밝은 태양 솟아오르는 우리 새 역사

삼천리 방방골골 농민의 깃발이여

찬란한 승리의 그 날이 오길

춤추며 싸우는 형제들 있다

— 작자 미상, 〈농민가〉

화 사회가 된 19세기 미국에서 조화와 화합을 꾀하는 사귐의 양식이었다. 왈츠가 '사교춤'의 하나가 된 이유다. 마찬가지로 사교춤의 하나인 차차차는 또 어떤가. 경쾌한 스탭과 강한 허리 움직임이 특징인 이 춤은 쿠바의 독립을 상징한다. 자기가 느끼는 즐거움을 마음껏 표현하는 춤을 출 수 있는 상태가 바로 독립이다.

우리의 해방춤처럼 자기 시대의 삶과 소망을 담고 있는 이런 춤들을 나는 추고 싶다. 그렇지만 지금 이 땅의 삶과 마음과 꿈을 담고 있는 춤을 가장 추고 싶다. 탱고와 왈츠와 차차차하고는 조금은 다른 '새로운 춤' 말이다.

그런 춤이어야 정말 '나답고 우리다운 춤'을 출 수 있을 듯해서 하는 말이다. 그런 춤을 춰야 함께 느끼고 바라는 뭔가가 생겨, 더 나은 세상을 향한 변화를 도모할 수 있을 듯해서 하는 말이다. 말과 글로 얻을 수 없는

'친밀감'에 바탕해 일어나는 변화 말이다.

왜 그런 변화를 가져올 춤은 없는 걸까? 못 찾고 있는 걸까? 아니면 못 만들고 있는 걸까? '소년 또는 소녀 시대의 춤'이 있기는 하다. 그런데 이 춤에 사람들이 '같은 곳을 바라보며 함께 걸어갈 무엇'이 담겨 있을까? 어디 한번 찬찬히 살펴봐야겠다. '시대의 춤'이라는 말을 그 이름 안에 담고 있기는 하니까. _____ 2014년 12월

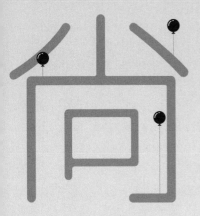

수권의 전망

2014년 10월 말 일본군 위안부 문제 진상 규명 활동을 하는 일본 시민운동을 만나러 홋카이도에 간 때였다. 현지 학자들을 만난 자리에서 일본 민주당 이야기가 나왔다. 낮은 지지율이 화제였다. 그때 일본 민주당의 지지율은 10퍼센트 중반을 간신히 넘기고 있었다.

11월 초 세계한국학대회 때문에 하와이에 가서는 미국 민주당 이야기가 나왔다. 중간 선거에서 패배해 상원과 하원을 모두 공화당에 빼앗긴 일이 화제였다. 그즈음 한국의 제일 야당인 새정치민주연합의 지지율은 20퍼센트 안팎이었다. 그래서 나도 한마디 거들었다. "민주당은 세계적으로 인기가 없는 정당이네요". 새정치연합을 '이미 민주당'으로 여긴 셈이다. 신기하게도 해외에서 만난 시민운동가나 학자들도 한국의 새정치민주연합을 그렇게 인식하고 있었다. 이름이 딱 민주당은 아니지만 '민주당

계열'의 정당이라고 여기고 있었다.

새정치민주연합은 당권 경쟁이 한창이다. 며칠 뒤 예비 경선(컷오프)을 하고 한 달 뒤인 2월 8일에 본선을 치르기 때문이다. 새정치민주연합의 운명을 좌우할 전당 대회다. 새 지도부는 2016년 총선과 2017년 대선에 대비해 당을 쇄신해야 한다. 전망과 정책을 벼리고, 거기에 걸맞은 인물을 확보해 일선에 배치해야 한다. 경제 민주화 진전과 민생 개선에서 구체적인 성과도 내야 한다. 그래야 국민적 관심과 지지를 얻을 수 있다. 그래야 여당인 새누리당의 절반에 그치는 당 지지율을 끌어올릴 수 있다. 그러지 못하면 시민사회 한쪽에서 시작된 '새로운 제일 야당 만들기' 운동이라는 풍랑에 휩쓸려 사멸할 수도 있다.

이런 새정치민주연합이 지금 이상한 논쟁을 하고 있다. 바로 '당명 논쟁'이다. 문재인과 박지원이라는 양대 후보가 당명을 다시 민주당으로 바꾸자면서, 또한 세대 교체를 기치로 내걸고 당권에 도전한 이인영 의원이 본디 자기 생각도 그렇다고 한 뒤 시작된 논쟁이다. 여기에 안철수 전 대표와 박주선, 조경태 등 약소 후보가 반대 견해를 밝히고 나서면서 분위기가 달아올랐다.

바꾸자는 쪽의 속내는 단연 '호남표 얻기'다. 호남 당원들의 지지를 얻으려면 민주당이라는 '옛 이름'이 필요하다고 생각한다. 호남 당원들이 자랑스러워하고 사랑하는 이름이 민주당이라고 본다. 바꿀 필요 없다는 쪽은 당명 바꾸기가 당장 급한 일도 아닌데다가 안철수 새정치 세력을 끌어들인 연합 노선을 폐기하는 짓이나 마찬가지라고 주장한다.

바꿀 필요 없다는 쪽이 훨씬 설득력 있다. 새정치민주연합이라는 당명 때문에 지지율이 낮지는 않기 때문이다. 또한 나를 포함한 여러 해외 학

"당명 변경에 반대한다. …… 우리가 당명에 새정치를 포함하고 당명을 바꾼 것은, 낡은 정치를 바꾸라는 국민의 요구에 부응하려는 의지를 담은 것이다. 당명 때문에 우리 당이 집권하지 못하는 것이 아니다. …… 국민들로부터 나라를 맡길 만한 신뢰를 얻는다면 당명이 중요하겠는가? 그동안 열린우리당을 시작으로 당명을 바꿔온 역사를 돌아보자. 그 이름을 버린 사람들이 아무런 책임도 지지 않고 다시 그 이름으로 돌아가자고 하면 국민들이 우리 당을 신뢰하겠는가? 우리 당에 가장 필요한 것은 국민의 신뢰를 얻는 것이다. 그래야 집권할 수 있다. 지금은 당명보다 당의 변화와 혁신을 위해 경쟁할 때이다."
— 안철수, 〈당명 변경에 대한 입장〉, 2015년 1월 2일

자들도 새정치민주연합을 이미 민주당이라고 여기고 있지 않는가. 정치 전문가들도 2014년 7·30 재보선에서 패배한 뒤의 새정치민주연합을 민주당으로 불러왔다. 물론 이때 민주당이라는 호명은 부정적 뉘앙스가 강하다. 새정치 세력하고 연합한 뒤에도 '민주당 때처럼' 무능하고 인기 없는 정당에 머물러 있다는 뜻이다.

호남 당원들이 민주당이라는 이름을 바랄 수는 있다. 설사 그렇더라도 민주당이라는 이름 자체만 바란다고 생각하면 안 된다. 호남 당원들이 '민주당, 민주당' 하는 이유는 수권 정당을 바라기 때문이라는 점을 간파해야 한다. 수권을 향해 똘똘 뭉치되 새로운 인재를 포용하는 데 주저하지 않는 정당, 지도자가 늘 전망과 정책을 내놓으며 의제를 이끄는 그런 정당 말이다. 호남 당원들의 '민주당, 민주당' 하는 소리는 수권을 향해 지푸라기라도 잡아야겠다는 심정을 담고 있을 뿐 당장 당명을 바꾸라는

요구가 아니다. 이런 사실을 모른다면, 또는 알면서도 모른 척한다면, 그런 이들이 또 당 지도부가 된다면 새정치민주연합의 미래는 암담하다.

새정치민주연합은 '있는 것 바꾸기'보다는 '없는 것 채우기'에 더 충실해야 한다. 수권의 전망이 바로 그것이다. 있는 것 바꾸기도 그래야만 가능하다. _____ 2015년 1월

사랑할 용기 앗아간 현실

사랑하는 사람의 아픔은 살면서 겪는 가장 큰 고통이다. 지켜보면서도 뭔가 해줄 수가 없을 때 그 고통은 특히 커진다. 누군가를 사랑하는 일을 두려워하는 이들이 있다. 아니, 누구나 그런 두려움에 사로잡힐 때가 있다. 사랑하는 사람의 아픔이 가져다주는 고통에 관한 두려움 말이다. 그런 두려움이 자리잡은 마음에 사랑은 들어설 수 없다. 사랑은 용기가 필요하다.

가족, 특히 아이들은 사람이 사람을 사랑한다는 의미가 무엇인지를 일깨워주는 존재다. 여러 사회 제도와 정책을 고민하는 이유가 결국은 아이들 때문이다. 먹고사는 문제의 본질도 그렇다. 한 나라의 명운도, 그 나라를 구성하는 한 사람 한 사람의 행복도 다 아이들에게서 나온다. 웃음은 행복을 실어나르는 수레다. 그 수레를 끌고 오는 이가 아이들이다.

아이들 때문에 불행할 수도 있고 슬플 때도 있다. 세상 어느 것도 오로지 하나인 것은 없다. 모두 둘이 넘는 것들을 함께 담아 하나가 될 뿐이다. 좋음과 나쁨, 옳음과 그름, 맞음과 틀림으로 불리는 것들이 각기 다른 하나인 듯하지만, 그 하나하나에 서로 다른 모든 것들이 함께 스며 있다. 인간과 사회와 나라가, 그리고 삶과 역사와 세계가 복잡다단한 이유다. 그런 세상에서 태어나 커가는 아이들도 마찬가지다. 그렇지만 바로 그런 이유 때문에 아이들을 오히려 더 사랑하게 된다. 세상사의 오묘함을 헤아릴 수 있는 온전한 '나'를 만들어주기 때문이다.

저출산과 1인 가족의 시대다. 가족을 꾸리고 아이를 낳아 키우는 일을 두려워하는 사람들이 많아진 결과 찾아온 현실이다. 불안정한 일자리라도 맞벌이를 하지 않으면 아이들 교육은커녕 가계를 꾸려가기도 어렵다. 2012년 통계청 조사 기준으로 전국 평균 맞벌이 부부의 비율이 46.4퍼센트로 거의 절반인데도 아이들을 믿고 맡길 보육 시설은 모자라다. 있다 해도 인천 어린이집 사태에서 또다시 확인한 대로 보육 교사가 저지르는 학대와 폭행이 계속되고 있다. 그런데도 보육 교사와 보육 시설에 관한 관리나 감독은 부실할 뿐이다.

영양을 풍부하게 섭취해야 할 청소년기에 늦은 밤까지 학원 다니느라 끼니를 패스트푸드로 때운다. 즐겁게 나선 수학여행 길에서 수백 명이 허망하게 목숨을 잃는다. 비싼 등록금 내고 들어간 대학에서 삶에 가장 중요한 자원인 서로 배움의 인연은 만들지 못한 채 스펙 경쟁이라는 미명 아래 학점에 매달려서 남들 엉덩이 쫓아다니며 돈벌이 대상만 된다. 국방의 의무를 다하겠다며 군대에 갔다가 어이없게도 살인자가 되거나 사망자로 돌아온다.

사랑하는 사람들이 아파하고 고통에 시달리는 이런 현실을 바라보면서

"좋은 사람들만 있으면 이 사회가 법도 필요 없는데,

아르바이트 구하러 가서 그런 사람인가 아닌가

구분하는 능력도 여러분이 가져야죠.

…… 막내아들은 내가 용돈을 안 주니까 아르바이트를 하더라고.

…… 인생의 좋은 경험이라고 생각하고 하여튼 열심히 해야지.

방법이 없어."

— 김무성, 〈대학생과 함께하는 청춘 무대〉, 2014년 12월 26일

어느 누가 사랑하기를 두려워하지 않을 수 있을까. 누가 감히 사랑을 감행할 용기를 낼 수 있을까. 더군다나 이런 현실을 바꿔달라는 보통 사람들의 요구에 정치권과 대기업은 꿈쩍도 안하는데 말이다. 심지어 이제는 주권자인 보통 사람들에게 갑질을 서슴지 않는데 말이다.

요즘 공감과 배려와 시민성을 부쩍 강조한다. 부와 권력의 횡포에 상처받고 소외된 사람들이 많아져서 그렇다. 서로 기대며 살아갈 가족과 이웃이 붕괴돼 삶에 필요한 자원을 획득해야 하는 책임을 혼자서 짊어져야 하는 탓에 그렇다. 그러다 스스로 목숨을 끊는 이가 하루 평균 40명에 이르기 때문에 그렇다. 이런 나라에서 공감과 배려와 시민성을 강조하지 않을 수 없다.

지난 세밑 《중앙일보》는 '이제는 시민이다'라는 캐치프레이즈를 새로이 내걸었고, 《에스비에스SBS》는 '배려'를 새해 어젠다로 내세웠다. 고무할

일이다. 그렇지만 유념할 점도 있다. 현실은 좋은 내용을 내거는 행동만으로는 바뀌지 않는다. 또한 좋은 내용을 상황에 따라 자기 편한 말로 채우면 허위가 되고 위선이 된다. 누군가를 사랑할 용기를 앗아간 현실을 바꾸는 데 먼저 초점을 맞추지 않으면 단순 표방과 허위와 위선이 된다. 시민성과 배려가 피어날 환경과 조건을 실제로 만드는 데 기여해야만 의미가 있다는 말이다. _____ 2015년 1월

"지금 대구서 선거하문 박살나지요"

　　　　　　　　　　정치에서 가장 피해야 할 일이 바로
고립이다. 고립되면 선거에서 승리할 수 없다. 기성의 지배 질서하고 단
절을 꾀하는 혁명도 마찬가지다. 혁명은 기본적으로 '다수자 혁명'이어야
한다. 그래야 성공한다. 실패한 혁명은 모두 소수의 독단과 전횡에 바탕
했다.

승패와 성패보다 더 중요한 점은 고립된 상태에서는 정치의 본질, 곧 공
동체의 유지와 발전이라는 목표를 달성할 수 없다는 사실이다. 공동체
성원의 행복은 물론 생명과 안전을 보장해야 하는 정치 본래의 구실을
수행할 수가 없다. 정치는 기본적으로 서로 다른 이해와 생각을 갖고 있
는 사람들이 함께 살아가는 데 필요한 기술이다. 고립은 정치에 정면으로
배치된다.

어떤 정치인이나 정치 세력도 이 점을 모를 리 없다. 그런데 정치 현실은

그렇지가 않다. 자기 자신을 고립 상태로 몰고가는 정치인이나 정치 세력을 너무 쉽게 찾아볼 수 있다. 어떤 정치인이나 정치 세력의 지지율 하락에는 고립의 기운이 작동하고 있다는 사실이 확인된다. 대통령 리더십의 공백 상태를 가리키는 레임덕 현상도 고립의 결과다. 지지율 하락과 레임덕은 정치적 경쟁 세력에게는 말할 것도 없고 지지자와 국민 다수에게도 반하는 정치적 행태와 정책을 고집한 결과다.

경쟁마저도 고립시켜서는 안된다. 경쟁자를 고립시키면 잠깐 동안 정국 주도권을 잡거나 세력 관계에서 우위를 차지할 수 있다. 선거에서도 승리할 수 있다. 그렇지만 그런 행동은 자기 자신을 고립시키는 '독'이 된다. 내 생각하고 다른 경쟁자의 생각은 자기가 저지른 실수를 수정하고 보완할 수 있는 지혜의 보고이기도 하다.

경쟁자의 이해를 보장하고 생각과 정책을 존중하고 수용함으로써 더 많은 이들의 호의를 기대할 수 있다. 적어도 중도에 자리한 이들에게서 포용적 태도에 관한 긍정적 평가를 끌어낼 수 있다. 반대와 비판의 강도도 약화시킬 수 있다. 반대로 경쟁자를 고립시키려 하면, 경쟁자는 살아남으려고 다수의 지지를 획득할 수 있는 결단을 감행한다. 경쟁 세력 내부의 단결력도 높아진다. 상대를 고립시키려던 전략은 부메랑이 돼 내게 날아온다.

박근혜 대통령의 국정운영 지지도가 20퍼센트대까지 떨어졌다. 민주화 뒤 집권 3년차 일사분기에 접어든 역대 대통령 중 최저다. 경제 민주화와 민생 개선을 바라는 거센 요구에 부응하지 못하고 있는 상황에서 박 대통령은 청와대 비서진을 쇄신하라는 요구마저 외면했다. 고립을 자초한 셈이다.

"대통령이 국민을 이기물라 카는데, 그기 되겠나."
— 〈"국민을 이기물라 카는데 … 지금 선거하문 박살 날끼다"〉,
《중앙SUNDAY》, 2015년 2월 1일

연말 정산과 건강보험료처럼 국민들이 일상에서 피부로 느끼는 문제를 처음 약속하고는 다르게 제대로 바꿔내지 못했다. 연말 정산 문제에서는 서민 증세라는 왜곡된 비판에 결연히 맞서지 못했다. 법인세 문제에서 잘 드러나듯 경제적 강자 집단이 고통을 분담하게 만드는 조치를 취하지 못하면서, 중상위 소득 계층의 비판을 상쇄할 수 있는 정당성을 확보하는 데 실패한 탓이었다. 건강보험료 문제에서는 저소득 지역보험 가입자의 부담을 줄여준다던 계획을 실행하지 못하고 있다. 원칙과 약속과 신뢰를 중시한다는 이미지가 무너졌다.

핵심 지지층도 고개를 돌리고 있다. 박 대통령을 버티게 해주는 지지 기반의 핵심 중 핵심인 대구의 바닥 민심조차 그렇다. "기껏 대통령 뽑아줬더니 국민 위에 군림할라 칸다. …… 국민이 지금 이야기하는 기, 3인방이 정치를 농락했다 카자나요. 그기 아무리 틀리도 귀 딱 닫고 '나는 비서

진을 믿는다'꼬, 그케뿌니까 검찰도 손 못 대고. 지금 대구서 선거하문 박 살나지요"(《중앙SUNDAY》 2015년 2월 1일). 대구 서문시장에서 30년째 구둣방을 운영하고 있는 상인이 한 말이다.

2016년은 총선의 해다. 새누리당도 고립의 늪에 빠져든 박 대통령 구하 기에 나설 이유가 줄어들 수밖에 없다. 박 대통령 스스로 고립의 늪에서 빠져나와야 한다는 말이다. 방법은 '민심 회복'이다. 민심을 회복할 방법 은 '호민護民'이다. 2015년 한 해, 박 대통령이 다시금 '대통령의 소명 의식' 을 다져야 한다. _____ 2015년 2월

새누리당은 '집권 여당' 아니다

한국 같은 대통령제 아래에서는 내각제하고 다르게 '집권 여당'이라는 말이 성립하기 어렵다. 정당이 직접 국정을 운영하지 않기 때문이다. 대통령제 아래에서 정부는 정당 정부가 아니라 대통령 정부다. 정당은 정부 운영자가 아니라 정부 창출자일 따름이다.

정부 창출자에 머무는 정당은 원활한 정부 운영이 아니라 선거 승리를 최고 목적으로 삼는다. 그런데 선거 승리를 노리는 정당은 '기회주의'에 기울 수밖에 없다. 상황에 따라 지지층을 더 중시해야 할 때가 있고, 지지층 밖의 유권자를 더 중시해야 할 때가 있다. 정당들이 선거 전략을 둘러싸고 끊임없이 '집토끼 산토끼' 논쟁을 벌이는 이유다.

소선거구제와 유사 다당제라는 한국의 제도 환경에서는 집토끼를 중시하는 전략이 가장 효율적인 승리 공식이다. 집토끼 중시 전략은 다당제인데도 정치가 진영으로 나뉘어 갈등하고 있을 때 특히 위력을 발휘한다. 산토끼를 잡을 역량이 취약할 때도 그렇다. 이때 정당들은 일부러 진영 사이의 갈등을 조장하고 심화시킨다. 한국의 정당들이 선거 경쟁에서 반민주 대 민주, 반박근혜 대 친박근혜, 반노무현 대 친노무현, 보수 대 진보 같은 구도 전략을 강조하는 이유가 여기에 있다.

정당들은 구도 전략을 구사해 다른 정당들하고 다른 자기 정당의 차별성을 확보한다. 그 과정에서 이런저런 편견을 동원한다. 반공주의, 성장주의, 급진 민주주의, 진보주의 같은 편견 말이다. 이런 편견들은 삶의 필요를 넘어서는 과잉 심리나 과장 전략의 산물이다. 정당들은 나라와 국민 전체의 관점에서 바람직하지 않더라도 그런 편견을 동원한다.

집토끼를 키우고 간수하는 가장 쉬운 길이기 때문이다. 국민을 소모적인 분란에 빠뜨려 통합을 해치게 되더라도 당장에 선거 비용을 줄이고 승리 가능성을 높일 수 있기 때문이다. 근대 정당 정치가 등장한 18~19세기부터 지금까지 정당의 해악과 위험성을 둘러싼 경고와 논란이 이어지고 있는 이유다.

새누리당만 봐도 그런 경고와 논란의 유효성을 쉽게 확인할 수 있다. 새누리당은 박근혜 정부가 출범한 뒤 별반 한 일이 없다. 그저 대통령과 정부에 끌려다닐 따름이었다. 대통령과 정부가 본분에 걸맞지 않게 나라와 국민 전체를 대표하지 못하고 있는데도 그랬다. 대통령과 정부가 주도하는 종북 시비 같은 편견 동원 국면에 그저 편승할 뿐이었다. 집권 여당일 수 없는데도 대통령과 정부하고 혼연일체가 돼 집권 여당인 양 행세하는 쪽이 지방 선거와 재보궐 선거에서 승리하는 데 유리하다고 판단한 때문이었으리라.

"안타깝게도 지난 2년간 대통령과 정부는
성공의 길을 걷지 못했다는 게
지금 국민의 냉정한 평가입니다."
— 유승민, 원내 대표 출마 기자 회견, 2015년 1월 27일

그런데 2015년 새해 들어 부쩍 달라질 기미를 보이고 있다. 새누리당 내부에서 대통령과 정부를 비판하는 목소리가 점차 커지고 있다. 김무성 대표와 이재오 의원을 비롯한 당내 유력 정치인들이 그런 움직임을 보이고 있다. 그중 한 명이 원내 대표 경선에 나선 유승민 의원이다. 비박계의 지원을 받고 있는 유승민 의원이 경선에서 승리하면 대통령과 정부를 비판하는 목소리는 더 커질 수 있다. 설사 유 의원이 패배하더라도 비판의 목소리는 쉽게 잦아들지 않을 듯하다.

집권 3년차에 들어서자마자 박 대통령의 국정 운영 지지율이 20퍼센트 대까지 추락했다. 민주화 뒤 역대 정권의 같은 시기 지지율에 견줄 때 최저치다. 핵심 지지 기반인 영남 보수층도 실망감을 강하게 드러내면서 지지를 철회하고 있을 정도다. 그런데도 박 대통령은 별다른 반전 카드를 내놓지 않고 있다. 문고리 3인방을 비호하고 김기춘 비서실장을 연임시

키며 이완구 총리 후보를 지명하는 과정에서 확인할 수 있듯이 친정 체제를 유지하는 데 급급할 따름이다.

이런 상황에서 새누리당은 '집권 여당 코스프레'를 멈추고 대통령과 정부에 거리를 두는 '기회주의적 간지'를 발휘할 수밖에 없다. 상황이 달라지지 않는다면, 어차피 집권 여당일 수 없는 새누리당은 내년 총선을 앞두고 '진짜 야당' 코스프레마저 할지 모른다. 그렇게 되면 박 대통령은 물론 새정치민주연합도 무척 곤란해질 수밖에 없으리라. _____ 2015년 2월

사회운동의 새로운 주인공

"망했다." 25살이라는 청년 비정부 기구 활동가가 요즘 대한민국 사회운동을 진단하면서 그렇게 말했다. 지난 2월 7일에 열린 어느 워크숍 자리였다.

왜 망했다는 걸까. 그 활동가는 요즘 사회운동이 '청년 착취' 같은 새로운 갈등을 이론과 실천 과제의 항목에서 '삭제'했기 때문이라고 했다. 방치하고 있기 때문이라고 했다. 청년들을 기성 사회운동에 필요한 인력 충원의 대상 정도로 여기고 있기 때문이라고 하기도 했다. 그래서 그 활동가는 지금 청년들을 폐허 위에 덩그러니 놓여 있는 존재로 형상화하기도 했다.

나를 비롯한 워크숍 참석자들은 대부분 그 청년 활동가보다 연장자였다. 486 또는 586 세대 활동가들이 많았다. 20대 때인 1980년대에 반독재 민주화 운동에 투신한 뒤 30여 년이 지난 지금까지 사회운동에 몸담고 있는 베테랑들이다. 이제는 머리가 희끗희끗한 중년의 한복판을 지나고 있고, 25살 청년 활동가에게는 아버지나 어머니뻘이기도 하다.

486 또는 586 세대 활동가들은 부와 권력과 안락한 삶을 향한 욕망에 굴하지 않고 민주주의와 인권과 진보를 꿈꾸며 살아왔다. 가난도 견뎌냈고 빨갱이 아니냐는 세상의 윽박지름과 따가운 눈총도 이겨냈다. 감옥행도 마다하지 않았다.

국회 의원 하려고 그렇게 사느냐는 비아냥도 못 들은 척했다. 철이 들지 않아 그렇게 산다는 훈계조 비난도 씁쓸하게 웃으며 맞는 말이라고 받아넘겼다. 운동가로서 누리는 자부심과 자긍심 덕에 그렇게 할 수 있었다. 가난하고 힘없다는 이유로 살 곳에서 쫓겨나고, 일할 곳도 잃고, 심지어 목숨마저 빼앗긴 사람들을 위해 살아왔다고 믿기 때문에 가질 수 있는 마음 말이다.

그런 이들이 한 운동을 자식뻘 되는 청년 활동가가 망했다고 선언했다. 486 또는 586 세대 활동가들 중 많은 이들도 위기라고 생각해서 위기 맞다고 말하기는 했다. 청년 활동가는 위기라는 말조차 진부하고 한가하게 느껴진다고 일갈했다.

청년 활동가가 밝고 명랑한 표정과 목소리로 나이를 밝히며 발표를 시작할 때만 해도 분위기는 화기애애했다. 486 또는 586 세대 활동가들의 표정은 마치 아들의 학예회 발표를 보러 온 학부모 같았다. 따스한 눈빛과 흐뭇한 웃음이 배어 있었다.

곧 그런 표정은 사라지고, 지그시 눈을 감은 채 묵묵히 들으며 깊은 상념에 빠져들어야 했다. 지난 30여 년 세월과 삶의 여정을 떠올리기도 했을 테고, 지금의 사회 현실과 운동의 처지를 짚어보기도 했을 테다. '정말 망

"사랑도 명예도 이름도 남김없이/ 퇴근 후에 넥타이를 풀고 찾아와/

옛 추억에 잠겨 노래 한곡 워어어어/

케케묵은 노래들을 불러대며 울어대네/

아름다운 젊음이여 흘러간 내 청춘이여/

너희들이 정녕 민주화를 아느냐/ 이 손으로 일군 민주주의 대한민국/

요즘 어린 것들은 몰라도 한참 몰라/ 서러움 모두 버리고 나 이제 가노라"

— 밤섬해적단, 〈386 sucks〉, 2010년

했나' 하고 자문하면서 말이다. 청년 활동가의 발제를 듣던 나는 눈물이 슬며시 차오르기도 했다. 나 자신의 무지와 무능과 관성에 마음이 아프고, 미안하고, 부끄럽고, 화났다.

청년 착취를 새로운 갈등으로 포착하지도 못하고 '우리 문제'로 만들지도 못한 무지와 무능 때문에, 여와 야나 보수와 진보라는 낡은 정치 갈등에 매여 하나마나한 평론이나 해대고 있는 관성 때문에 그랬다.

고맙기도 했다. 망했다는 말이 복잡한 머릿속을 오히려 맑게 해줬다. 마음을 비워주기도 했다. 새로이 시작하는 일만 남았다고 알려주는 말이라서 그랬다. 이제 자그마한 일이라도 하나씩 하나씩 해가는 수밖에 없다는 사실을 알려주는 말이라서 그랬다.

고마운 점은 또 있었다. 그 청년 활동가처럼 자기가 겪고 있는 삶의 고통에 기대어 세상의 변화를 열망하는 사람, 낡은 갈등을 대체할 새로운 갈등을 확인하고 싶어하는 사람, 그런 확인을 하려 대화에 나선 사람, 바로 그런 사람이 사회운동의 '주인공'이 돼야 한다는 사실을 다시금 알려줬다. 혼잣말이 자연스럽게 흘러나왔다. "그래, 당신 같은 활동가가 전면에 서서 이끌어야지."

정치도 그렇지만 사회운동도 시대의 변화에 조응하며 더 좋은 세상을 만들어내려면 낡은 갈등을 새로운 갈등으로 바꿀 수 있는 역량이 필요하다. 청년 세대든 486 또는 586 세대든 그런 역량을 보유하고 발휘할 수 있는 사람이 사회운동의 주인공이 돼야 한다.

그런 이들을 발견하고 세워내는 일, 이 일이 2015년 뒤 대한민국 사회운동의 핵심 과제다. _____ 2015년 2월

문재인 효과, 헤드십 넘어 리더십

정당 정치는 리더십에서 시작해 리
더십으로 끝난다. 한국은 물론 해외의 역사적 경험을 봐도 그렇다.
잘 알려진 정치 위인은 모두 정당 정치인이다. 영국의 윈스턴 처칠과 마
거릿 대처와 토니 블레어, 미국의 에이브러햄 링컨과 존 F. 케네디와 프랭
클린 루스벨트, 독일의 빌리 브란트와 앙겔라 메르켈, 프랑스의 샤를 드
골과 프랑수아 미테랑 등이 그렇다. 이 정치인들은 총리나 대통령을 지내
면서 한 국가의 지도자로서 유명세를 탔다.

그런 사람들이 그 자리에 오른 과정, 또는 그 자리에 오를 수 있던 이유는
정당 활동이다. 영국의 보수당과 노동당, 독일의 사회민주당과 기독민주
당, 미국의 공화당과 민주당, 프랑스의 공화국연합과 사회당처럼 역사가
오래되고 널리 알려진 정당에서 꾸준히 활동했다. 정당 활동을 하면서 국
정 철학과 전망을 갖췄고, 정부를 함께 운영할 동료와 팀을 만들었다. 한

국의 김영삼과 김대중 전 대통령 같은 정치 지도자들도 그랬다. 정당이란 본디 리더십을 만들고 키우는 곳이다.

2014년 한 해 야당 위기론이 거셌다. 학계와 언론계와 정계에 포진한 정치 전문가들은 위기의 핵심 이유를 리더십 부재에서 찾았다. 시대의 요구에 부응하는 국정 철학과 전망을 갖춘 리더를 볼 수 없다는 진단이었다. 당 안팎의 소모적 갈등을 제어하고 생산적 대안을 내오는 리더십을 볼 수 없었다.

정치 불신이 높은 이유도 리더십 부재다. 정치가 신뢰를 얻으려면 많은 보통 사람들이 겪고 있는 고통을 해소해야 한다. 그래서 정치의 효능을 확인하게 해줘야 한다. 리더십이 이런 일을 가능하게 한다. 먼저 다루고 해결할 문제를 정하는 일도, 문제를 해결할 담론과 정책을 만들고 실제 구현하는 일도 리더가 할 수 있고 해야 할 소임이다.

2015년 들어서는 새누리당이 리더십에 취약함을 드러내고 있다. 김무성 당대표와 유승민 원내 대표가 나서 박근혜 정부를 상대로 세금과 예산 문제를 지렛대 삼아 한국 정치에 일대 전환을 일으킬 듯했다. 그야말로 먹고사는 문제를 중심으로 한 '삶의 정치'로 나아가는 전환 말이다. 그런데 연초를 지나면서 감감무소식이다. 보육 시설 폐회로 텔레비전 설치 의무화 법과 김영란 법 같은 현안을 해결하는 과정에서도 리더십을 볼 수 없었다.

새정치민주연합은 새해 들어 달라지고 있다. 문재인 대표가 등장한 덕이다. 문 대표는 대표에 뽑히자마자 박정희 전 대통령 묘소를 참배하면서 자기를 지지하지 않는 보수층 유권자를 존중하는 모습을 보여줬다. 딴지를 거는 당내 목소리에는 엄중 경고하며 단호함을 보여줬다. 일개 정

"모든 역사가 대한민국입니다.

진정한 화해와 통합을 꿈꿉니다."

— 문재인, 국립현충원 방명록, 2015년 2월 9일

당의 대표가 아니라 '수권 야당'의 대표로서 지녀야 할 면모를 드러냈다. 마크 리퍼트 주한 미국 대사 피습 사건이 일어나자 정치 폭력은 어떤 이유든 정당화될 수 없다는 점을 분명히 했다. 또한 리퍼트 대사를 문병해 '한-미 동맹의 중요성'을 강조했다.

새정치민주연합을 '경제에 유능한 정당'으로 바꾸겠다는 뜻을 밝히기도 했다. 민주정책연구원이 중심이 되고 당 중진들이 함께하는 '경제공부 모임'도 꾸렸다. 모처럼 제일 야당과 당대표를 향한 국민들의 관심과 기대가 높아져 있다.

문 대표가 앞으로 계속 국민들의 관심과 기대를 끌어낼 수 있을까? 언론, 특히 주류 보수 언론은 문 대표의 변화를 '중도 행보'라고 부른다. '정략'이라고 보는 셈이다. 본디 '친노 좌파'인데 중도인 척하고 있다는 말이다. 이런 시각을 극복해야 더 높고 단단한 국민 지지를 얻을 수 있다.

방법? 좌다 우다, 중도다 아니다 식의 명명과 시비에 개의치 말아야 한다. 지속적 행동과 뚜렷한 성과로 진심을 입증해야 한다. 그래야 일시적인 중도 행보 효과가 아니라, 그야말로 '문재인 효과'가 만들어진다. 그때 비로소 당대표 지위에 기댄 '헤드십'이 아니라 국민 다수의 동의와 지지에 바탕한 권위를 지닌 '진짜 리더십'이 만들어진다. _____ 2015년 3월

지겨운 레퍼토리, 영수 회담

정치에도 레퍼토리가 있다. 정치는 그 레퍼토리가 반복되면서 진행된다. 대한민국 정치도 마찬가지다. 전쟁과 산업화와 민주화와 세계화 같은 큰 정치적 변화와 사회적 변동을 '모두 겪은' 나라의 정치 질서는 대체로 그렇게 유지된다.

다만 반복되는 레퍼토리에 새로운 의미를 부여한다. 이번에는 좀 다르리라는 약속과 기대를 내세우며. 그 약속과 기대가 허물어져도 의제와 횟수와 시점과 실행 결과의 수준을 조절하면서 또다시 약속하고 기대를 갖게 한다. 정치가 바뀔 듯하면서도 안 바뀌는 이유다. 그렇다고 아무것도 안 바뀌었다고 주장할 수만도 없다. 조절을 변화라는 이름을 붙여놓았으니 말이다.

단지 정치의 고루함과 거짓됨과 무의미함을 지적하려고 하는 말이 아니다. 정치에 그 흔한 냉소를 보태려고 하는 말도 아니다. 다만 새로운 변화가 일어나지 않는 한, 또 그런 변화에 부응하는 질서를 새롭게 만들어내지 않는 한, 지금의 정치에 기대할 수 있는 변화는 그 정도일 뿐이라는 말이다. 그리고 그 변화나마 제대로 진행된다면 다행이라는 뜻이다. 특히 실행 결과의 수준이 국민의 안전과 복리 증진에 조금이라도 도움이 된다면 말이다.

영수 회담은 대한민국 정치를 대표하는 '레퍼토리'다. 영수 회담은 대통령과 주요 정당 대표가 만나 국정 전반에 관해 서로 의견을 나누는 자리다. 그런데 역대 영수 회담의 결과를 살펴보면 별다른 성과를 낸 적이 많지 않다. 대통령과 정당 대표들이 견해 차이를 극복하고 국민 안전과 복리 증진을 생각해 '전향적' 결정을 함께 내린 적이 별로 없다. 그런데도 한다고만 하면 정치권과 언론과 국민이 관심을 기울여왔다.

'혹시' 하는 마음에 말이다. 한편으로는 대통령과 정당 대표들이 파트너십을 발휘해 굳어진 정국을 풀지 않을까 하는 마음으로, 다른 한편으로는 대통령과 정당 대표들이 긴장과 차이와 갈등을 드러내면서 정국을 한층 더 긴장시키지 않을까 하는 걱정으로 말이다. 대개 결과는 뒤의 경우거나 이것도 저것도 아니었다. 2005년 대연정 문제 때문에 만난 노무현과 박근혜 영수 회담이 그랬고, 2013년 박근혜, 김한길, 황우여 영수 회담이 그랬다.

2002년 김대중과 이회창 영수 회담이 그나마 예외 사례로 꼽힌다. 공적 자금을 추가 투입하고 남북 경제협력 자금을 확보할 수 있는 추경을 편성하기로 합의했다. 그런데 그런 합의가 대한민국 정치와 경제에, 그리고 국민의 삶에 얼마나 실질적이고 긍정적인 영향을 줬는지는 미지수다.

한국 정치사에 주요 영수 회담으로 기록돼 있는 1975년 박정희와 김영

"대한민국에 청년이 텅텅 빌 정도로
한번 해보세요.
다 어디 갔냐고.
'다 중동 갔다'고."
— 박근혜, 제7차 무역투자진흥회의, 2015년 3월 19일

삼 영수 회담도, 1989년 노태우와 김대중 영수 회담도 얼마나 의미 있는 일이었는지는 불확실하다. 그런데도 영수 회담이라는 레퍼토리는 대한민국 정치에서 계속돼왔다. 정치적 위상이 약화될 가능성 등 여러 위험이 도사리고 있지만 참석자들은 자기의 정치적 위상을 강화하는 기회로 활용할 수도 있기 때문이었다.

3월 17일에 열린 박근혜, 문재인, 김무성 영수 회담은 어땠는가. 조절의 수준이나마 변화라고 볼 수 있는 구석은 있었는가? 있었다. 의제를 경제 살리기와 민생 개선에 맞춘 점에서 그렇다. 2013년 박근혜, 김한길, 황우여 영수 회담 때처럼 처음으로 국회에서 만나거나 생중계 진행 방식 같은 새로운 시도를 하는 일보다 훨씬 '유익한' 변화다. 언제나 만남의 형식보다는 내용이 중요하다.

그럼 이번 영수 회담은 성공적이라 할 수 있는가? 아니다. 변화를 향한

기대를 조절의 수준에 맞췄다 해도 성과는 무척 제한적이다. 다른 영수 회담에 견줄 때 차이점보다는 공통점이 더 많다. '부정적' 의미에서 말이다. 이번 영수 회담도 그저 자기들이 지닌 생각을 드러내고 정치적 위상을 강화하는 방편으로 주로 활용됐다. 경제 살리기와 민생 개선을 의제로 삼은 이유도 결국은 그것이었다. 영수 회담이라는 레퍼토리를 '더욱 지겨운 일'로 만드는 방식으로 실행했다.

합의문도 나온 회담에 너무 짠 평가 아니냐고? 아니, 오히려 합의문을 보면서 든 생각이다. 영수 회담의 주요 의제인 공무원 연금 개혁과 서비스 산업 발전 기본법 처리, 최저 임금 인상 등에 관해서는 그저 절차와 방안이 중요하다는 데 합의했을 뿐이다. 5500만 원 이하 소득자에게 세 부담을 없게 하자는 약속만 했을 뿐이다. 이 정도를 영수 회담이 거둔 성과라고 해야 한다는 말인가? 아, 또 있다. 영수 회담을 정례화하고 의제도 좁혀 대화하자는 합의 말이다. 이것도 성과라고 해야 할 처지라는 말인가, 대한민국 정치가?

지겨움이 확 몰려온다. _____ 2015년 3월

초지일관보다 시의적절이다

초치일관보다 시의적절이 더 중요하다. 특히 정치에서 그렇다. 대중의 선호를 잘 반영하고 대표해야 높은 지지를 얻어 권력에 접근할 수 있고, 권력에 접근해야 자기가 품은 뜻을 펼칠 수 있다. 그렇기 때문에 정치는 시대 환경의 변화에 따라 달라지는 사람들의 처지와 마음을 잘 헤아려야 한다.

"과거의 공약을 충성스럽게 고수하는 자들은 시간의 흐름에 급속하게 뒤처질 수밖에 없다." 영국 출신 역사학자로 뉴욕 대학교 교수를 지내다가 2010년에 세상을 떠난 토니 주트가 《포스트 워》에서, '초지일관은 시의적절을 대신할 수 없기 때문'이라는 말하고 함께 확인해준 평범한 정치적 원리다. 스페인과 포르투갈과 그리스에서 독재 세력에 맞서 가장 앞장서 싸운 공산당이 1970년대 민주화 뒤 세력이 미약한 사회(노동)당에 유력 정치 세력의 자리를 내줄 수밖에 없게 된 이유가 바로 이것이다.

《사회주의 100년》을 쓴 유럽 비교사 학자 도널드 서순의 말처럼 공산당은 도시 주민 사이에서 효율적이고 풍요롭고 세련된, 무엇보다 현대적인 북유럽 세계에 동화되고 싶은 갈망이 커져온 변화를 읽어내지 못했다. 특히 포르투갈 공산당이 그랬다. 당 서기장 알바로 쿠냘은 이탈리아 공산당의 지원을 잃어버리면서도 다원 민주주의를 경시했고, 소련과 스탈린주의를 지지했다.

시의적절은 선거를 중심으로 하는 제도 정치에서만 중요한 덕목은 아니다. 정치 체제와 경제 체제의 근본 변혁, 곧 혁명을 목표로 하는 반체제 대안 정치에서도 마찬가지다. 혁명에 성공하려면 시대에 조응하고 다수 대중의 이해와 요구에 부응해야만 한다. 그렇지 않으면 혁명은 급진 이념에 사로잡힌 소수 지식인 엘리트들의 돌출 행동에 지나지 않게 된다. 그렇게 되면 결코 기성 질서를 바꿔낼 수 있는 권력을 잡을 수 없다. 잡더라도 사람을 위한 혁명이 아니라 혁명을 위한 사람을 요구하면서 훈육과 금지와 배제로 가득찬 전체주의로 나아갈 수밖에 없다. 로베스 피에르의 공포 정치와 스탈린의 프롤레타리아 독재가 바로 그런 사례다.

대한민국의 정치 세력들은 어떤가. 초지일관보다 시의적절에 방점을 찍은 정치를 하고 있는가? 반반이다. 2012년 대통령 선거를 앞뒤로 여야 할 것 없이 경제 민주화와 민생을 핵심 의제로 삼기 시작했다. 아직 해결 전망이 불투명하기는 하지만, 세금, 임금, 집값, 공무원 연금 등을 주요 쟁점으로 다루고 있다. 의제 정치의 수준에서는 그나마 진도를 뽑았다. 소모적 이념 시비와 계파 다툼으로 날 새는 줄 모르던 시절에 견주면 그래도 나아진 셈이다.

초지일관의 면모는 여전히 남아 있다. 4·29 재보선을 앞두고 보여주는

"〈삼시세끼〉 프로그램 때문에 채택했다. 평소 자주 봤는데, 거기에 차승원 씨가 앞치마도 하고 두건도 하고 나온다. 그런데 차 씨는 어떤 상황이든, 어떤 재료를 갖고 있던 맛있는 요리를 결국 만들어낸다. 여당은 늘 돌발 상황이 생길 수 있다. 실제로 이후 성완종 리스트 사건이 생겼다. 여당은 어떤 상황이 벌어져도 지역 주민이 원하는 비전, 정책을 만들어 내야 한다고 봤기 때문에 '새줌마' 전략을 밀었다."

— 정미경 새누리당 홍보기획본부장, 〈與 4·29 재보선 '새줌마' 전략 누가 짰나 … "조동원 가니, 정미경 왔다"〉, 2015년 4월 30일

두 거대 정당의 행보가 그렇다. 새누리당은 집권 여당인데도 정책보다는 득표를 생각하는 이미지 정치에 힘을 쏟는다.

김무성 대표는 2014년 7·30 재보선 때의 반바지 패션에 이어 빨간 두건과 앞치마와 고무장갑으로 치장한 채 '새줌마'론을 앞세워 표심 잡기에 나섰다. 무상 급식과 세월호 시행령 문제 등에 관해서는 정부와 여론의 눈치를 살피면서 태도 표명을 뒤로 미루거나 어정쩡한 수정 권고나 하고 있다. 새정치민주연합은 또 계파 문제로 속을 썩이고 있다. 동교동계가 4·29 재보선에서 문재인 대표에 힘을 실어줄지 말지를 두고 뜨뜻미지근한 태도를 보이고 있다.

득표를 고려한 이미지 전략을 구사하는 태도나 정당 내부의 계파 문제는 둘 다 정치에서 불가피한 일들이다. 그렇지만 지금 대한민국의 상황이 초지일관 그런 문제에만 힘을 쏟을 때가, 또한 그런 문제로 힘을 뺄 때가

아니다. 세월호 참사를 겪으며 박근혜 대통령이 말한 대로 '국가 개조'를 해야 할 때다.

이제 곧 세월호 참사 만 1년이 된다. 여야가 머리를 맞댄 채 지난 1년을 돌아보고 새로운 전망과 전략을 벼릴 때다. 여야 대표가 지원 유세나 다니기보다는 좀더 큰 전망과 전략 아래 이미지 쇼나 계파 줄 세우기 같은 낡은 관행하고 과감하면서도 이유 있게 결별할 때다. 사람들은 4·29 재보선의 승패보다는 대선 후보급 주자들이 펼칠 시의적절한 정치를 기다리고 있다. _____ 2015년 4월

내가 세월호다

내가 세월호였다. 내가 바로 차디찬 바다로 가라앉으며 아이들 생명을 빼앗은 '부실한 배'였다. 그러지 않고서야 목련꽃과 벚꽃이 흐드러지는 이 따스한 봄날의 햇살 아래에서 이렇게 추울 리가 없다.

4·16을 여드레 앞둔 4월 8일 경희대학교 크라운관에서 '세월호 북콘서트'가 열렸다. 세월호 유가족들의 육성 기록을 담은 책 《금요일엔 돌아오렴》을 갖고 유가족들과 선생들과 학생들이 모여 앉아 세월호 참사 1년을 되돌아보고 앞날에 해야 할 과제가 무엇인지 이야기해보려 했다. 북콘서트는 1부와 2부로 나눠 두 시간 넘게 이어졌다. 1부에서는 선생들과 학생과 인권운동가를, 2부에서는 책 출간에 참여한 유가족들과 작가들을 모셔 이야기를 들었다.

1부에서는 이런 이야기가 나왔다. 지난 1년은 '참사'라는 말의 의미를 실감한 시간이었다고, 배가 침몰해 많은 아이들이 생명을 잃은 일 자체가 참사가 아니라는 사실을 알았다고, 진짜 참사는 사랑하는 아이를 잃고 슬픔과 절망에 빠진 사람조차 모멸하고 괄시하는 이 나라와 사회의 작동 원리였다고. 그리고 그 작동 원리는 바로 '돈 귀신'이라고. 너나 할 것 없이 돈에 홀려 무엇이든 돈으로 환산하고 돈으로 해결하려는 생각과 행동 방식이라고.

2부에서 나눈 이야기는 이랬다. 뭐든 양보하며 괜찮다고 하던 대책 없는 긍정 마인드를 지닌 아이가 죽었다고. 그래서 너무, 더욱더 슬프다고. 아니 부끄럽고 미안하다고. 괜찮지 않은 세상에 살게 해놓고서는 괜찮다는 말을 하게 한 내가, 우리가, 이 사회가 아이를 죽였다는 걸 알았다고. 자기 꿈은 결코 양보하지 않던 그 아이의 꿈을 살려주지 못한 내가, 우리가, 이 사회가 정말 원망스럽다고. 아직 진상도 규명되지 않았고, 아직 아이들을 찾지 못한 이들이 있는데도 배보상금이라는 이름으로 돈을 꺼내 흔들며 이제 그만 잊으라거나 가슴에 묻으라고 하는 '그 사람들'은 도대체 어떤 사람이냐고, 아니, 사람이기는 하냐고.

이런 이야기들을 들으며 든 생각이 바로 '내가 세월호였다'다. 그리고 추워졌다. 작년 세월호 참사가 일어난 뒤 학생들에게 사죄했다. 부실한 배를 방치하고 여러분들을 싣고 바다로 나가게 한 어른의 한 사람으로서 정말 미안하다고 말했다. 앞으로는 그렇게 살지 않겠다고. 괜찮지 않은 세상을 '현실'이라는 이름으로, 또는 세상은 '원래' 그렇다는 억측으로 가려놓은 채 '이리 가야 해, 저리 가야 해' 하고 떠드는 어른으로 살지는 않겠다고 다짐했다. 그러니 여러분들이 좀 도와달라고, 형편없는 어른이 되지 않게 지켜봐주고 이끌어달라고 뻔뻔하게 부탁까지 했다. 선생들끼

"가만히 눈을 감기만 해도/ 기도하는 것이다//

왼손으로 오른손을 감싸기만 해도/

맞잡은 두 손을 가슴 앞에 모으기만 해도/

말없이 누군가의 이름을 불러주기만 해도/

노을이 질 때 걸음을 멈추기만 해도/

꽃 진 자리에서 지난 봄날을 떠올리기만 해도/

기도하는 것이다/

.....′′

— 이문재, 〈오래된 기도〉, 《지금은 여기가 맨 앞》, 2014년

리 그런 마음을 담아 성명서라는 이름을 단 '반성문'도 만들어 발표하기도 했다.

1년이 지난 지금, 나는, 우리는 얼마나 달라졌을까. 부끄러움이, 죄스러움이 밀려왔다. 이런저런 말로 정치와 세상을 탓하고 이따금 행진에 나서거나 광장에 나가기도 했지만, 내 삶의 현장에서 무엇을 얼마나 바꿔냈을까. 아니, 바꿔내려 노력했을까. 여전히 더 많은 손님과 화물을 실으려고 평형수마저 빼낸 채 탐욕에 찬 출항을 하고 있지는 않을까. 그 정도는 아니라고 해도 또다시 어쩔 수 없어, 괜찮아, 다들 그렇게 살고 있잖아 하면서 세월을 보내고 있지는 않을까. 아니, 그런 물음을 던지는 일마저 비겁한 짓이다. 분명 그랬다. 나는 아무것도 바꾸지 않았고, 바꾸려고 아무것도 하지 않았다.

한동안은 '방법'을 몰라 그런 거야, 누가 방법을 알려주면 달라질 거야 하

면서 시간을 보냈다. 이미 그 방법을 알고 있으면서도, 아니 다른 방법이 없다는 사실을 알면서도 그렇게 했다. 이문재 시인이 노래한 대로 '오래된 기도'에 방법이 있다. 말없이 누군가의 이름을 불러주기만 해도 되고, 꽃진 자리에서 지난 봄날을 떠올리기만 해도 되고, 자동차를 타지 않고 걷기만 해도 되는 그런 기도를 모른 척하며 딴짓을 하고 있었다.

그러니 내가 바로 세월호라는 사실을 알아채지 못한 거고, 그래서 나 자신부터 바꾸면 된다는 사실을 깨닫지 못한 거다. 그래서 한 달 중 하루라도 빼서 참사를 기억할 언어를 찾고 비극을 반복하지 않을 대책을 뭇사람하고 함께 궁리하는 일조차 하지 않은 거다. 그래서 또다시, 나야말로 세월호다. _____ 2015년 4월

'무능'한 경제 정당 '무지'한 정치 정당

사람들이 정치에 절망하는 이유는 무엇일까? 정치가 나아지리라는 희망을 갖고 있지 못한 이유 말이다. 성완종 리스트 파문으로 다시금 불거진 정치의 부패 때문일까?

그럴 만한다. 그렇지만 유의할 점이 있다. 정치인들이 기업에서 준 돈을 받은 사실 하나 때문에 정치에 절망하지는 않는다. 오히려 그 문제는 부차적일 수 있다. 언론이 성완종 리스트 파문을 '전대미문의 사건'이라고 이름 짓고, 적극적 정치 관심층이 사회 관계망 서비스를 중심으로 분노를 쏟아냈지만 말이다.

한국은 말할 것도 없고 세계 모든 나라에서 부패 정치는 어제 오늘 일이 아니다. 이번 일은 사람들에게 낯설지도 충격적이지도 않다. 어디서든 절대 권력은 검은 돈까지 먹어가며 지배 질서를 유지하고 재생산한다. '절대 권력은 절대적으로 부패한다'는 존 에머릭 액튼의 말이 그저 상식이라는 사실을 확인해줄 따름이다.

그런데도 사람들이 요즘 들어 정치에 더욱 크게 절망하는 이유는 무엇일까? 의도적이든 아니든 정치가 무능하기 때문이다. 1990년대 말 아이엠에프 위기 뒤 거의 20년 가까이 많은 대한민국 국민들은 주로 고용과 소득 영역에서 시작된 차별과 배제 때문에 고통받고 있다. 이 고통을 못견디고 스스로 목숨을 끊는 사람들이 많아져 '이코노사이드'라는 신조어가 생겨났을 정도다. 그런데 정치는 그런 고통을 해소하지 못하고 있으며, 해소할 수 있다는 전망도 제공하지 못하고 있다. 사람들, 특히 대한민국 국민의 대부분을 차지하는 보통 사람들이 정치에 절망하는 이유, 곧 무능함의 정체는 바로 이것이다.

영국의 저명한 경제학자 존 메이너드 케인스도 정치에 크게 절망했다. 케인스는 2차 대전 뒤 1970년대까지 이어진 국제 정치경제 질서인 브레튼우즈 체제가 출범하는 과정에서 주도적인 구실을 하고, 자본주의가 '황금기'를 누릴 수 있게 만든 사람이다. 경제학은 물론 현대 세계사에서 '케인스 혁명'이라 불릴 만큼 커다란 변화를 가져온 '특별한' 사람이 정치에 절망한 이유는 뭘까.

케인스는 1차 대전이 끝나고 전후 처리를 하느라 열린 파리 회의에 영국 재무부 관료 자격으로 참석했다. 이 회의의 결과가 바로 베르사유 조약인데, 케인스는 사표까지 내면서 이 조약이 전쟁을 다시 불러올 수 있다고 비판했다. 이때 쓴 책이 바로 《평화의 경제적 결과》다. 케인스는 이 책에서 정치에 절망한 이유를 이렇게 밝히고 있다.

"다들 다른 문제에 열중한 나머지 중요한 문제에는 관심이 없었다. 클레망소는 적국의 경제를 부수려는 집념에 가득찼고, 로이드 조지는 국

"왜 한국을 떠났느냐. 두 마디로 요약하면 '한국이 싫어서'지. 세 마디로
줄이면 '여기서는 못 살겠어서'. 무턱대고 욕하진 말아 줘.
내가 태어난 나라라도 싫어할 수는 있는 거잖아.
그게 뭐 그렇게 잘못됐어? 내가 지금 "한국 사람들을 죽이자.
대사관에 불을 지르자"고 선동하는 게 아니잖아? 무슨 불매운동을
벌이자는 것도 아니고. 하다못해 태극기 한 장 태우지 않아.
미국이 싫다는 미국 사람이나 일본이 부끄럽다는 일본 사람한테는
'개념 있다'며 고객 끄덕일 사람 꽤 되지 않나?"
— 장강명, 《한국이 싫어서》, 2015년 5월

가 간 거래를 통해 검열을 통과할 어떤 것을 본국으로 가져가려는 데 집
착하고 있었고, 윌슨 대통령은 공정하지 않거나 정당하지 않은 것은 절
대 하지 않겠다는 데 집착하고 있었다. 굶주리고 분열돼 있는 유럽의 근
본적인 문제가 이 사람들의 관심을 불러일으키지 못한 것이 정말 이상했
다. 배상 문제는 경제 분야의 주된 소재였다. 배상 문제를 신학, 정치, 선
거 책략의 문제로 해결했다. 어떤 점에서 보더라도 자기들이 좌지우지하
는 국가의 경제적 미래를 고려하는 신중함은 없었다."
사람들이 겪고 있는 굶주림과 분열이라는 고통에는 관심 없는 정치, 당
장의 복수심과 욕심과 허위의식에 지나지 않는 자기의 집념과 집착만 내
세우는 정치. 그래서 결국 전쟁이라는 재앙을 불러와 사람들을 처참한
죽음으로 이끄는 정치. 케인스는 바로 그런 정치에 절망했다. 역사 배경
에 차이가 있지만 케인스와 오늘날 대한민국 국민들이 정치에 절망하는

이유는 매한가지다. 더 중요한 문제를 먼저 다루지 못할 뿐 아니라 자기들의 판단과 선택이 사람들의 삶과 미래에 가져올 영향을 제대로 파악하지 못하는 무능함 말이다.

4월 29일 국회 의원 재보궐 선거가 있었다. 선거는 성완종 리스트 파문의 직접 당사자인 새누리당의 승리와 유능한 경제 정당을 내세우며 정권 심판론을 주장한 새정치민주연합의 패배로 끝났다. 사람들이 부패한데다 무능함에 안주하는 정당을 선택한 결과인가? 당연히 아니다.

'유능한'을 당 이름에 갖다붙여야 할 정도로 무능한 정치 탓에 사람들이 부패를 심판할 기회와 마음과 힘조차 잃은 현실의 결과다. 그런 현실을 헤아리지 않고 상대의 부패만 걸고 넘어지면 이길 수 있다고 여긴 무지의 결과다. 정치에서 무지는 무능의 또 다른 이름이다. _____ 2015년 5월

'정답'이 아니라 '합의'가 정치다

정답은 없다. 왕도도 없다. 인생이
그렇듯 정치도 마찬가지다. 아니, 정치는 특히 그렇다.

사람이야 깊은 산속에 들어가 홀로 살 수는 있다. 로빈슨 크루소처럼 무
인도에서 홀로 살아갈 수밖에 없는 처지에 놓이기도 한다. 그렇지만 독립
적이고 자기 완결형 인간처럼 보이던 로빈슨 크루소마저 다시 혼자 살 수
없다며 프라이데이하고 '친구'가 된다. '문명인 대 야만인' 또는 '백인 대
유색인'이라는 허위의 구도를 깨고, 서로 동등한 존재로 인정하고 존중
하는 사이를 맺는다. 로빈슨 크루소가 지니고 있었을 '문명인 또는 백인=
정답'이라는 관념을 내세워서는 결코 맺을 수 없는 관계 말이다.

홀로 동떨어져 살 수도 있는 사람들의 인생살이도 그럴진대 정치는 어떨
까? 정치는 서로 다른 이해관계와 신념을 지닌 사람들이 하나의 공동체
에서 '함께' 살아갈 수 있게 만드는 기술이다. 그래서 정치에서는 어느 한

편이 자기가 내린 답을 정답이라며 다른 한편을 압도할 수 없다. 이 길이 정답을 내오는 왕도라며 다른 한편을 무시할 수도 없다.

총을 들이대면서 억지로 그렇게 할 수는 있다. 그렇지만 그러면 안정도 발전도 불가능하다. 안정과 발전을 달성한 듯 보여도 가짜일 뿐이다. 반감과 저항에 부딪혀 결국에는 권력을 내놓아야 한다. 권력은 총구에서 나올지 몰라도, 권력의 정당성은 결코 총구에서 나오지 않기 때문이다.

경제 성장을 업적으로 내세워 정당성을 벌충한 듯해도 군사 독재 정권은 국민의 절반을 넘어서는 지지를 얻지 못했다. 박정희 유신 독재 치하의 국회 의원 선거 결과를 보자. 10월 유신 뒤 얼마 지나지 않은 1973년 2월 27일에 치른 제9대 국회 의원 선거에서 집권 여당 민주공화당은 38.7퍼센트를, 제일 야당 신민당은 32.5퍼센트를 얻었다. 무소불위의 집권 여당으로서는 초라한 성적일 뿐 아니라 여당과 야당의 격차도 얼마 안 된다. 1978년 12월 12일에 치른 제10대 국회 의원 선거에서는 32.8퍼센트를 얻은 신민당이 31.7퍼센트에 그친 민주공화당을 앞섰다.

유신 독재는 1979년 들어 부마 항쟁 같은 국민적 저항에 직면했고, 결국 10·26 사태로 막을 내린다. 분단과 전쟁과 산업화 과정에서 나올 수밖에 없기도 한 답, 곧 반공과 경제 성장과 안정을 기치로 내걸었는데도 그랬다. 자기가 내놓은 답만 정답이라며 다른 한편의 답을 인정하지 않은 탓이었다. 민주화와 정권 교체와 반대파를 상대로 한 타협이라는 국민과 야당과 정권 내부 온건파가 내놓은 답을 받아들이지 않았다.

정치에서 존재를 지속하고 정당성을 확보하는 방법은 다수 국민의 뜻을 반영한 '합의'다. 합의가 소중한 이유가 바로 이것이다. 합의는 경쟁과 갈등이 분쟁과 전쟁으로 이어지면 안 된다는 생각에 기반할 때 나올 수 있

"지금은 당장 저한테 협상의 재량권이 별로 없다."
— 유승민 새누리당 원내 대표, 취임 100일 기자간담회, 2015년 5월 12일

"국민을 대표하는 여야 간 합의가 청와대의 가이드라인을 따라
뒤집히는 일이 되풀이되면 국회는 유명무실하게 될 것이다.
권력 분립은 국회가 꼭 염두해둬야 할 헌법 원칙이다."
— 이종걸 새정치민주연합 원내 대표, 원내대책회의, 2015년 5월 12일

다. 합의는 내 답만이 정답이라고 여기지 않는 겸허함 또는 오류 가능성을 인정하는 태도가 필요하다. 아니, 애초에 정답은 없다는 생각, 다만 '함께 만들어야 할 답'만 있을 뿐이라는 생각이 필요하다. 또한 그 답은 어느 한때 공동체를 위협하는 여러 가지 문제 중 특히 시급하다 여겨진 특정 문제의 답일 뿐이라고 여겨야 한다. 그래야 더 나은 답을 찾아 새로운 합의를 구할 수 있다.

정책과 정치를 구분하는 어법이 있다. 전문가가 주장하는 특정한 제도를 정책으로, 전문가가 아닌 대통령이나 국회 의원이 하는 행위를 정치로 이해하는 어법이다. 이 어법은 앞의 것을 정답이라 여긴다. 그렇지만 정책은 말 그대로 '정치를 시행하는 방침' 또는 '정치가 내온 방침'이다. 정책은 비정치인인 전문가가 아니라 정치인들 사이의 합의를 거쳐 나올 수밖에 없다. 따라서 어떤 정책도 정답일 수 없다.

세금으로 선거를 치러 정치적 대표자를 뽑는 이유는 정답을 가리는 데 있지 않다. 비정치인의 주장을 정책으로 삼고 그 정책을 정답으로 채택하려는 절차는 더더욱 아니다. 대표성을 지닌 정치인들이 하는 합의에 기초한 정책을 내오려는 과정이다. 그래야 독재 권력이나 비정치인 전문가가 자기가 내놓은 답을 정답으로 내세워 순식간에 정책을 뒤집을 수 없고, 그래야 사람들이 무엇을 어떻게 대비하고 고쳐야 할지 차분히 살피면서 삶을 꾸려갈 수 있다.

공무원 연금 개혁을 둘러싸고 나라가 청와대와 여당, 여당과 야당, 정치권과 비정치권으로 나뉘어 소란스럽다. 여야는 국민 다수의 뜻을 모으지 못한 채 섣불리 합의하고, 청와대와 전문가들은 정답 아닌 정답을 내세우며 그 합의를 삽시간에 엎어서 일어난 소란이다. 이 소란을 진정시킬 길은 정답을 찾는 데 있지 않다. 정치권이 '제대로 된 합의'를 해 정책을 내오고, 이 정책을 책임지고 지켜내야 한다. _____ 2015년 5월

늑장 대응보다 과잉 대응이다

가장 나쁜 리더십은 제때에 아무것도 하지 않는 리더십이다. 시행착오를 거쳐 더 나은 해법을 모색할 기회마저 앗아가버리기 때문이다.

메르스로 나라가 온통 난리다. 중앙 정부가 늑장 대응을 하면서 피해가 커졌고, 불안감도 높아졌다. 감염 경로 등 관련 정보를 제대로 공개하지 않아 생긴 일이다. 심지어 대통령과 청와대는 메르스 감염 환자 수도 제대로 파악하고 있지 못한 사실을 드러내기도 했다. 지난 1일 열린 대통령 주재 수석비서관 회의에서 박 대통령은 18명이던 감염 환자 수를 15명이라고 했다. 국민안전처는 질병 발생 10여 일이 지난 6월 6일이 돼서야, 그것도 대부분의 국민이 이미 알고 있는 내용을 긴급 재난 문자라며 보냈다. 너무나 코메디 같아 오히려 공포스러웠다.

중앙 정부가 국민의 생명과 안전을 위협하는 문제를 하찮게 여기는 듯하다는 생각이 들었기 때문이다. 늑장 대응이 중앙 정부의 무능 때문이 아니라 무관심 탓인 듯하다는 의심이 생겼기 때문이다. 국민이 주권자고, 그 주권자가 자기들하고 똑같은 인간이라는 사실을 잊고 있는 듯하다는 걱정마저 들었기 때문이다.

많은 국민이 권력의 횡포나 무책임 탓에 목숨을 잃은 사태의 배경에는 '모두 다 같은 인간이라는 동류의식'의 결핍이 자리하고 있다. 노예주의와 반유대주의라는 이름으로 자행된 차별과 억압과 학살이 단적인 예다. 세월호 참사라는 비극도 그런 까닭에 일어났다는 생각마저 들었다. 그렇지 않고서는 구조 작업과 원인 규명과 책임자 처벌과 대책 마련이 그토록 엉망으로 진행된 현실을 이해하기 어렵다.

알베르 카뮈의 소설 《페스트》가 떠올랐다. 페스트냐 아니냐를 둘러싸고 시간을 허비하며 피해의 폭과 범위를 키운 소설 속 정부 책임자들의 모습이 지금 이곳의 누군가하고 무척이나 비슷했다. 그리고 공동체 전체를 한없는 우울과 비탄과 어둠으로 몰아갔다.

지난주부터 마스크를 한 학생들이 부쩍 많아졌다. 학교 근처 거리는 물론 강의실에서도 마스크를 한 학생을 볼 수 있었다. 대학가와 강의실은 우리 사회의 어떤 곳보다 말이 넘쳐나야 하는 곳이다. 그 말들 속에서 진리를 논하고, 해법을 찾고, 함께 실천하자는 의지와 결의를 끌어내는 곳이 바로 대학이다. 그런데 메르스라는 공포가 대학 구성원들의 입을 틀어막고 있다. 더 정확히 말하면 중앙 정부의 실력은 물론 사태에 접근하는 관점도 믿을 수 없기 때문에 자구책을 강구하고 나섰다고 할 수 있다. 메르스가 공포의 원인이라면 중앙 정부는 공포를 조장하는 매개체인 셈이다.

"의심이 확신보다 안전하다는 이런 말도 있습니다. 시민의 안전 앞에서
늑장 대응보다는 과잉 대응이 낫다는 이런 말씀 드리겠습니다.
…… 보건복지부 장관을 뵙고 또는 청와대 대통령을 뵙고 하는 일은
언제든지 요청만 하시면 저는 달려갈 자세가 됐다는 것도 말씀드립니다."
— 박원순, 서울시청 메르스 대책회의, 2015년 6월 6일

지난 한 주 내내 학생들에게 말했다. "대통령과 정부 탓만 한다고 될 일이
아니다." 탓해야 할 다른 누군가가 있다는 말이 아니라, 당장은 각자도
생을 목표로 자구책을 강구할 도리밖에 없다는 한탄이었다. 자구책에는
《페스트》의 리외와 따루와 랑베르같이 인간애에 기초해 타인에 관한 책
임을 수행하는 의사와 지식인과 언론인을 찾아 질병에 올바르게 대처하
는 법을 청해 듣고 실행하는 방법도 포함된다고 말했다. 참담할 수도 있
는 이야기다. 선생이라는 자가 학생들에게 한다는 말이 겨우 각자도생이
라니.

그러고 있는 중이었다. 박원순 서울시장, 안희정 충남지사, 이재명 성남
시장 등이 메르스 관련 정보를 직접 공개하며 진두지휘에 나섰다. 지방
정부의 수장들이 한 대응은 나는 물론 많은 국민들을 안도하게 했다. 공
포에서 벗어날 길을 터줬다.

중앙 정부는 통합적 질병 관리에 혼선이 빚어질 수 있다며 불쾌함과 불편함을 드러냈다. 몇몇 언론은 지방 정부가 중앙 정부를 상대로 각을 세우는 행동은 국민들의 불안감만 키우는 짓이라며 부정적으로 평가했다. 그렇지만 결국 지방 정부 수장들의 선도 대응이 중앙 정부의 태도를 바꿨다. 중앙 정부는 지방 정부하고 공동 협의체를 구성하고, 병원을 공개해 지역 주민들의 안전을 확보한 뒤 정보를 공유해서 보건 감시 활동과 대응 등에 총력을 기울이기로 했다.

국민의 생명과 안전에 관련한 문제에서는 늑장 대응보다 과잉 대응이 낫다는 박 시장의 강력한 소신이 들어맞은 사실을 확인한 것이다. 박 시장과 안 지사와 이 시장은 중앙 정부가 가장 나쁜 리더십을 보일 때, 그러니까 제때 아무것도 하지 않을 때 지방 정부가 무슨 구실을 해야 하는지 잘 보여줬다. _____ 2015년 6월

'불가피한' 현실 핑계 있는 무덤

대한민국은 '위험한' 나라다. 세월호 참사에 이어 메르스 사태가 확인해주고 있다. 연이은 재난만 갖고 그렇게 몰아세우는 게 아니다. 지금 대한민국 정부는 재난 관리에 영 '젬병'이다. 신속하지도 않고 적절하지도 못하다. 마치 무능함을 드러내려고 국정을 맡은 듯하다는 생각이 들 정도다.

정부의 무능. 대한민국을 위험한 나라라고 하는 가장 중요한 이유다. 그나마 이번 메르스 사태는 박원순 서울시장, 이재명 성남시장, 안희정 충남지사 등 지방 정부 수장들이 나서서 상황을 바꿔냈다. 중앙 정부와 지방 정부 공동 협의체를 구성하고 병원 공개와 정보 공유에 바탕한 보건 감시 활동에 노력하기로 했다. 그렇지만 그런다고 정부가 갑자기 유능해지지는 않는다. 대한민국이 안전한 나라가 되지도 않는다. 메르스 사태가 진정되더라도 대한민국에는 국민의 생명과 안전에 치명적일 수 있는 또 다른, 아니 더 무서운 위험이 도사리고 있다. 원전 문제가 바로 그것이다. 특히 고리 1호기 같은 노후 원전 문제가 심각하다.

고리 1호기는 1978년에 가동을 시작한, 40년이 다 돼가는 원전이다. 2007년 6월 수명 만료로 가동을 멈췄지만, 2008년 1월에 10년 간의 재가동을 승인받아 다시 운영을 시작했지만 잇따른 고장으로 폐로해야 한다는 주장이 점차 힘을 얻어왔다. 2012년 2월에 체르노빌 원전이나 후쿠시마 원전처럼 노심이 녹아내려 방사능 누출이 일어날 뻔한 고장 사태를 겪은 뒤 특히 그랬다.

대한민국 전역이 고농도 오염 지역이 될 수 있다는 경고도 나왔다. 시민사회는 물론 집권 여당인 새누리당의 김무성 대표와 서병수 부산시장을 비롯한 정치권도 폐로로 견해를 정했다. 재연장 신청 기한인 6월 18일을 앞두고 폐로 결정이 내려지리라는 전망이 나오기도 했지만 불확실하다는 관측이 점점 늘고 있다. 한국수력원자력이 재연장 신청을 하기로 한 상태에서 산업통상자원부가 모호한 태도를 보이고 있기 때문이다. 새누리당 부산 지역 의원들과 윤상직 산자부 장관이 만나기로 한 약속까지 깨지면서 부정적 전망이 더욱 높아졌다. 정부가 또 문제다.

박근혜 대통령은 2012년 대통령 선거 때부터 대책도 없이 신재생 에너지로 전부 바꾸자는 주장은 현실성이 없다면서 탈핵에 반대했다. 정부는 폐로 여론이 높다는 점을 고려해 적극 의견을 밝히고 있지는 않지만, 여러 가지 이유를 들어 폐로가 현실적으로 어렵다고 보는 듯하다. 원전 1기당 폐로 비용이 6000억 정도로 엄청난 점, 기간도 15~20년으로 오래 걸리는 점, 예산이나 폐로 계획이나 관련법도 준비돼 있지 않은 점, 폐로 기술을 확보하지 못한 점 등이 이유다.

"원전 비리부터 본때 있게 뿌리 뽑았으면 한다.
집중적으로 책임을 묻고 엄벌해 이번을 계기로 비리나 가짜 납품을
상상도 할 수 없게 만들어야 한다. 국민의 분노를 자아낸
원전 비리가 오랜 기간 진행돼왔는데도 어떤 조치도 없이
이렇게 됐다는 것은 말도 안 되는 일이다. 우리나라에서
부정부패가 대충 넘어가서는 절대로 안전 선진국이 될 수 없다."
— 박근혜, 청와대 수석비서관회의, 2013년 10월 31일

에너지기후정책연구소 등이 2015년에 펴낸 〈핵마피아 보고서〉에 따르면 사실상 비정규직이 원전 노동자의 60퍼센트를 차지하는데, 2009~2013년 사이에 비정규직 노동자들의 평균 방사선 피폭량은 한수원 정규직의 최대 15.4배다. 임금은 정규직의 3분의 1 수준이다. 작년에는 사망 사고가 잇따르기도 했다. 한빛원전에서는 냉각수 방수로에서 잠수 작업을 하던 작업자 2명이, 월성원전 3호기에서는 방수 수문 설치와 뻘 제거 작업을 하던 작업자 1명이 변을 당했다. 신고리원전 3호기 건설 현장에서는 질소 가스 누출 사고로 3명이 목숨을 잃었다. 누출 탐지기가 없고, 환풍기도 가동되지 않아 일어난 사고였다.

위정자들이 많이 쓰는 단어 중 하나가 '현실'이다. 정책을 결정할 때 현실을 고려해야 한다는 점은 분명하다. 그런데 그 현실이 국민의 생명과 안전을 위협할 때는 어떻게 해야 할까? 또한 노동하는 약자를 부당하게 처

우하고 지나친 희생을 강요할 때는 어떻게 해야 할까? 그냥 받아들여야 할까? 위정자들은 현실의 위험을 감수하는 태도를 '용기'라고 말하기도 한다. 현실이라는 말 앞에 '불가피한'이라는 수식어를 붙이기도 한다. 누군가의 희생을 전제로 할 때 특히 그렇다.

이제 이런 현실하고 결별해야 한다. 위험을 감수하는 용기와 불가피한 희생을 강요하는 현실을 바꿔야 한다. 더는 현실을 핑계 삼아 해야 할 일을 하지 못하는 무능을 감추려 해서는 안 된다. 무능한 정부가 유능한 정부로 가는 첫걸음이다. _____ 2015년 6월

진짜 세대교체를 하자

정치는 인물과 세력이 바뀌어야 새로워진다. 세대교체는 새로운 시대의 과제를 정면으로 받아들이고 절실한 마음으로 앞장서서 해결하려는 인물과 세력이 등장하는 상황을 가리키는 말이다. 인물과 세력이 바뀌는 일이 바로 세대교체다.

세대교체는 말만 내세운다고 해서 될 일이 아니다. 새로운 인물과 세력이 스스로 떠맡은 소임을 제대로 수행하는 단계까지 나아가야 한다. 그런 세대교체가 진행돼 국민적 관심과 기대를 이끌어내고 한국 정치의 새로운 지평과 장을 연 적이 있었다.

김영삼과 김대중, 두 전직 대통령은 야당 정치인 시절 '40대 기수론'을 주창했다. 두 사람은 40대 기수론을 앞세워 야당을 대표하는 유력 정치인, 나아가 명실상부한 정치 지도자로 성장했다. 박정희 독재와 전두환 독재에 맞서 '직선제 개헌'이라는 한국 민주화의 구체적 좌표를 국민들에게 제시했을 뿐 아니라 몸소 최일선에 나서서 목숨을 걸고 항거했다. 그런 끝에 두 사람 모두 대통령이 됐다. 김영삼은 정치권에서 군부 세력을 퇴출시키고 '문민 정치'의 시대를 열었다. 김대중은 햇볕 정책으로 남북 관계에서 적대를 넘어서는 협력의 길도 가능하다는 사실을 확인해줬고, 국민연금 제도를 본격 도입하는 등 복지국가를 향한 발걸음을 더 한층 진척시켰다.

김영삼과 김대중에 앞서서 좀더 전향적인 방식으로 세대교체를 감행한 이들이 있었다. 박정희 전 대통령을 중심으로 한 '5·16 군사 쿠데타 세력'이다. 30대와 40대가 주축인 이 세력은 정쟁으로 허송세월하며 무능함의 극치를 드러내던 '구세대 정치인'을 정치 밖으로 추방했다. 총을 앞세워 헌정을 중단시킨 점에서, 반대자를 억압하고 사회적 약자에게 희생을 강요한 점에서 바람직하지 못했다. 그러나 최악의 리더십, 곧 아무것도 못하는 리더십을 보이고 있던 구세대 정치인을 넘어서서 본격적으로 산업화를 추진하기도 했다.

대한민국은 지금 아주 심한 고통에 시달리고 있다. 이 고통은 세대교체에 성공한 인물과 세력들, 곧 박정희 5·16 군사 쿠데타 세력과 김영삼과 김대중 세력이 주도한 산업화와 민주화라는 두 가지 국가 프로젝트가 남긴 유산이다.

박정희 5·16 군사 쿠데타 세력이 주도한 산업화는 대외 의존성, 국가 주도성, 재벌 대기업 중심성, 노동 배제성을 남겨놓았는데, 이런 특성은 지금 사회가 양극화되고 성장 동력이 사라지게 된 요인으로 작용하고 있다. 김영삼과 김대중 세력이 주도한 민주화는 정치 엘리트의 이해관계가 걸린 선거 방식과 의사 결정 절차를 바꾸는 데 민주주의를 한정함으로

"후배 세대들의 사다리 걷어차기입니다. 우리 당에 전대협이라고 일컫는
선배님들 세대 이후에 누가 있습니까? 선배님들을 응원할 든든한
후배 그룹 하나 키워내지 못했고, 새로운 시대를 열어낼 후배 그룹과
소통하지도 않았습니다. 그러는 새 우리당의 대의원 평균 나이는
58세에 이르렀고, 이대로 가면 2년 후 전당 대회를
환갑잔치로 치러야 할 상황입니다. 젊은이들은 기를 펼 수 없고,
나라와 당은 활력을 완전히 잃어버렸습니다."
— 이동학 새정치민주연합 혁신위원, 〈586 전 상서〉, 2015년 7월 15일

써, 보통 사람들이 겪는 사회적 불평등과 경제적 고통을 정치 밖에 방치
해놓고 말았다.

2012년 대통령 선거 때는 두 세력의 후예들이 모두 경제 민주화를 기치
로 내걸기는 했다. 그렇지만 경제 민주화를 집요하게 추진하지 못하고
있다. 경제 민주화를 담당할 새로운 인물과 세력도 못 키우고 있다. 오히
려 '박정희의 아이들'과 '김영삼과 김대중의 아이들', 뭉뚱그려 '올드보이'
들을 국정 운영과 정치 일선으로 불러냈다.

올드보이들의 재등장 자체가 문제는 아니다. 진짜 문제는 그 사람들이
철 지난 산업화와 민주화 시절의 생각과 말과 행동 습관을 고수하면서
자기들끼리 치고받으며 싸움질만 한다는 데 있다. 박근혜 정부 들어서는
종북주의 논란에서 시작해 국회법 개정을 둘러싼 대통령과 집권 여당 사
이의 갈등에 이르기까지 더욱 잦아지고 심해졌다.

'진짜 세대교체'가 필요하다. 연령과 생각과 말과 행동의 모든 차원에서 새로운 인물과 세력이 등장해야 한다. '하우스 푸어-워킹 푸어-고학력 푸어'를 양산하는 지금 시대의 균열과 갈등을 정치로 끌고 들어가 해소해야만 살아갈 수 있는 세대, 그래야만 정치의 안에 자기 자리를 마련할 수 있는 세대, 그런 세대가 정치의 주역으로 떠올라야 한다.

사람들은 자기가 자라나고 성장한 시대의 경계 속에 머문다. 새로운 시대의 문제를 해결하려면 새로운 시대에서 자라나고 성장한 새로운 사람이 등장해야 한다. 김영삼이나 김대중하고는 다른 선상의 민주화 운동에 몸담은 86 세대마저 낡아버린 이 시대를 헤쳐 나갈 '진짜 세대교체'가 필요하다. _____ 2015년 7월

'정의당 모형'의 발견

한동안 나 자신을 '정치학자'로 소개하기를 꺼렸다. 많은 사람들이 정치를 욕하고 미워해도 화가 풀리지 않자 정치학자마저 욕하고 미워하는 듯해서 그랬다. 그저 '교양학자'로 소개했다. 아니, 사실은 나도 정치 또는 정치학에 거리를 두고 싶기 때문이기도 했다. 그래서 과분하고 귀중한 지면을 준 매체 두 곳에 싣던 연재 칼럼을 그만두기도 했다.

요즘 좀 달라지기 시작했다. 정치에 관해 다시 사색하고, 정치학자라는 정체성도 강화해야겠다는 마음이 생겨나기 시작했다. 이유는 정의당이다. 정의당은 이번 지도부 선거를 치르면서 시대 변화에 조응하고 민심에 부응할 수 있는 정치를 가능하게 할 힘을 길러내는 중이라는 사실을 보여줬다. 열심히 공부하고 일해도 좋은 직장을 가질 수 없고 좋은 집에서 살 수도 없는 사회 현실을 바꿔낼 정치 말이다. 부모와 자식을 아무리 사랑해도 멀쩡하게 수학여행 가다가 목숨을 잃고, 병 고치러 간 병원에서 오히려 병을 얻어 목숨을 잃는 엉터리 같은 삶의 현실을 방치하는 정치를 바꿔낼 힘 말이다.

당 안팎에서는 이번 정의당 지도부 선거가 이질적인 정파와 경쟁심 강한 후보들로 나뉘어 피 튀기는 공방을 벌인 끝에 당내 갈등과 분열을 가져오는 계기가 될 수 있다고 염려하는 목소리도 나왔다. 그렇지만 기우였다. 여느 당하고 다르게 경선 규칙을 둘러싼 시비도 없었다. 선거 운동 과정 내내 정파의 영향도 찾아볼 수 없었다.

후보들은 상대방의 약점을 파고들거나 부각시키지 않았다. 오히려 긍정적인 언사를 선보였다. 자기에 관해 말할 때뿐 아니라 경쟁 후보의 견해와 능력에 관해 말할 때도 그랬다. 자기 생각하고 다르더라도 상대방의 생각을 경청했고, 나름의 장점을 인정했다. 자기 견해를 '급진적'이고 '이념적'인 언어로 추상화하거나 특화하지 않았다. 모든 국민들이 다 알고 바라는 내용, 그래서 '평범한 견해'라 할 수도 있는 말들, 곧 '사람답게 살 수 있는 길'로 들어서는 방법을 담담히 내놓을 뿐이었다.

대신 야구팀 단장, 선발 투수, 요리사 등 구체적 기능을 수행하는 직종에 빗대어 자기가 해야 할 일과 할 수 있는 일이 무엇인지를 당 안팎에 제시했다. 서로 다름을 강조하기보다 같음을 확인하고, 그 같음을 잘 실현할 수 있는 방도를 지도부를 선택하는 기준으로 삼았다. 영국의 저명한 정치 평론가이자 《이코노미스트》 편집인으로 우드로 윌슨이 사숙한 월터 배젓이 한 말처럼, 정치에서 성공 기준은 '평범한 견해와 비범한 능력'에 있다는 사실을 터득했다.

특히 조성주 당대표 후보는 정의당을 화제의 중심으로 만들었다. 자기를 진보 정치 2세대로 내세우면서 '세대교체'의 기운을 불러일으켰기 때문이다. 조 후보를 향한 관심이 커지기도 했다. 단지 세대교체론을 내세웠기 때문은 아니다. 진보 정치의 새로운 언어와 행동 방식을 제안하고 약속했기 때문이다. 그동안 진보 정치가 선명성을 드러내려고 일부러 꺼내지 않던 문제 의식을 진솔하게 드러냈다. 세상을 바꾸는 일은 물론 진보 정치가 성장하려면 타협을 거쳐 작은 성과를 내는 변화가 필요하다는 사실 말이다.

조 후보는 심지어 이념 없이도 세상을 바꿀 수 있다 했다. 이념적 가치를 중시하는 진보 정치 내부에서 나온 주장 중에는 가장 파격적이거나 이단적인 목소리라 여길 수도 있다. 그렇지만 조 후보는 정확히 간파했다. 서로 다른 이념과 이해관계를 대표하는 자들이 모여 공방을 벌이는 만큼 정치 영역은 서로 다른 생각의 옳고 그름과 맞고 틀림을 다투는 곳이 아니라는 사실을, 좀더 좋은 판단과 선택이 필요한 곳일 뿐이라는 사실을, 그 좋은 판단과 선택은 상대방의 다름을 인정하고 수용한 바탕 위에서 만 실행될 수 있다는 것을.

조 후보보다 더 인상적인 쪽은 당원과 지지자들이었다. 따져 묻지 않았 다. 시비를 걸어 자기의 진보성을 확인하려 하지 않았다. 조 후보의 말을 시대적 맥락과 의미의 차원에서 이해했기 때문이다. 말을 중시하되 말 자 체에 매달리지 않았다. 어리석은 자도, 유치한 자도 없었다. 노회찬이나 심상정 같은 '기라성' 같은 선배와 당원과 지지자들의 이런 현명함이야 말로 조 후보가 어엿한 '진보 정치인'으로 나설 수 있게 한 바탕이었다.

정의당에 고맙다는 말을 하고 싶다. 정치학자라는 정체성을 되찾을 의지 를 지펴줬을 뿐 아니라, '정의당 모형'이라 일컬을 만한 한국 정당 정치의 새로운 가능성을 발견하게 해줘서. 당원은 아니지만, 지도부 선거 뒤에 도 차분하고 경쾌한 발걸음으로 좋은 정치와 좋은 정당을 향해 나아가 기를 바란다. _____ 2015년 7월

셀프 디스 완전 폭망

　　　　　　　　　　　　　　　새정치민주연합이 셀프 디스라는 퍼
포먼스를 벌이고 있다. 그야말로 망하기로 작정한 집안 같다. 재미있어
좋지 않냐고 반문할지 모른다. 대통령을 비롯한 정부와 여당이 하지 않
은, 할 수도 없는 '정치 실천'으로 차별성을 확보할 수 있지 않느냐고 항
변할지 모른다.

천만의 말씀이다. 유권자들은 새정치민주연합을 정치와 상행위를 구분
하지 못하는 무지하고 무능한 정치 세력으로 여기고 혐오하게 된다. 정
치와 상행위는 얼핏 보면 똑같다. 권력과 부, 정치인과 장사치, 정책과 상
품, 표와 돈을 똑같은 대상으로 간주하고 취급하기 때문이다. 그렇지만
오해 또는 오류다.

권력과 부는 기본적으로 성격이 다르다. 권력은 공동체를 한순간에 전쟁
의 소용돌이 안으로 밀어넣어 사람들을 제 뜻에 상관없이 살리기도 하고

죽이기도 한다. 부는 이런 일을 할 수 없다. 스스로 권력이 되기 전에는. 부가 권력이 되려 하면 그 순간 다른 규칙을 지닌 정치라는 게임에 뛰어들어야 한다. 돈이 아니라 '마음을 사야 이기는 게임' 말이다.

부가 권력의 배후가 될 수는 있다. 그렇지만 배후가 부라는 사실이 드러나면 그 권력은 금세 마음을 잃어 정당성을 상실한다. 사람들의 마음은 믿음을 줄 때 살 수 있다. 마음은 재미나 차별성이나 부로 살 수 있는 물건이 아니다. 관심을 끌어내고 마음을 줄까 말까 고민을 끌어낼 수는 있다. 그렇지만 거기가 끝이다.

정치인들이 '장사치'들하고 다르게 돈이 아니라 인간과 공동체의 가치를 강조하는 이유는 바로 믿음 때문이다. 정치적 레토릭에 그치더라도 정치인들은 끊임없이 인간과 공동체의 가치를 강조한다. 거짓말일 뿐이라고? 아니다. 레토릭은 거짓말일 수 없다. 레토릭은 정치인의 발목을 붙잡는 족쇄다. 이런 족쇄를 성가신 일로 여기는 사람은 정치를 지속할 수가 없다.

정치하는 자신을 긍정하고 자랑스럽게 여기려면 가치를 실현하겠다는 사명감에 기대야만 한다. 서로 다른 이해관계와 생각들이 충돌하는 전장의 한복판에 서 있는 정치는 자긍심과 자부심 없이 할 수 있는 일이 아니다. 더 중요한 사실이 있다. 바로 그 족쇄에 묶여 있다는 이유로 사람들이 믿음을 준다는 사실이다.

이 믿음은 자기 자신을 부당한 이유로 해할 수 없으리라는 안도감에 바탕한다. 이런 안도감은 망가져서 오히려 시청자들을 재미있게 해주는 텔레비전 예능 프로그램이나 자기 회사 스마트폰의 성능이 얼마나 더 좋은지를 늘어놓는 기술력 자랑질이 선사해줄 수 없다. 거꾸로 고리타분하면

"강한 카리스마를 보여드리지 못해서 죄송합니다 — 문재인"

"호남, 호남 해서 죄송합니다 — 박지원"

— 새정치민주연합 셀프디스 캠페인, 2015년 7월 23일

서도 보편적인 대상, 곧 인간과 공동체를 우선할 수밖에 없고 우선할 수 있으리라는 믿음을 거쳐 받을 수 있다.

정책은 또 어떤가? 정책은 돈을 주고 사면 자기 소유물로 삼아 마음대로 처분할 수 있는 상품이 아니다. 텔레비전 채널처럼 마음대로 돌릴 수도 없고, 스마트폰처럼 장점만 취해 쓸 수도 없다. 정책을 직접 운용하는 이가 내가 아니라 정치인이기 때문이다. 그런데도 나를 포함한 모든 유권자는 주권자기 때문이다. 내가 직접 운용하지 않았더라도 정책의 결과를 함께 누리고 책임져야 한다. 이를테면 경기 활성화 정책을 내세운 정당과 후보자를 찍었다 하자. 그 정당과 후보자가 내게만 그 정책의 결실을 제공하지는 않으며, 나만 그 정책의 문제점인 물가 상승의 위험을 피할 수도 없다.

유의해서 봐야 할 점은 바로 이런 이유 때문에 유권자들이 끊임없이 유

식하고 유능한 정치 세력을 찾아 헤맨다는 사실이다. 정책의 결실을 최대화하고 문제점을 최소화할 수 있는 정치 세력 말이다. '선거election'가 '엘리트elite'와 어원과 용법이 같은 이유다. 이런 유권자들에게 카리스마도 없다는, 특정 지역에 기대고 있다는 셀프 디스는 어떻게 보이고 이해될까?

셀프 디스가 성공을 거둘 때도 있다. 그런데 여기에는 전제가 있다. "저렇게 유식하고 유능한 사람이 모르는 것도 있고 못하는 것도 있구나." 이런 '반전의 묘미'를 줄 때다. 패배에 패배를 거듭하고 내분에 허우적거리다가 셀프 디스마저 외부 홍보 전문가를 영입해 선보인 정당에는 해당되지 않는다. _____ 2015년 8월

'전태일들'을 광복하라

1980년대 말에서 1990년대 초 사이의 어느 날, 대학가 허름한 선술집이었다. 한 선배가 말했다. "전태일이 살아서 지금 한국의 노동 현실을 보면 뭐라고 할까? 아마도 '천국'이라고 할 거야."

천국? 그렇게 짐작할 수 있는 현실의 변화가 1980년대 말에서 1990년대 초에 분명 있었다. 전태일이 근로 기준법을 준수하라며 자신을 불사른 20년 전쯤의 그때에 견주면 말이다. 무엇보다도 많은 노동자들이 '민주 노조'라는 어엿한 조직 재화를 갖게 됐다. 충분하지는 않았다. 그래도 1989년에는 노조 조직율이 지금보다 두 배 가까이 높은 20퍼센트에 가까웠다. 1988년 11월 13일에는 전태일을 계승하자며 분신 뒤 처음으로 노동자 대회가 열리기도 했다. 노동자뿐 아니라 대학생과 시민도 대회에 참가했다.

노동자 탄압이 다시 심해지기도 했다. 1988~1991년 사이 노동 관계법과 집회 및 시위에 관한 법률 등에 따라 구속된 노동자가 2000명을 넘은 사실에서 잘 알 수 있다. 전두환 군사 독재 시기를 뛰어넘는 숫자였다. 1989년 인천 남동공단에 있는 어느 사업장에서는 공장을 점거하고 있던 노동자들에게 '구사대'가 염산을 뿌려대기도 했다. 울산 현대중공업 파업 때는 식칼을 휘두르기도 했다. 그런 끝에 1987~1989년 사이 1000여 건에서 3000여 건에 이르던 노동 쟁의 발생 건수가 1990~1991년 사이에 200~300여 건으로 빠르게 줄었다. 국가와 자본의 노골적인 폭력에 생명의 위협을 느끼지 않을 수 없기 때문이었다.

이런데도 그 선배가 천국 운운한 까닭은 노동자는 기계가 아니라는, 노동자도 사람이라는, 노동자도 인간답게 살고 싶다는 염원과 열망을 전태일처럼 좁다란 골목에서 홀로 외치지 않아도 되기 때문이었다.

그 뒤 25년 정도 시간이 지났다. 전태일이 '산화'한 지는 45년이 됐다. 전태일이 살아서 지금 한국의 노동 현실을 보면 뭐라고 할까? 천국에 더 가까워졌다고 할까? 전국민주노동조합총연맹^{민주노총}이라는 전국 조직이 있고, 노동자 정치 세력화를 내세우는 진보 정당이 국회 의석을 갖고 있기도 하니 말이다. 아니, 그렇게 말할 수 없을 듯하다. 어쩌면 '지옥'이라고 할지도 모른다.

한국 노동자들은 여전히 장시간 노동과 저임금에 시달리고 있다. 2013년 기준으로 한국의 연평균 노동 시간은 2163시간이다. 오이시디 평균보다 393시간이 길어 꼴찌에서 둘째를 기록하고 있다. 임금 격차도 심각하다. 오이시디가 낸 〈고용 전망 2015^{OECD Employment Outlook 2015}〉 보고서에 따르면, 한국은 2012년 기준으로 국내 임금 소득 상위 10퍼센트의 임금

이 하위 10퍼센트 임금의 5.83배로 조사 대상국 중 가장 높다. 최저 임금 또는 최저 임금 이하 소득을 버는 노동자 비율도 14.7퍼센트로 조사 대상국 중 가장 높다. 오이시디 평균은 5.5퍼센트다.

노동 내부는 정규직과 비정규직, 노조원과 비노조원, 대규모 사업장과 중소 사업장, 남성과 여성 등에 따라 나뉘어 있다. 임금 격차는 정확히 그 경계를 따라 벌어져 있다. 그 경계를 따라 인간적 차별이 가해지기도 한다. 통근 버스와 식당과 쉼터와 휴가 등에서도 차별하는 곳이 있다.

광복 70주년이 얼마 안 남은 요즘, '노동 개혁'이 대한민국의 주요 의제로 떠올랐다. 박근혜 정부와 새누리당이 청년 일자리 창출을 위해 적극 추진한다더니 그렇게 됐다. 그렇지만 새정치민주연합과 정의당, 민주노총과 한국노총 등은 정부와 여당에 비판적이다. 정부와 기업이 져야 할 책임을 정규직 노동자에게 돌리고 있다고 보기 때문이다.

지리한 공방이 이어질 게 분명하다. 정부와 여당, 야당과 노동계 모두 공방을 넘어설 '해법'을 찾으려 크게 고심할 게 틀림없다. 그때 전태일을 생각하면 된다. 노동 개혁의 이유와 목표를 이런저런 경제 관련 수치보다는 '노동에 관한 인간적 존중'에서 찾으면 된다. 차이를 드러내고 서로 탓하기 전에 노동 개혁을 위한 '공통의 에스프리'를 마련하는 데 힘을 쏟아야 한다는 말이다.

박근혜 대통령은 대선 후보 시절 선거 운동을 시작하는 첫 공식 일정으로 전태일 동상에 꽃을 바쳤다. 산업화와 경제 성장을 위해 희생한 노동자들, 특히 전태일 같은 노동 약자들을 동등한 '국민의 이름'으로 존중하겠다는 의지를 드러낸 행동이었다. 이 의지를 실제로 발동시켜야 한다. 혼자 그럴 게 아니라 함께 그래야 한다. 광복 70주년, '지금의 전태일들'에게 광복을 약속해야 한다.

대통령은 물론이고 대통령에게 비판적인 야당과 노동계도 마찬가지다. 모두 '지금의 전태일들'을 낳고, 방관하고, 이용한 책임에서 자유로울 수 없기 때문이다. _____ 2015년 8월

정치의 쓸모

좋은 정치를 구현하는 길은 정치 제도의 개선보다 민생 개선을 거쳐 고취되는 정치 효능감에서 찾아야 한다. 정치는 제도보다는 실천이며, 좋은 의도보다 덜 나쁜 결과가 더 중요한 영역이다.

20대 총선이 8개월 앞으로 다가온 지금, 정치권은 선거 제도와 공천 제도 변경을 두고 논란을 벌이고 있다. 선거 제도 변경 논의는 선거구별 인구 편차를 3 대 1 이내에서 2 대 1 이내로 줄이라는 헌법재판소 결정에 따라 촉발됐다. 선거구별 인구 편차가 커서 생기는 과다 대표와 과소 대표의 문제를 해결하라고 주문했기 때문이다.

공천 제도 변경을 둘러싼 논의는 정당을 향한 불신을 해소하고 관심과 참여를 높이려면 공천 과정을 국민에게 개방해야 한다는 생각에서 시작됐다. 국회 의원 후보자를 당 지도부나 당원이 아니라 당 밖의 유권자들이 주도해서 뽑는 오픈 프라이머리 제도를 도입하려는 시도다.

선거 제도 변경은 헌재의 결정 사항이니 불가피하고, 공천 제도 변경은 각 당 지도부의 의지가 강하고 당 밖의 반대 여론이 그닥 높지 않거나 별로 관심이 없으니 실현 가능성이 높다. 선거 제도와 공천 제도 모두 달라질 상황에 놓여 있는 셈이다.

과다 대표와 과소 대표 문제를 해소하고 공천 과정의 개방성을 높이는 일은 결코 소홀히 할 수 없다. 민주주의 체제나 정당 정치를 유지하고 발전시키는 데 필요한 일이다. 그렇지만 그게 전부도 아니고 핵심은 더욱 아니다. 게다가 의도하고 꼭같은 결과를 가져오지도 않는다. 선거구별 인구 편차를 줄인다며 비례 대표 의석을 줄이고 지역구 의석을 늘려서 오히려 국회의 전문성과 전국성을 한층 더 약화시킬 수 있다.

공천 제도도 마찬가지다. 오픈 프라이머리를 실시하느라 당 밖의 유권자를 동원하는 과정에서 경선 비용이 높아지고, 높아진 비용을 감당할 수 있는 '부자 현역 의원'의 입지만 한층 더 강화될 수 있다.

더 큰 문제는 따로 있다. 그런 식의 제도 변화와 변화의 결과만 갖고서도, 정치권은 헌법 기구의 요청과 당 안팎의 요구에 따라 제도를 바꾸고 실행했으니 정치 개혁이란 끝난 일이나 다름없다고 강변할 가능성이 크다. 자기가 저지른 일을 어떤 식이든 미화하지 않으면 존립할 수 없는 게 정치의 속성 중 하나다. 결국 국회의 전문성과 전국성은 떨어지고 부자 현역 의원만 외양의 차원에서 재선의 정당성이 높아지는 상황으로 끝날 수도 있다. 만약 그렇게 되면 정치를 향한 국민들의 냉소와 불신은 더욱더 커져 개혁의 동력은 사라지게 되고, 개혁의 대상이던 기성 정치 질서와 관행은 오래 지속될 수밖에 없다.

"두 당이 특권과 초과 의석을 누리는 이런 제도는 개선해야 한다.
새누리당 이익을 고려하는 건 좋지만 당의 이익이
시대정신에 부합해야 한다. 특히 야당 간 경쟁에 대해
왜 새누리당이 제도 논의를 봉쇄하나.
…… 양보해야 할 사람들이 양보할 준비가 돼 있을 때
사회적 대타협이 가능하다."
— 심상정, 2015년 9월 2일

제도의 변화 자체, 곧 형식을 정치 개혁의 지표로 삼아 내세울 때는 이런 일을 반복해서 겪을 수밖에 없다. 제도를 바꾸려 하는 진짜 이유, 곧 내용을 정치 개혁의 지표로 삼지 않으면 이런 늪에 매번 빠져들고 만다.

과다 대표와 과소 대표의 문제와 공천 제도의 개방성을 문제 삼는 '진짜 이유'는 무엇일까? 단지 선거구별 인구 편차를 줄이고 공직 후보자 선출권을 국민에게 돌려주는 문제가 아니다. '정치를 쓸모 있게 만들기'다. 고용 불안과 소득 불평등 같은 문제를 해결해 삶의 질을 개선하는 좋은 정치의 실현 말이다.

때때로 국민들은 국회 의원 특권 폐지 같은 제도 변경을 강하게 요구하기도 한다. 그렇지만 국민들의 진짜 바람은 특권을 폐지해 국회 의원을 자기 같은 '일반인'으로 바꾸는 변화가 아니라, 정치를 쓸모 있게 만드는 데 그런 특권을 활용하는 국회 의원이다.

제도 변경에 명운을 건 듯한 정의당 같은 정치 세력이 특히 되새겨야 할 문제다. 제도 변경이 가져올 민생 개선 효과를 명확히 제시하지 않은 채 자기에게 유리한 제도가 옳다는 주장만 되풀이하고 있는 듯해 하는 소리다. 정의당은 의원 정수와 비례 대표 의석을 늘리고 정당 득표율에 따라 의석을 배분하면 국민들이 무엇을 얻는지를, 노동 개혁 같은 문제에 연결해 구체적으로 보여줘야 한다. ＿＿＿＿＿＿＿＿＿ 2015년 9월

'탈정치 시민'과 진짜 시민 정치

단 한 명이었다. 정치를 주제 영역으로 선택한 학생이 전체 수강생 70명 중 딱 한 명이었다. 학생들 스스로 모둠을 구성해 우리가 사는 세계의 문제를 직접 발굴하고 해결책을 모색해 제시하는 시민 활동 수업인데도 그랬다.

대학생들의 정치 거부감이 얼마나 큰지를 다시금 확인하는 순간이었다. 어디 대학생뿐이겠는가. 한국에서 정치에 호의적인 시민이 얼마나 되겠는가. 정치학을 전공한 나도 정치 관련 뉴스를 챙겨 보기 싫을 정도인데 말이다.

시민들이 정치를 미워하는 이유는 뭘까. 이런저런 이유를 갖다댈 수 있겠지만, 한마디로 말하면 민심하고 동떨어져 있기 때문이다. 이 땅의 정치가 보통 사람들의 고통스러운 삶과 마음을 먼저 살피지 않고 있기 때문이다.

'혁신 혹은 개혁'을 기치로 내걸고 뭔가 할 때마저 그렇다. 갈수록 불안의 정도가 심해지고 있는 고용과 소득과 주거 현실, 다양한 삶의 길을 열어 주지도 못하면서 획일적인 스펙 쌓기를 내세워 나날이 더 많은 돈을 빨아먹기만 하는 교육 현실 같은 문제들은 안중에도 없는 듯하다.

제일 야당인 새정치민주연합은 기껏 누구는 출마하면 안 되고 누구는 어디에 출마해야 한다는 살생부와 책략을 혁신안으로 내놓았다. 당내 분란만 더 커져버렸다. 집권 여당인 새누리당도 마찬가지다. 달랑 오픈 프라이머리라는 공천 제도 하나 갖고 개혁이 어쩌네 저쩌네 하고 있다. 그런 분란마저 주도권 장악을 노린 힘겨루기로 얼룩져 있다.

시대 상황에 근거해 무엇 때문에 누구의 고통을 먼저 해소해야 하는지, 그러려면 누가 얼마나 양보해야 하는지, 양보의 대가는 무엇인지 등을 둘러싼 쟁론과 합의는 도대체 볼 수가 없다. 우선순위의 설정과 부와 권력 자원의 배분이라는 정치 본연의 소임을 전혀 수행하지 않고 있다.

제3당인 정의당이나 새로 당을 만들고 있는 정치인들도 마찬가지다. 군소 세력인 만큼 시민들하고 함께 사회적 고통을 해소할 정책 운동이라도 펼치지 않을까 기대했지만 별다른 움직임이 없다. 주야장천 선거 제도만 바꿔달라고 요구하고, 자기가 뛰쳐나온 당에 대고 욕만 퍼부을 따름이다. 쟁점인 노동 개혁 문제에 관련해서도 임금 피크제와 일반 해고 도입을 핵심으로 하는 정부와 기업 쪽 개정안에 반대만 할 뿐, 임금 격차와 철밥통 문제를 해결할 수 있는 뾰족한 대안을 제시하지 못하고 있다. 노동 개혁에 앞서 재벌 개혁을 내세우고는 있다. 그렇지만 지나치게 많은 사내 유보금을 두고 도덕성 시비를 제기할 뿐 대중적 설득력을 갖춘 구체적 실현 방안을 제시하지는 못한다.

"대통령님, 저희는 올바른 역사를 배우고 싶습니다."
— 역사 교과서 국정화에 반대하려고 홀로 광화문광장에 선
어느 고등학생, 2015년 10월 15일

시민은 '주권자'다. 사회의 주요 문제를 결정할 권한을 갖고 있어서 그렇다. 그래서 시민은 기본적으로 '정치적 주체'다. 그러나 시민들은 정치를 멀게 느낄 뿐 아니라 스스로 정치를 멀리하고 있다. 현실의 정치가 만들어낸 '시민의 탈정치화' 현상이 지금 한국 사회의 주요 특징 중 하나다.

몇몇 지식인과 사회운동가들은 시민의 탈정치화를 극복하려 정치의 중요성을 강조하는 논변과 언술을 찾아 펼치고 있다. 정당 정치론이나 마키아벨리 다시 읽기 붐이 그런 사례다. 현실의 정치가 아무리 후졌어도 정치는 정말 중요하니 결코 눈길을 거두면 안 된다고 목소리를 높인다. 게다가 정치는 본디 권력을 다루는 실천으로서 사악하기도 한 만큼 현실의 정치에 지나치게 실망하지 말라고 다독인다.

정치는 중요하다. 그래서 아무리 혐오스러워도 회피하면 안 된다. 플라톤은 말했다. "정치를 외면한 가장 큰 대가는 가장 저질스러운 인간들에

게 지배당하는 것이다." 정치를 멀리하면 견제와 조화라는 공화의 원리를 구현하기는커녕 지배와 피지배의 관계를, 그것도 '저질스러운 자의 지배'를 용인하게 된다. 시민들은 중요성과 악마성을 몰라 정치를 외면하고 있는 걸까? 아니다. 정치의 중요성을 아주 잘 알고 있다. 그래서 부당한 현실을 보면 가장 먼저 정치를 욕한다.

'다른 정치'를 바라고 있을 뿐이다. 청와대와 여의도로 특정되는 권력의 정치가 아니라 실존의 문제를 다루고 풀어내는 삶의 정치 말이다. 천사의 얼굴을 하고 있든 악마의 얼굴을 하고 있든, '내 처지'를 덜 나쁘게 하거나 더 좋아지게 만드는 정치 말이다. 따라서 시민의 탈정치화를 극복하는 길은 정치의 중요성이나 사악함을 강조하고 해명하는 데 있지 않다. 그 길은 정치의 전환을 실제로 도모하는 데 있다.

'권력의 정치에서 삶의 정치로.' 이 전환이 시민 본래의 정치적 주체성을 복원하는 '진짜 시민 정치'의 길이다. _____ 2015년 10월

'박근혜 체제'의 도래?

　　　　　　　　　　　박근혜 정권은 민주화 뒤에 등장한
다른 정권들하고 분명히 다르다. 무엇보다 임기 중반기가 지나 종반기로
가고 있지만 레임덕이라 부를 현상이 딱히 나타나지 않고 있다. 레임덕을
가져오는 뚜렷한 지지 하락세가 눈에 띄지 않는다. 조금 내려가는가 하
면 다시 오르고, 많이 오르는가 하면 다시 조금 내려가기를 반복한다.

박 정권은 집권 초기를 지나면서 공무원 연금 개혁을 시작으로 노동, 공
공, 금융, 교육 분야 개혁을 내세우며 의제 설정을 주도하고 있다. 민주화
뒤 김영삼, 김대중, 노무현 정권을 지나면서 '개혁 피로감'이 얘기된 적은
있지만, 박 정권에서는 보이지 않는다.

1997년 아이엠에프 위기 뒤 20여 년이 흐르면서 다시 개혁이 절실한 나
라가 됐기 때문이다. 공무원 연금과 노동, 공공, 금융, 교육은 국민들 다
수가 일상의 삶에서 체험하는 고통 때문에 가장 중요한 개혁 대상으로

얘기되고 있다. 공무원 사회를 포함한 비효율적인 공공 부문의 철밥통 지키기에 연관된 일자리 부족과 임금 격차, 고용 불안과 소득 불평등, 기술 투자와 민생 보호는 팽개친 채 돈놀이에 급급해 사채업자와 별반 다르지 않게 된 금융, 돈과 사교육에 기대면서 사회적 차별을 재생산하는 기제가 된 교육. 박 정권은 바로 이런 문제들을 자기가 주도하는 의제로 만들어냈다.

박 정권은 바로 이 주도성에 바탕해 개혁 내용을 자기들의 이념과 지지층의 이해관계에 맞추면서 안정된 지지율을 유지하고 있다. 강자를 때리기보다는 그 강자의 주변에서 특권을 누리며 개혁의 필요성에 침묵하던 이들을 쳐낼 수 있게 됐다.

정부 개혁보다는 공무원 연금 개혁을, 재벌 개혁보다는 노동 개혁을 앞에 내걸고 추진할 수 있게 됐다. 새마을 운동을 다시 불러내 유엔 총회 기조연설에서 한국이 국제 사회에 떠맡은 구실과 기여할 방편으로 내세울 수 있게 됐다. 종북 척결을 앞세워 민주 진보 세력과 종북을 구별하고 현대사 다시 쓰기도 추진할 수 있게 됐다. 그래서 결국 보수 반공, 친재벌, 노동 통제, 사회 동원, 이념 통제로 형성된 체제, 곧 '박정희 체제'의 복원 또는 재구성을 꾀할 수 있게 됐다.

박 정권의 행보를 찬찬히 살펴보면 국가 전망과 목표를 박정희 체제의 복원 또는 재구성에 맞추고 있다는 생각이 든다. 박 정권이 아버지 박정희 대통령을 계승해 독재 정권을 다시 세우려 한다는 말을 하려는 게 아니다. 박 정권은 국가 폭력을 내세워 헌정 체제를 파괴하고 있지는 않다. 오히려 1987년 체제가 낳은 헌정 체제 아래의 사법 기구와 보수 성향의 사회 결사체에 기반해 권력을 움직이고 있다. 이런 점에서 박 정권은 독

"자기 나라 역사를 모르면 혼이 없는 인간이 되고,

바르게 역사를 배우지 못하면 혼이 비정상이 될 수밖에 없다.

…… 역사 교과서는 대한민국에 대한 자긍심을 심어주고 어떤 방향으로

나아가야 나라 발전을 이룰 수 있는지 제시해야 한다.

잘못된 역사 교과서로 배운 학생들은 한국을 태어나서는 안 되는

부끄러운 나라로 인식하게 돼 나라에 대한 자부심을 잃을 수밖에 없다."

— 박근혜, 국무회의, 2015년 11월 10일

재 정권이라 보기 어렵다. 굳이 독재로 부르고 싶다면 정권의 성격이라기보다는 통치 스타일 또는 그런 스타일이 낳은 결과라는 측면에서 국가독재가 아니라 '사회 독재'로 불러야 한다고 나는 주장해왔다.

박 정권은 대통령 임기 5년에 제한된 '정권의 정치'가 아니라 중장기 구상을 담고 있는 '체제의 정치'를 하고 있다. 박 정권을 상대로 한 협력과 경쟁과 갈등도 그 수준에서 진행돼야 한다.

인간의 삶이 그렇듯 정치도 진공 상태에서 작동하지는 않는다. 오로지 '역사적 소여' 속에서 작동한다. 한국에서는 박정희 체제가 곧 역사적 소여다. 박 정권은 그 역사적 소여에 뿌리를 내리고 있는 '체제의 권력'이다. 넘어서기가 쉽지 않다. 넘어서고 싶으면 '대안 체제 구축'이라는 관점에서 시작해야 한다.

여당과 야당 모두 기껏 혁신과 개혁이라는 기치를 내걸고는 당내 공천

문제를 둘러싼 계파 싸움이나 벌이고 있어 하는 말이다. 민심을 얻고 나라 운영을 책임지겠다면 상대방의 수준을 넘어서거나 거기에 걸맞은 싸움을 벌여야 한다. 야권을 비롯해 새누리당의 김무성 대표와 비박이 박 정권에 쩔쩔매는 상황은 그런 싸움을 벌이지 못해 나타난 현상이다.

지금처럼 그저 '정권 교체'나 '차기 대권 경쟁'이라는 시야에 갇혀 있으면 박 정권을 결코 넘어설 수 없다. 우리가 다다를 새로운 현실은 '민주화 시대의 박정희 체제', 곧 '박근혜 체제'일지도 모른다. _____ 2015년 10월

권력의 자리를 지금 청년에게

지금 청년들에게 가장 필요한 것은 일자리가 아니다. '권력의 자리'다. 권력의 자리라니? 자기를 '어른'이라 생각하는 이들은 그게 무슨 귀신 씻나락 까먹는 소리냐며 눈을 부릅뜨고 삿대질을 해댈지 모른다. 아니, 분명 그렇게 한다. 교육, 기업, 나랏일 하는 높은 분들이 그렇게 한다.

지금을 살아가는 청년들은 누구인가? 어른들은 대부분 '어린 사람'들로 본다. 독립성과 자율성을 지닌 사람이라 하기에는 경제적으로 안정되지 못해 한 가정과 나라의 살림을 책임질 수 없는 무능한 존재로 여긴다. 아주 틀린 생각은 아니다.

한국직업능력개발원이 한 2010~2011년 조사에 따르면 절반이 넘는 대졸자가 부모하고 같이 살거나 부모가 주는 용돈을 받아 생활하는 '캥거루족'이다. 한국경제연구원이 2015년 1~8월에 한 조사에 따르면 대졸

남성 청년층의 체감 실업률은 정부 공식 통계의 3배인 28퍼센트에 이른 다. 그렇지만 이런 숫자들에 기대어 지금을 살아가는 청년들을 그저 어 리거나 무능한 사람들로 여기기만 하는 어른은 한참 '모자란' 사람이 분 명하다.

지금을 살아가는 청년들은 지금을 살아가는 어른들, 특히 산업화와 민 주화의 혜택를 받고 살아온 사람들이 겪어보지 못한 세계를 '먼저' 살고 있다. 그러니 지금 청년들은 지금 어른들의 '선배'다. 어리고 무능한 사람 들이 아니라 '앞서서 고통받고 있는 사람들'이다.

지금 청년들이 살아가고 있는 세계는 곤궁한 누군가가 더 좋은 대학과 더 좋은 스펙과 더 좋은 직장을 찾아 온갖 부지런을 떨면 떨수록, 이미 부 유한 다른 누군가가 더 많은 돈을 벌게 되는 세계다. 그렇게 해서 들어가 얻은 대학 졸업장과 자격증이 무용지물이 되다시피 한 세계다. 금수저를 물고 태어나지 않았다면 특히 그렇다. 특출한 재능과 연줄과 빽이 없다 면 대부분 미생으로 살아가야 하는 세계다.

어찌어찌해서 더 좋은 직장이라 꼽히는 기업에 정규직으로 들어가도 10 년 남짓 다니면 끝인 세계다. 그나마 그런 기업들도 하나둘씩 사라져가 는 세계다. 지금 청년들은 이 세계를 가리켜 '헬조선' 또는 '망한민국'이 라 부른다.

저개발 국가와 독재 국가라고 불리는 곳하고 비교하면 어떤가? 산업화 와 민주화라는 목표 아래 가슴 한쪽에 희망을 품을 수 있던 그런 곳하고 똑같은 세계라 생각하는가? 아니다. 전혀 다른 세계다. 어떤 목표도 없고 아무 희망도 가질 수 없으며, 그래서 '헬'조선이고 '망한' 민국으로 불리는 세계다.

"박근혜 대통령께서 노블리스 오블리주 차원에서 직접 제안하신 청년 일자리 관련 펀드의 조성과 활용 방안에 대해서 국무위원 간담회를 개최했다. 이 펀드는 사회적 대타협의 분위기를 이어가고 개혁의 성과를 가시화하기 위해서 대통령과 국무총리, 국무위원, 공공기관장부터 우선 참여키로 했다. …… 사회 지도층, 공직 사회, 민간에서도 자발적 참여를 확대하도록 이끌어 나갈 것이다. …… 조성된 펀드는 청년 구직자 지원, 창조경제혁신센터와 연계한 민간 일자리 창출 등을 위해서 사용하게 될 것이다."

— 황교안 국무총리, 정부서울청사, 2015년 9월 16일

지금 청년들은 헬조선과 망한민국의 고통에서 벗어날 수 있을까? 지금 어른들은 '청년 일자리 창출'로 그렇게 할 수 있다고 답한다. 그렇지만 의심스러운 답이다. 자신들이 겪어보지 못한 세계를 빠져나갈 길을 어떻게 알 수 있다는 말인가. 당사자인 청년들하고 직접 머리를 맞대고 토론하며 지혜를 구하지도 않았으면서 말이다. 설사 알 수 있다고 해도 청년 일자리 창출이 해답이 될 수 있을지는 회의적이다.

지금 청년들을 '경제 동물'로 가정한 채 헬조선과 망한민국의 부조리함을 그저 '저소득과 내수 침체'의 관점에서만 파악하고 있기 때문이다. 이런 가정과 관점에서 보면 지금 청년들은 헬조선과 망한민국을 대체할 새로운 세계의 '전위'가 아니라, 기껏해야 헬조선과 망한민국을 살아가는 노동자 또는 소비자일 따름이다.

노동자 또는 소비자 자리에 머물러서는 헬조선과 망한민국에서 벗어날

수 없다. 새로운 세계로 나아간다고? 어불성설이다. 벗어남과 새로움에는 자유와 용기와 열정이 필요하다. 돈과 상품의 사슬에 묶여 있는 노동자와 소비자에게는 기대할 수 없는 덕목이다.

권력의 자리다. 자유와 용기와 열정을 낳는 자리는. 스스로 결정하고 책임질 권한을 갖기 때문이다. 그래서 진정 지금 청년들이 헬조선과 망한민국에서 벗어나기를 바란다면 권력의 자리를 내줘야 한다.

헬조선과 망한민국의 처참함을 겪지도 않고 알지도 못하는, 그러나 곧 그 세계에 가닿을 어른들이 할 수 있는 유일한 일이다. 청년들에게 권력의 자리를 마련해줘야 한다. 그래야 모두 산다. _____ 2015년 10월

경제 불평등 정치 불평등

대한민국을 헬조선이나 망한민국이라는 부르는 이유는 무엇일까? 극심한 사회적 불평등과 경제적 불평등 때문이다. 금수저와 흙수저 담론이 청년들 사이에서 아주 빠른 속도로 퍼져 나간 모습만 봐도 쉽게 알 수 있다.

이런저런 연구 결과와 조사 내용을 보면 실상이 좀더 잘 드러난다. 동국 대학교 경제학과 김낙년 교수에 따르면 20세 이상 성인 기준으로 금융 자산과 부동산을 포함한 전체 부의 66.4퍼센트가 상위 10퍼센트에 쏠려 있다. 하위 50퍼센트의 자산은 달랑 2퍼센트다. 일자리 부족과 비정규직 남용에 따른 소득 불평등뿐 아니라 부의 불평등도 점차 커지는 중이다. 상위 1퍼센트는 전체 부의 26.0퍼센트를 차지하고 있다. 상위 1퍼센트의 자산 규모는 평균 24억 3700만 원이다.

김 교수가 2014년에 내놓은 연구 결과에 따르면 상위 1퍼센트가 전체 소득의 12.1퍼센트를, 상위 10퍼센트가 44.1퍼센트를 차지하고 있다. 부의 불평등이 소득 불평등보다 훨씬 크다. 노동으로 얻는 소득보다 이미 축적된 부를 거쳐 얻는 수익이 더 높은 비중을 차지하는 현실을 알려준다. 요즘 들어 대한민국을 '신신분 사회' 또는 '신계급 사회'라고 부르는 이유이기도 하다. 헬'한국'이 아니라 헬'조선'이라고 일컫는 이유이기도 하다. '민주 공화국'인 대한민국이 마치 조선처럼 물려받은 신분과 속한 계급에 삶이 좌우되는 나라라는 말이다.

대한민국을 떠나고 싶다는 사람들이 많아지고 있다. 엠브레인이 지난 2월 발표한 자료에 따르면, 전국 19~59세 성인 남녀 1000명 중 76.4퍼센트가 '이민을 생각해본 적 있다'고 답했다. 이런 답은 20대(77퍼센트), 30대(84퍼센트), 40대(78퍼센트), 50대(65퍼센트) 등 전 연령대에 걸쳐 고루 분포돼 있는데, 이민을 고려한 이유로 '갈수록 빈부 격차와 소득 불평등이 심해져서'(37.8퍼센트)가 가장 많았다. 헬조선과 망한민국 담론이 주로 청년들 사이에서 퍼지고 있지만, 불평등은 특정 세대나 연령이 아니라 국민 대부분이 겪는 문제고, 따라서 가장 먼저 해결해야 할 과제다.

불평등을 누가, 어떻게 해결할 수 있을까? 불평등은 결코 '보이지 않는 손'이 없앨 수 없다. 조건과 기회가 이미 불평등한 상황에서 개개인의 능력이 삶을 좌우한다는 말은 헛소리로 들릴 뿐이고, 그런 상황에서 진행된 자유 경쟁의 결과는 공정성과 정당성을 얻을 수 없다.

2013년 3월 스위스는 최고 경영자 임금을 주주의 투표로 제한하는 '민더 이니셔티브', 곧 고액 연봉 제한 제도를 도입했고, 독일은 최저 임금제에 이어 최고 경영자 임금 한도제를 도입하려 검토하고 있다. 프랑스는 2012년에 이미 공기업 경영자의 임금이 직원 최저 임금의 20배를 넘지 못하게 우리 돈 6억 5000만 원으로 제한하는 제도를 도입했다. 모두 불평등을 해소하려는 정치적 실천에 따른 결과다. 정치권은 국민 참여를 바탕으로 의제와 담론과 정책을 만들었고, 국민 투표도 실시했다. 그러니까 깊어지는 불평등 문제를 풀 답은 바로 정치다.

여기서 꼭 살피고 가야 할 문제가 있다. 사회적 불평등과 경제적 불평등을 정치로 풀어내려면 해결하고 넘어가야 할 문제. 바로 '정치적 불평등'이다. 오이시디가 발표한 〈2015 삶의 질 보고서How's life?〉를 보면, 소득 기준 대한민국 상위 20퍼센트의 투표 참여율은 거의 100퍼센트지만, 하위 20퍼센트는 71퍼센트에 그쳐 격차가 29퍼센트에 이른다. 오이시디 평균인 13퍼센트의 두 배가 넘는다. 대한민국의 기성 정치권이 사회적 불평등과 경제적 불평등을 해소하는 데 더 적극적으로 '나서지 않을 수 있는' 이유다.

불평등을 해소하려는 이들이라면 이 문제를 어떻게 해결할지 고민해야 한다. 투표율 올릴 방안을 찾자는 말이 아니다. 사회적 불평등과 경제적인 불평등 때문에 고통받는 국민 다수가 명실상부한 주권자로 나설 수 있게 하자는 말이다. '우리'가 직접 정치의 의제와 담론과 정책을 결정할 수 있는 조건과 장치를 만들자는 말이다. 평등을 기치로 내건 '시민정치실천단'이나 '시민정책운동단'처럼 말이다. _____ 2015년 11월

정치인의 매력, 명언과 망언 사이

"닭 모가지를 비틀어도 새벽은 온다." 거친 듯 하지만 분명 멋진 말이다. 고 김영삼 전 대통령이 남긴 정치 '명언'이다. 이 말이 멋진 이유는 무엇일까? 독재 정권에 경종을 울릴 뿐 아니라, 독재 정권 치하에서 숨죽이며 살아가고 있는 국민들을 위로하고 민주화 전망을 밝혀주기 때문이었다.

역사를 살펴보면 정치 위인으로 꼽히는 이들은 대부분 명언 한두 개는 갖고 있다. 명언 때문에 정치 위인이 되지는 않는다. 정치 위인의 말이라서 명언 반열에 올랐다고 보는 쪽이 더 정확하다. 정치에서는 무엇을 말했느냐보다 누가 말했느냐가 더 중요하다. 명언도 아닌 말이 명언 행세를 하고 있다는 말은 아니다. 명언은 명언이다.

한번 들어보자. 에이브러햄 링컨은 이렇게 말했다. "적을 파멸시키는 가장 최선의 방법은 적을 친구로 만드는 것이다." 윈스턴 처칠은 이렇게 말했다. "진실은 정말 소중해서 거짓말이라는 경호원이 필요하다." 짧은 문장에 반전과 역설에다 우리네 삶과 세계의 원리가 다 들어 있다.

정치에서 말은 무척 중요하다. 아니 가장 중요하다. 의견 교환과 견해 충돌이 모두 말을 거쳐 일어나기 때문이다. 주장도 설득도 동의도 모두 말을 거쳐 일어난다. 폭력에 기대면 안 되는 민주주의 정치에서는 특히 그렇다. '악의 평범성'이라는 개념으로 유명한 한나 아렌트는 《인간의 조건》에서 말을 '최고의 인간 활동'으로 여기기도 했다. 그리고 말에 기초한 최고의 인간 활동을 정치라고 이름 붙였다. 정치에서 말은 정말 중요할 수밖에 없다는 것이다.

정치인은 개그맨처럼 유행어를 만들어내는 데 온 힘을 쏟아붓지는 않는다. 그렇지만 필요할 때 개그맨이 돼 재미있는 말을 만들어 웃음을 안겨준다. 의회 정치의 원조인 영국 의회는 때때로 풍자의 힘으로 움직이는 희극 무대가 되기도 한다. 그렇지만 정치에서 말이 중요한 이유는 말 자체에 있지 않다. 정치에서 말이 중요한 이유는 말이 '행동'에 결부돼 있기 때문이다. 이런저런 딜레마를 단박에 풀어내는 실천 말이다.

"두려움을 정복한 자는 세상도 정복할 수 있다." 이렇게 말한 알렉산더 대왕이 두려움을 정복한 방법은 바로 행동과 실천이었다. 그런 사람이었기 때문에 '고르디우스의 매듭'을 풀지 않고 잘라버릴 수 있었다. 알렉산더 대왕은 숨을 거두며 말했다. "내가 죽게 되면 손을 관 밖으로 꺼내주시오. 천하를 손에 쥔 자도 죽을 때는 결국 빈손으로 간다는 사실을 보여주고 싶으니."

독재가 영원할 수 없다고 예견한 명언을 남기더니 전광석화처럼 군부를 정치권에서 퇴출시키며 금융 투명성을 높이는 실천을 감행한 정치인, 재

"나도 23일간 단식해봤지만, 굶으면 죽는 건 학실하다."

— 김영삼, 단식 중인 최병렬 한나라당 대표를 찾아, 2003년 12월 3일

산이라고는 오랫동안 살던 상도동 집 한 채만 남긴 빈손의 정치인, 김영삼 전 대통령은 떠나면서 정치인의 매력이 어디서 비롯되는지를 상기시켰다. '국민적 추모 열풍'이 분 이유도 그런 매력 때문이다. 이 매력은 김영삼 전 대통령은 물론 김대중과 노무현 전 대통령 같은 정치인을 좀처럼 찾아보기 힘든 요즘 현실에서 더욱더 빛을 발할 수밖에 없다. 게다가 김 전 대통령에게 아이엠에프 위기를 가져온 책임을 묻기에는 이미 승자 독식 사회의 가치를 너무 많이 일상화하고 내면화한 현실에 우리는 살고 있지 않은가 말이다.

윈스턴 처칠은 1932년 펴낸 수상록 《폭풍의 한가운데》에 실은 〈현대문명과 영웅〉이라는 글에서 이렇게 말했다. "현대 사회의 의식 구조나 여건은 영웅이나 초월적 존재의 출현을 용납하지 않는다."

현대 사회도 아닌 포스트모던 사회에 들어서 있는 2015년 겨울, 우리는

영웅이 아니라 매력 있는 정치인을 그리워한다. 혈통 관계에 기초한 영웅 담론의 내음을 풍기는 '아버지'(김영삼)와 '아들'(서청원, 김무성)이 아니라, '스승과 제자'로 표현할 수 있는 '배움의 관계'를 풍성하게 지니고 있는 매력 넘치는 정치인 말이다. '말과 행동과 빈손의 넉넉함'을 배우는 관계 말이다. _____ 2015년 12월

대학, 너 자신을 알라

대학이 변화를 강제받고 있다. 더는 진리의 상아탑일 수도 없지만, 더는 취업 전초 기지일 수도 없다. 대학은 진리의 상아탑 자리에서 이미 오래전에 내려왔다.

19세기에 근대 국가가 형성된 뒤 자본주의가 본격적으로 발전하기 시작하면서 전문적 관리 역량이 더 많이 필요해지자 고등 교육을 대중화하면서 일어난 변화다. 이런 변화를 '대학의 쇠퇴'라는 부정적인 시각으로 볼 수만은 없다. 보통 사람들도 대학 교육을 받아 경제 안정과 신분 상승에 필요한 자격을 얻을 수 있었기 때문이다. 대학은 보통 사람들이 더 많은 임금을 받고, 더 지적인 노동을 수행할 역량을 키우고 기회를 잡을 발판이 되기도 했다.

안타깝게도 이제는 아니다. 아직 많은 사람들(특히 학부모와 학생들)이 대학에 '올인'하고 있지만 그렇다. 대학은 더는 진리의 체득은 물론 취업도 보장하지 못한다. 대학은 새로운 구실을 찾아야 할 때다.

왜 그렇게 됐을까? 대학에서 보편 지식인이 사라진 자리를 특수 지식인이 채워서 그렇게 된 게 아니다. 대학 진학률이 80퍼센트에 이르러 취업에 필요한 변별력을 확보하기가 어려워져 그렇게 된 게 아니다. 보편 지식인을 다시 교수로 채용한다고 해서 돌아갈 수 없고, 대학을 폐쇄하고 입학 정원을 줄인다고 해서 돌아갈 수도 없다.

지금 우리가 사는 세계는 더 많은 특수 지식인이 필요하다. 노동, 주거, 보건, 에너지, 종교, 디자인처럼 일상생활에서 부딪히는 문제일수록 더 전문화된 지식이 필요하다. 또한 보편 지식은 보통 사람들도 알 만큼 아는 세상이 됐다. 인권이나 민주주의를 지키려 보편 지식인들이 목숨을 내걸고 투쟁한 결과기도 하고, 과학과 정보 기술이 발달해 기초 수준에서 지식 격차가 꽤 많이 줄어든 현실이 가져온 성과기도 하다.

고등 교육을 받을 기회는 오히려 더 늘려야 한다. 지금처럼 특정 연령층에 제한할 이유도 없다. 저출산과 고령화 때문에 대학에 들어갈 청년층이 계속 줄어든 탓도 있지만, 이제 평생직장 개념이 사라진 때문이다. 반면 지식과 정보의 생애 주기가 무척 짧아져 평생교육의 중요성이 더 커졌기 때문이다.

다시 묻자. 대학이 진리 탐구와 취업 준비라는 기능을 수행할 수 없게 된 이유는 무엇인가?

대학, 자기 자신 때문이다. 분과 학문으로 구획된 질서에 안주하면서 기득권을 더 강화하려 정부와 기업에 고등 교육의 주도권을 내준 대학 말이다. '치열한 공론 과정'을 거치지 않아 권위가 생기려야 생길 수 없는 대학 평가, 그래서 오로지 정보 유통 시장에 관한 장악력과 숫자 매기기

"대한민국 경제가 고용없는 성장의 길에서 헤매고 있습니다. 청년 체감
실업률은 20퍼센트를 넘었습니다. 청년들이 고용 절벽 앞에 섰습니다.
청년들이 이 땅을 헬조선이라고 부릅니다. 사랑하고 사랑받아야 할
여러분들이 스스로를 삼포 세대, 오포 세대라고 자조한 지 오래입니다.
단군 이래 최대 스펙이라고 하는 여러분들이 흙수저와 금수저를 논합니다.
이런 절박한 상황에서도, 청년 문제를 놓고서도 기성세대와 정치권은
머리를 맞대고 힘을 합치는 것이 아니라 정쟁만 하고 있습니다. 저도
기성세대의 한 사람입니다. 미안하고, 미안합니다. 그리고 반성합니다."
— 박원순, 서울시립대학교 졸업식 축사, 2016년 2월 23일

의 편의성에만 기댄 대학 평가에 목매고 있는 대학 말이다. 정치권과 대
기업마저 뛰어넘는 내공으로 혁신을 거부하거나, 혁신이라는 말의 의미
를 '구조 조정'으로 한정하고 있는 대학 말이다.

대학은 진리의 상아탑도 아니고, 취업의 전초 기지일 수도 없다. 그렇지
만 시대 흐름에 맞춰 획일성이 아닌 다양성에 바탕해 진리와 취업의 새로
운 개념과 의미를 만들어낼 수 있다. 대학 혁신의 의미는 이런 변화에 필
요한 이론과 실천을 모색하게 자극하는 데 있으리라. 요즘 부쩍 강조되
는 '문제 해결 역량의 강화'는 새로운 개념과 의미를 만들어내는 과정에
서 시작된다. 더 풍부한 관점에서 문제를 조명할 수 있기 때문이다.

이렇게 바꿔볼 수 있다. 경전 속이 아니라 사회 구성원들 사이에서 시대
에 조응하는 수평적 합의에 바탕해 발견되는 진리는 교수가 일방적으로
가르칠 수 없는 가치로, 그리고 취업은 단지 기업에 들어가는 일이 아니

라 자기만의 사회적 구실을 창출하는 행위로 새롭게 정의할 수 있다. 그렇게 하면 교수들보다 앞서 미지의 세계를 살아가고 있는 학생들도 선생 구실을 할 수 있게 되며, 대학은 '서로 배움의 관계'를 맺는 장으로 바뀔지도 모른다. 또한 돈과 지위에 기대어 다른 누군가에 자기를 비교하며 우월감을 누리려 하기보다, 사회에 기여한 몫에 근거해 자긍심을 갖고 자기 자신과 다른 사람을 사랑하게 될 수도 있다.

새로운 개념과 의미를 만들어내는 대학의 혁신은 어떻게 해야 가능할까? '혁신의 의지를 지닌 리더'와 그 리더를 믿고 따르는 '혁신의 결사'가 있어야 한다. '비정하게도' 대학의 혁신도 그렇게 진행될 수밖에 없다. 왜 비정하냐고? 변화를 거부하면서 낡은 생각을 버리지도 않고 지나치게 많이 가진 자원도 나누지 않으려는 자에게 비정한 일, 그게 바로 혁신 아니던가.

아니라고? 그럼 혁신도 새로운 개념과 의미로 다시 태어나게 하자. '다정다감한 혁신'으로. 대학마저 '신분제 사회'로 만들어 갑과 을을 나누는 야만을 멈추고, 모두 함께 주역을 맡는 혁신 말이다. _____2015년 12월

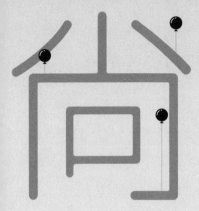

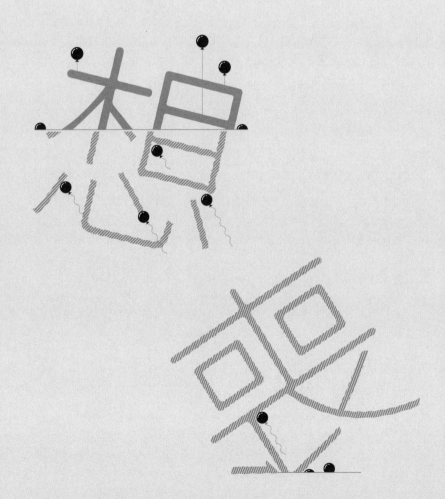

안철수의 '정말' 새로운 실험

안철수 의원이 독자적 정치 세력화를 선언하며 새정치민주연합을 떠났다. 또 한 번의 '실험'에 나섰다. 누군가는 과감한 선택이라 하고, 다른 누군가는 무모한 행동이라 말한다. 누군가는 새로운 정치를 향한 피할 수 없는 시도라고 옹호하고, 다른 누군가는 권력욕에 눈먼 분열 책동이라고 힐난한다. 누군가는 다시 힘을 합쳐야 한다 하고, 다른 누군가는 더 일찍 갈라서야 했으니 차라리 잘된 일이라고 말하기도 한다.

이번 탈당은 안철수 의원이 정치를 시작한 뒤 감행한 셋째 실험이다. 2012년 대선 출마와 후보 단일화, 2014년 민주당과 새 정치를 내건 신당 세력의 통합에 이은 실험이다. 사람들은 이번 실험의 성패 전망에 주목한다. 그렇지만 성패는 중요하지 않다. 쉽사리 예측할 수도 없을뿐더러 예측할 수 있다고 해도 꼭 그렇게 되리라는 법이 없기 때문에 그렇다.

주목해야 하는 점은 이 실험의 특별한 성격이다. 이 실험은 안철수 의원에게서 시작됐지만, 특정 정치인이나 세력의 성패보다 훨씬 넓고 깊은 의미를 지닌 문제, 곧 지금의 한국 정치가 놓여 있는 현실과 변화의 지점을 알려준다.

이 실험은 안 의원이 지금까지 두 차례 시도한 실험하고는 성격이 다르다. 제삼당 실험도, 연합 정치 실험도 아니다. 한때 자기가 몸담기도 한 제일 야당을 대체하려는 실험이다. 마치 1985년 2·12 총선에서 신민당이 민한당을 대체하며 제일 야당으로 올라선 사건을 연상시킨다.

지금은 독재 정권 시절이 아니고, 새정치민주연합도 독재 정권이 배후에서 만든 위성 정당도 아니다. 따라서 새정치민주연합을 민한당에 동일시할 수는 없다. 또한 안철수 신당을 신민당에 견줄 수도 없다. 친노와 문재인 대표의 독단과 무능을 비판하며 자기가 하려는 새로운 시도, 곧 탈당을 정당화하고 있지만, 안철수 의원 자신을 빼면 어디서 차별성을 찾을지 아직은 확실하지 않다.

그런데도 비슷한 점은 있다. 새정치민주연합은 민한당처럼 시대의 염원을 대표하지 못하고 있으며, 뚜렷한 지도자나 노선도 드러내고 있지 않다. 그래서 많은 사람들이 야당을 불신한다. 반면 새로운 제일 야당과 수권 야당을 기치로 내건 안철수 신당은 자기들을 향한 관심과 뚜렷한 지지 기반을 확인했다. 탈당 뒤 발표된 정당 지지도 조사에서 이런 사실이 드러나고 있다.

놀라는 이들도 있다. 안철수 현상은 물론 안철수 의원의 새정치 실험이 완전히 끝났다고 생각하고 있었기 때문이다. 그런데 아니었다. 새로운 제일 야당에 거는 기대가 어느 때보다 크고, 그래서 이미 확인한 안철수

"한 치 앞도 내다볼 수 없는 캄캄한 절벽 앞에서 저는 지금,

제가 선택할 수 있는 가장 어려운 길을 나서려고 합니다.

저는 이제 허허벌판에 혈혈단신 나섭니다. 나침반도 지도도 없습니다.

그러나 목표는 분명합니다. 새누리당 세력의 확장을 막고 더 나은 정치,

국민의 삶을 돌보는 새로운 정치로 국민들께 보답할 것입니다.

정권 교체는 그 시작입니다. 정권 교체를 이룰 수 있는

정치 세력을 만들겠습니다."

— 안철수, 새정치민주연합 탈당 기자 회견문, 2015년 12월 13일

의원의 미숙함이나 충분히 예상되는 험난함마저 용인할 수 있는 상황이 만들어져 있다.

그런 상황이 안 만들어지면 오히려 이상하다고 할 정도다. 틈만 나면 집권 여당 세력이 주도하는 전략과 짜놓은 구도에 걸려들어 끊임없이 중도와 보수를 하나로 묶어주고, 민생을 외치기는 하지만 누구를 생각해 그러는지 모르겠으며, 혁신한다는 말과 행동을 지겹게 반복하지만 새로 만들 세상을 향해 도전하기는커녕 늘 자기 학대나 내부 분란에 그치고 마니 말이다.

새정치민주연합도 안철수 의원이 탈당하고 신당을 추진하자 새로운 활로를 모색하고 있다. 당명을 바꾸고 중도 진보 정당으로 좌클릭을 시도하면서 안철수 신당이 함께하려 하는 인물들을 두고 영입 경쟁을 벌일 정도다. 안철수 신당 바람은 컨벤션 효과일 뿐이라며 깎아내리고 금세

식을 테니 지켜보자고 말한다. 안철수 신당이 수권 야당의 이미지를 쌓는 데 필요한 전망과 전략과 인물을 선보이지 못하면 정말 그렇게 될 수도 있다.

안철수 의원도 이번 실험에 어느 때보다 심혈을 기울이고 있다. 강해지고, 독해지고, 쾌활해졌다는 평가마저 받는다. 우리 사회의 총체적 변화를 새 정치의 목표로 내세우며 그동안 제일 야당 새정치민주연합이 회피해온 '증세' 문제도 들고 나왔다. '정말' 새로운 실험에 나선 모양이다. 오랜만에 경쟁다운 경쟁을 볼 수 있을지도 모르겠다. _____ 2016년 1월

영입이 아니라 양성이다

정당이 해야 할 일은 인재 영입이 아니라 인재 양성이다. 민주주의 국가에서 정치는 누구나 할 수 있지만 아무나 할 수는 없다. 정치적으로 훈련돼 있는 사람만이 할 수 있다. 특수 분야에서 개인이 쌓은 경력에 기대는 사람이 아니라, 삶의 현장과 '공화'의 관점에서 사회 갈등을 해결하고 대안을 조직한 경험이 있는 사람만이 정치를 할 수 있다. 그런 사람만이 누군가를 제대로 대표할 수 있다. 자기가 대표해야 할 누군가를 좁은 부분에 머물거나 갇히지 않게 할 수 있으며, 부분으로 전락시키지 않을 수 있다.

그런 사람은 그냥 인재가 아니라 정치 인재라고 불러야 할 텐데, 정치 인재를 키우는 곳이 바로 정당이다. 그러니까 정당은 정치 참여자가 보통 사람들이 살아가는 삶의 현실의 한복판에 뛰어들게 만들어야 하고, 사람들이 서로 다른 생각과 이해관계를 갖고 벌이는 쟁투에 관여해 차악의 결과라도 낼 역량을 길러줘야 하며, 쟁투 탓에 사람들이 겪는 서러움과 서운함을 달래줄 마음을 갖게 해야 한다.

갑자기 웬 정당론 강의냐고? 총선을 앞두고 여야 할 것 없이 모든 주요 정당이 인재 영입에 열을 올리고 있기 때문에 하는 말이다. 더군다나 정치적으로 훈련돼 있지 않은 사람들을 주로 영입하고 있기 때문이다.

저마다 그렇게 할 수밖에 없는 이유가 있기는 하다. 새누리당은 과반 의석이 아니라 개헌 의석까지 확보해 압도적 제일당의 지위를 확보할 심산으로, 더불어민주당은 안철수 의원을 비롯한 당내 비주류의 탈당 때문에 생긴 공백을 메울 요량으로, 국민의당은 새롭고 어엿한 당을 하루빨리 만들어야 한다는 결의로 인재 영입에 박차를 가하고 있다.

사정이 이러니 각 정당은 영입이 아니라 양성 운운하는 내게 한가한 소리라고 대꾸할지 모르겠다. 더민주가 특히 그럴 듯하다. 내홍 중에도 꽤 심혈을 기울여 영입 작업을 하기 때문이다. 더민주의 영입 작업은 겉으로 보면 성과를 거두고 있다. 새누리당은 굳이 영입이라는 표현을 쓸 필요가 있나 싶을 정도로 종편 등에서 이미 자기편에 서온 인사들을 내세웠다. 국민의당은 스폰서 검사 시비에 휘말려 영입을 취소하는 소동까지 겪으며 시작부터 체면을 구겼다. 반면 더민주는 기업계에서 성공 신화를 일군 인사를 새로 맞아들였다. 또한 지난 대선에서 박근혜 정권 편에 선 김종인 박사를 아예 선대위원장으로 '모셔오는' 반전을 선보였다.

그런 더민주도 인재 영입을 계기로 당 내부를 결속시키고 국민적 관심과 지지를 회복해 총선에서 승리할 수 있을지는 미지수다. 더 들여올 인재가 있다 해도 영입 퍼레이드만 계속할 수는 없다. 정당은 이벤트 회사가 아닌 만큼 총선 승부처를 영입 행보 자체에 둘 수는 없기 때문이다.

"저는 참 힘드네요. 공천 과정에서 너무 많은 모멸과 수모를 겪어
거의 에너지 없는 상태에서 공천 받았습니다."
— 박주민, 김관홍 잠수사 추모식, 2016년 6월 18일

문제는 사실 영입 뒤다. "나 이런 사람이야!" 정치는 이런 말로 해낼 수 있는 일이 결코 아니다. 영입한 인사들이 '진짜 정치인'으로 다시 태어날 수 있게 해야 한다. 진짜 정치인, 곧 정치 인재를 만들어내려면 정당이 인재 영입보다 양성에 힘을 기울여야 한다.

물어보자. 더민주는 과연 그렇게 하고 있는가? 양성의 조건과 장치를 잘 갖추고 있으며, 제대로 작동시키고 있는가? 대답은 결코 긍정적이지 않다. 더민주 관계자들을 비롯한 여의도 정가 사람들의 이야기를 들어볼 때 그렇다.

"더민주는 똑똑한 사람 데려가 바보 만드는 당이다." 선거 때마다 스포트라이트를 비추며 영입한 인사들을 진짜 정치인으로 키우기는커녕, 별다른 자리와 구실도 주지 않은 경우가 허다하다 해서 나오는 평이다. 또한 자리와 구실이 없는 신인이 정치를 계속하려면 금배지를 달아야 하니,

이념과 정책에 상관없이 연줄에 기대어 계파에 줄을 서 공천을 노릴 수밖에 없다 해서 나오는 말이다.

더민주는 인재 영입보다 양성에 더 큰 노력을 기울여야 했다. 당장 양성에 필요한 체계와 정책과 제도를 갖추고 작동시킬 수 없다면, 적어도 영입 행사를 연 뒤 후속 프로그램을 마련해놓고 바로 가동시켜야 했다. 특히 사회 불평등의 현장으로 뛰어들어 약자의 처지를 살피고 돌보는 실천 프로그램 말이다. 그런데 눈에 띄지 않는다. 아직 준비가 덜 된 걸까? 그렇다면 정말 심각한 문제다. 시야가 영입에만 갇혀 있는 정당은 사람들에게 그저 '탐욕스러운 엉터리'로 여겨질 테니 말이다. _____ 2016년 1월

계파 갈등과 경쟁의 규칙

　　　　　　　　　　국민의당이 시작부터 내홍에 빠져들고 있다. 안철수계와 김한길계 사이에 갈등이 불거졌다. 언론과 정가에서는 인재 영입과 당대표 자리를 둘러싸고 일어난 갈등으로 보고 있다. 앞뒤 관계를 분명히 할 수는 없지만, 계파 갈등이 드러나는 사이 국민의당 지지율은 하락세다. 특히 호남에서 지지율이 빠지고 있다. 더민주를 벗어나 국민의당에 들어오는 현역 의원도 늘어나지 않는다. 더민주가 김종인 박사를 선대위원장으로 영입하고 박영선 의원이 잔류를 선언한 뒤 그렇다. 반면 더민주는 안정을 찾아가고 있는 듯하다. 그래서 동교동계를 비롯해 여러 곳에서 걱정하는 목소리가 새어 나온다. 지지부진한 창당 작업과 미숙한 당 운영을 들어 안철수 의원과 김한길 의원에게 강한 불만을 나타내기도 했다.

국민의당은 계파 갈등과 특정 계파의 패권주의를 문제삼으며 안철수 의원이 주도하고 더민주를 탈당한 정치인들이 모여 새로 만들고 있는 정당이다. 그런데 자기가 비판한 모습을 '재연'하는 이유는 무엇인가?

국민의당이 겪고 있는 계파 갈등은 사실 특수한 현상이 아니다. 국민의당만 겪는 일은 아니라는 말이다. 현대 정당 정치의 역사를 살펴봐도 언제나 계파 갈등은 있었다. 심지어 서로 죽이기도 했다. 영국에서 왕당파와 반왕당파 사이의 갈등, 미국에서 연방파와 비연방파 사이의 갈등 등이 그렇다. 한국 정당 정치사에서도 계파 갈등은 늘 있었다. 김대중계와 김영삼계의 갈등이 대표적이다. 당장 집권 여당인 새누리당도 마찬가지로 겪어온 문제다. 친이계와 친박계, 친박계와 반박계(비박계) 사이의 갈등을 보라.

흥미로운 점은 모두 계파 갈등을 겪었는데도 어떤 당은 집권에 성공하고 어떤 당은 실패한다는 사실이다. 또한 어떤 당은 집권에 실패해도 당세를 유지하고, 어떤 당은 당세를 잃어 사라지기도 한다. 이런 역사적 사실들은 무엇을 의미할까?

계파 갈등 자체는 정당의 성패와 명운을 가르지 않는다. 정당을 만들고 운영하는 과정에서 계파 갈등은 '필연'이다. 같은 목표와 지지 기반을 갖고 있다 해도, 새 정당이 내세운 새로운 설정에 동의하고 합의해도, 곧 '한 팀'이 돼도 이런저런 상황에 따라, 당을 주도하는 사람과 세력에 따라 목표를 달성하고 지지 기반을 상대로 연계를 맺는 방식이 다를 수밖에 없다. 계파 갈등은 바로 이 과정에서 나타나는 '자연스러운 현상'이다.

그렇다면 계파 갈등은 전혀 문제될 게 없는 일일까? 그렇지는 않다. 계파 갈등이 '승리의 전망'을 어둡게 한다면 문제가 될 수밖에 없다. 심지어 당의 존립과 성장을 가로막는다면, 계파 갈등에 정면으로 맞서야 한다.

"국민의당이 계파주의보다 더 나쁜 '섹트주의' 정당,

더 불공정하고 무원칙한 기득권 수호 정치 집단으로 전락했다."

― 김승남(20대 총선 국민의당 예비 후보), 탈당 기자 회견,

2016년 3월 28일

국민의당은 계파 갈등이 아니라고, 그저 오해라고 할지 모른다. 그렇지만 그렇게 대응할 일이 아니다. 당 안팎에서 계파 갈등을 문제삼는 이유가 정말 뭔지를 찬찬히 들여다봐야 한다. 그저 부정하는 게 능사가 아니라는 말이다. 적어도 두 가지를 '해명'하는 방식으로 대응해야 한다.

첫째, 자기들이 문제삼은 더민주의 계파 갈등하고 무엇이 다른지를 보여줘야 한다. 다른 당들처럼 인재 영입과 당대표 자리를 둘러싸고 일어난 갈등이라 해도 그렇다. 먼저 계파 갈등의 '맥락'을 밝혀야 한다. '권력욕' 때문에 벌어진 다툼이 아니라 '노선'에 따른 갈등이라는 사실을 알려야 한다. 노선 경쟁의 규칙도 서둘러 세워야 한다.

둘째, 노선에 따른 갈등이라는 사실을 밝히려면 자기 정당의 목표와 지지 기반을 빠르고 뚜렷하게 밝혀야 한다. 목표는 이념과 정책을 설정하면서 드러낼 수 있고, 지지 기반은 특정한 사회 집단하고 맺는 연계를 거

쳐 형성할 수 있다. 한마디로 누구를 위해 무엇을 하려는지를 명확히 해야 한다는 말이다. 그리고 그런 일들이 많은 국민에게 이익을 줄 수 있다는 사실을 증명해야 한다.

국민의당이 계파 갈등에 현명하게 대처하기를 기대한다. 국민의당을 지지해서 그런 게 아니라, 정당 정치 발전의 모형을 창출하는 과제가 절실해서 하는 말이다. _____ 2016년 2월

욥을 위로하는 사람들

사람이 사람을 위로한다는 말은 무슨 뜻일까? 국어사전은 위로를 '따뜻한 말이나 행동으로 괴로움을 덜어주거나 슬픔을 달래줌'으로 풀이하고 있다. 사람이 사람을 위로하는 따뜻한 말과 행동은 도대체 무엇일까? 어떤 말과 행동이 사람의 괴로움과 슬픔을 달래주는 걸까?

이런 말들은 어떤가. "밥은 먹었어?" "삼겹살에 소주 한잔 어때?" "아무한테도 말 못하고 혼자서 꾹꾹 담아온 얘기 시원하게 한번 얘기해봐요." "오늘 하루 어땠어? 별일 없었어? 말 안 해도 알아, 많이 힘들었구나." "인생에 정답이란 없습니다." "긴 다리를 건너면 겨울 지나듯 새봄이 당신을 기다리고 있겠죠."

모두 마포대교 양쪽 난간에 써 있는 말들이다. 서울시와 삼성생명이 자살 방지 캠페인으로 공동 기획해 2012년 9월부터 시민 공모를 받아 가려

뽑았다. 이런 식으로 위로의 말을 전하는 행동은 어떤가? 사람들의 괴로움과 슬픔을 달래줬을까?

이 캠페인은 여러 해외 광고제에서 수십 차례에 걸쳐 상을 받는 등 좋은 평가를 받았다. 그렇지만 역효과도 났다(〈'생명의 다리' 위로가 독이 되다, 마포대교의 눈물〉, 《세계일보》 2016년 2월 11일). 캠페인을 벌이기 전보다 투신자가 크게 늘어났다. 2011년 11명(사망 5명)이던 투신자가 2012년 15명(사망 6명), 2013년 93명(사망 5명), 2014년 184명(사망 5명)으로 폭증했다. 한강 서울 구간에 있는 다리 29개에서 2014년 한 해 투신한 사람(시도 포함)이 396명(사망 11명)인데, 그중 절반 가까운 사람(46.5퍼센트)이 투신 장소로 마포대교를 선택했다. 결국 서울시와 삼성생명은 지난해에 연간 1억 5000만 원 정도인 운영비 지원을 중단하고 위로 문구 조명을 껐다.

'욥을 위로하는 사람들.' 상대를 위로하다 오히려 상처를 주는 자들을 가리킨다. 구약 성서 〈욥기〉에 나오는 이들이다. 신앙심이 깊은 부자 욥은 어느 날 갑자기 재산과 자식을 잃고 깊은 병에 걸려 자기가 태어난 사실마저 저주할 정도로 고통받는다. 친구인 엘리바스와 빌닷과 소발이 위로한다며 욥을 찾아와 목청을 올려 신에 앞서 말한다. 모든 게 다 네 잘못 때문이라고. 그러니 벌을 달게 받고 신에게 용서를 빌라고. 정직함을 인정받으면 '네 시작은 미약하였으나 네 나중은 심히 창대'하리라고.

친구들은 욥에게 결코 위로가 되지 못했다. 자기가 한 경험과 과거의 전례와 교리에 기대어 자기주장을 내세우고 욥을 탓하며 진부한 훈계를 늘어놓았기 때문이다. 욥하고 함께 있지도, 욥의 고통을 조용히 들어주지도, 욥을 여전한 친구로 대하지도 않았다.

"취업해 빚도 갚고 결혼도 하고 싶지만,
사실 라면 살 돈도 없어 더 이상 살다가는 범죄자가 될 것 같다."
— 자살한 어느 30대 장기 실업자의 일기장, 2015년 12월

'마포대교'가 딱히 욥의 친구들처럼 굴지는 않았다. 스스로 목숨을 끊어야겠다는 마음으로 자기를 찾은 이들을 나무라지는 않았다. 그러나 진정한 벗이 없고 빈털터리에 혼자인 자기를 확인시켜준 게 아닐까? 흐르는 강물 위에 덩그러니 놓인 다리 위에 와서야 누가 해주는 말인지도 모를 위로를, 그것도 말로 듣지 못하고 눈으로 읽어야 하는 자기를. 그래서 한층 더 깊은 상처를 받은 게 아니었을까?

만약 그렇다면 굳이 마포대교를 찾아 투신하는 사람이 유독 많은 이유는 뭘까? 괴로움과 슬픔을 극한으로 몰아가 미련 없이 세상을 등질 수 있어서? 아니면 어디에서도 받지 못하는 위로를 그런 식이나마 접해보고 떠날 수 있어서?

모르겠다. 다만 이런 바람을 가져본다. 위로, 사람이 '직접' 사람에게 해주면 좋겠다. "그래, 그래." 서로 꼬옥 부둥켜안고 괴로움과 슬픔을 그냥

쓰다듬으며 존중해주면 좋겠다. 괴로움과 슬픔을 참아내고 이겨내고 잊어야 할 감정이 아니라, 자유롭게 표현하고 나눠 가질 마음과 살림의 징표로 살피고 헤아려주면 좋겠다.

정치권이 총선을 준비하느라 한창 바쁜 지금, 묻자. 정치는 사람을 위로할 수 있을까? 할 수 있다. '대표하기'를 통해서. 그런데 대표한다는 말의 진짜 의미는 뭘까? '재현'이다. 스스로 '상처받은 자'라는 배역을 맡아 괴로워하고 슬퍼해야 한다. 욥을 위로하는 사람이 아니라, 욥 자신이 돼야 한다. 그래야 고통의 근원을 진정 없애려 하게 된다. 그저 욥을 위로하는 사람인지, 아니면 욥 자신인지 '절대 주권자인 신'의 눈으로 지켜보고 심판할 일이다. _____ 2016년 2월

사라진 정치 언어 실패한 '물통갈이'

　　　　　　　　　　　　　20대 총선을 40여 일 앞둔 정치권
전체의 키워드는 '살생부'와 '컷오프'다.

둘 다 새누리당과 더민주의 공천에 관련된 말이다. 누군가를 죽이고 잘
라내야 한다는 무서운 말이다. 정치인과 정당에 공천은 사활이 걸린 문제
라는 현실을 극명하게 보여주는 말이기도 하다. 그렇지만 보통 사람들하
고 소통하려는 제대로 된 정치 언어라고 할 수 있을까?

"20대 총선 때 투표할 생각이 얼마나 있습니까?" 사람들에게 틈날 때마
다 물었다. 물음을 받은 이들은 대개 요즘 가장 먹고살기 힘들다고 알려
진 40대 후반 대졸 자영업 종사자였다. '사장님'이 되기 전에는 중견 그룹
이상의 기업에서 적어도 10여 년 넘게 직장 생활을 한 이들이다. 모두 노
부모 부양과 자녀 양육이라는 이중의 틈바구니에서 허덕대며 살고 있다.
다들 한결같이 투표할 생각이 별로 없다고 했다. 반반이 가장 많았고, 30

퍼센트 정도밖에 안 된다고 하는 이도 있었다.

대부분 정치권이 도대체 뭘 하고 있는지, 뭘 하려고 하는지 모르겠다고 했다. 공천을 혁신해 물갈이를 한다고 하는데 관심이 없냐고 하니 큰소리로 돌아왔다. "다 지들끼리 하는 일이야!" 맨날 하는 물갈이가 아니라 '물통갈이'가 필요한데, 살생부니 컷오프니 다 계파 싸움이고 '헛짓'이라는 냉담한 반응도 보였다. 정치권이 유권자들이 들을 만한 말을 들려주지 못하고 있다. 제대로 된 정치 언어를 구사하지 못하고 있다.

정치의 언어는 이념과 정책이다. 정치인과 정당은 이념과 정책이라는 수단을 거쳐 사람들에게 말을 걸고, 사람들에게서 들은 말을 이념과 정책으로 구현해야 한다. 그렇게 하는 과정에서 사람들의 마음을 얻고, 지지를 받고, 표를 얻는다. 그렇게 얻은 권력으로 더 나은 공동체를 만들어갈 수 있다.

정치인과 정당은 이념을 거쳐 현실을 이해하고 자기가 지향해야 할 가치와 규범을 드러낸다. 이념은 지금 우리가 왜 이렇게 살고 있는지, 이런 삶은 어떤 점에서 정당하고 부당한지, 삶 속에는 어떤 위험 요인과 기회 요인이 있는지, 기회를 가장 크게 살리려면 어떻게 해야 하는지를 담고 있다. 근현대 정치의 '3대 이념'으로 일컬어지는 보수주의, 자유주의, 사회주의 등이 바로 그런 이념이다.

흔히 또 다른 이념으로 여겨지는 민주주의는 사실 이 이념들끼리 벌인 다툼을 거쳐 고대 그리스 시대부터 따져 거의 2000년 만에 다시 불려 나온 통치의 원리이자 방법이자 체제다.

정책은 이념을 구체화하는 실행 프로그램이다. 그래서 어떤 사안을 먼저 다룰지, 누가 기획하고 실행할지, 돈을 언제 어디에 얼마나 쓸지, 그 돈을

"마치 3김 시대의 음모 정치의 곰팡이 냄새가 많이 나오는 겁니다.
저는 이것을 절대로 용납할 수 없습니다 우리 당의 공식 기구에서
철저하게 조사해주실 것을 요청하는 바입니다."
— 이한구(새누리당 공천관리위원회 위원장), 2016년 2월 28일

"당헌 당규를 정확하게 보시면 아시겠지만, 컷오프 20퍼센트에 대해서는
누구도 거기에 정무적 판단을 할 수 없도록 만들어놨습니다."
— 김종인(더불어민주당 비대위원장), 2016년 2월 28일

"현역 의원이든 아니든 민심에 기반을 둔 본선 경쟁력을 입증할 때만
공천을 받을 자격이 있습니다."
— 천정배(국민의당 공동 대표), 2016년 2월 28일

누가 얼마나 멀지, 돈은 얼마나 집행됐는지, 돈이 그만큼 집행된 이유는
뭔지, 그런 과정을 어떻게 지속하고 보완할지 등을 담고 있어야 한다. 이
런 사정 때문에 정치인과 정당의 '속내'는 정책을 거쳐 드러난다.

대한민국 정치는 그동안 이념과 정책의 부재가 특징이었다. 분단과 전쟁
을 거치며 만들어진 반공 독재 체제 아래에서 이념이라는 말 자체를 불
온시했다. 정책도 행정부 관료가 주도해 입안되고 실시됐다. 1990년대
초 김영삼 문민 정부가 들어서면서 본격화된 민주화 뒤 시기 때도 그랬
다. 특히 이 시기는 이념과 정책보다 정치 지도자의 출신 지역에 기대어
지지를 동원하는 지역주의가 횡행했다.

2012년 대선을 거치며 경제 민주화와 복지국가처럼 이념과 정책을 담은
언어가 정치권에 새로 등장했지만, 그런 언어를 기준으로 한 정국 운영
도, 정당 운영도, 유권자 소통도 전면화되고 있지는 않다. 공천 잣대로 작

동하지도 못한다. 살생부와 컷오프 논란이 그저 계파 싸움으로 여겨지는 이유다.

이런 식이어서는 총선을 민심의 향방을 가늠하는 민주주의 제도로 삼을 수 없다. 정당별 당선자 수를 떠나 승자와 패자를 가리지 못하는 그저 형식적 의례에 머물고 만다. 그렇게 되지 않으려면 이념과 정책이라는 사라진 정치 언어를 찾아내야 한다. _____ 2016년 3월

야권 연대 시시비비

정치권이 '야권 연대'를 두고 시비를 벌이고 있다. 야당들이 특히 그렇다. 야권 연대 문제를 둘러싸고 더민주 김종인 비대위 대표와 국민의당 안철수 대표가 날마다 설전을 벌이고 있고, 국민의당은 내분을 겪으며 창당 한 달여 만에 분당 조짐마저 보이고 있다.

유권자가 보면 참 답답한 일이다. 이번 총선에서 야권 연대는 피할 수 없다. 아니 꼭 필요하다. 야당이 승리해야 한다는 당파적이고 선거 공학적인 시각에서 볼 일이 아니다. 지금 한국의 정치 현실에서 야권 연대는 민주주의 체제를 잘 작동하게 하고 정당 정치를 강화하는 차원에서 바라봐야 한다. 세 가지 이유가 있다.

첫째, 지금 한국의 정치 현실에서 야권 연대는 민의를 대표하는 방식이다. 집권 세력에 비판적인 야당 성향 유권자, 특히 2012년 대선에서 문재인 후보를 지지한 유권자는 의석을 차지할 가능성이 있는 주요 야당인 더민주, 국민의당, 정의당 중 어느 한 정당을 특정해 지지하는 경향이 약하다. 어느 한 정당을 지지하더라도 지지 강도가 썩 높지 않다. 야당 중 어느 한 당이 단독으로 현 집권 세력을 누르고 우위를 차지할 수 있다고 여기지도 않는다. 그렇다고 야당 통합을 선호하지도 않는다. 그렇다면 현 집권 세력에 비판적인 야당 성향 유권자를 대표하는 방법은 야권 연대밖에 없다.

더 나아가 야권 연대는 정당이 내세워온 전통적 정체성의 차이보다 현실에서 실행한 결과를 더 중시하는 추세에 부응하는 실천이기도 하다. 더 좋은 결과를 내려면 협력이 필요한데, 야권 연대가 바로 그런 협력을 가져올 구체적인 길이다. 한국에서만 보이는 현상이 아니다. 정당에 따라 이념과 정책의 정체성이 명확하기로 정평이 난 유럽도 1970년대부터 그랬다. 계급, 종교, 지역, 인종 같은 전통적 균열과 갈등이 어느 정도 해소된 뒤 경제, 고용, 복지, 조세, 환경 같은 문제를 둘러싸고 구체적인 성과를 내려는 정당 간 협력이 자주 시도되면서, 야당 정치가 아닌 야권 정치, 때로는 여당 정치가 아닌 여권 정치의 중요성이 커져왔다.

둘째, 지금 한국 정치에서 야권 연대는 견제와 균형의 힘을 만들어내는 가장 현실적이고 효과적인 방법이다. 박근혜 정권은 공공, 노동, 금융, 교육 개혁 같은 국가 중대사를 두고서 독선, 독단, 독주의 '삼독 정치'를 펼치고 있다. 정치적이나 사회적으로 숙고와 토론을 진행할 권리와 기회를 빼앗아 덜 나쁘거나 더 좋은 대안을 마련할 가능성을 틀어막는다는 점에서, 또한 소모성 갈등을 키워 정권 스스로 설정한 국가 중대사를 해결하지 못하게 가로막는다는 점에서 심각한 문제를 낳는다. 이런 사태를 제

"서로 경쟁해서 유종의 미를 거두었고,

허 후보에게 감사하며 존경을 표합니다.

쉽지 않은 결단을 내려주셨고, 선공후사의 노력에 감사드립니다.

이번 창원 성산의 후보 단일화는 두 후보만이 아니라 4월 13일 총선에서

집권 여당의 독선을 견제하고 심판하기 위한 것입니다.

진정한 승자는 창원 성산구민입니다.

허 후보와 함께 손잡고 승리로 보답하겠습니다."

— 노회찬, 2016년 3월 29일

어하는 데 바로 견제와 균형의 힘이 필요하다.

지금 야당들은 그런 힘을 혼자서 만들어낼 수 없다. 박근혜 정권이 출범한 뒤 정당 지지율 추이를 보면 야당들은 새누리당에 견줘 지지율이 15~40퍼센트 넘게 낮다. 그렇지만 야권 연대를 하면 전국 차원에서는 5퍼센트 뒤져도 수도권에서는 5퍼센트 정도 앞선다(리얼미터 2016년 3월 조사). 여러 정치 전문가들이 더민주와 국민의당 사이의 갈등을 예사롭지 않다고 여기면서도 수도권에서는 야권 연대를 할 수밖에 없다고 관측한 이유다.

셋째, 범위를 수도권에서 전국 차원으로 넓히면, 야권 연대는 한국 정치의 고질병인 지역주의, 특히 영남 지역주의를 완화할 침로다. 몇몇 선거구는 야권 연대와 후보 단일화를 거쳐 경쟁력이 가장 높은 후보를 출마시키면 새누리당을 이길 가능성이 있다. 이를테면 정의당의 노회찬 전 의

원이 출마한 창원 성산이 대표적이다. 노회찬 예비 후보는 더민주의 김부겸(대구 수성갑)과 김영춘(부산 진구갑) 예비 후보하고 함께 새누리당 일색인 영남 정치를 바꿀 '영남 삼총사'로 불린다. 창원 성산은 새누리당의 영남 패권을 깰 야권의 '전략 지역구'인 셈이다.

전략 지역구를 중심으로 야권 연대를 해 야당이 승리하면 새누리당은 더는 '묻지마 지지'에 안주할 수 없어 일신우일신할 테고, 이런 변화는 영남 정치의 질을 높이는 결과로 이어질 수 있다. 좋은 보수의 등장을 기대할 수도 있는 셈이다. 이런 점에서 야권 연대는 좋은 정치를 가져올 야당 사이 또는 여야 사이의 경쟁 방식이기도 하다.

더민주, 국민의당, 정의당 등 야당이 20대 총선을 계기로 변화에 적응하면서도 중심을 잃지 않고 시대가 안겨준 과제를 잘 수행하는 현명한 정치의 길, 곧 야권 연대를 잘 가꿔가기를 바란다. _____ 2016년 3월

선거를 복원하라

박정희 정부 때부터 노태우 정부 때까지 30여 년을 이어온 군부 독재 시대가 막을 내리고 문민 정부 시대가 열린 지 24년. 그동안 우리는 대통령 선거 다섯 번과 국회 의원 총선거 여섯 번을 치뤘다.

문민 정부 뒤 한국 정치는 연이은 선거를 거치며 이어져왔고, 앞으로도 그럴 수밖에 없다. 혁명이나 쿠데타가 일어날 가능성이 완전히 사라졌다고 확실히 말할 수는 없지만, 이제는 그런 급변 사태도 결국 선거를 거쳐 정당성을 인정받아야 한다. 자기 세력이 생존하려면 그렇게 해야 하고, 내세운 과업을 달성하려면 그렇게 해야 한다.

정치적 특성의 지속과 변화도 선거를 계기로 삼아 진행된다. 군부 독재 시대에서 문민 정부 시대로 나아간 전환도 선거를 거쳐 일어났다. 남북 관계의 진전과 후퇴도, 친노, 친이, 친박 등 여러 정치 세력의 부침도 선거를 거쳐 일어났다. 그러니까 선거는 그저 때가 돼 누군가를 찍고 뽑는 단순한 제도가 아니다. 선거는 정치의 시작이자 끝이고, 정치를 실제로 작동시키는 장치다.

선거 때면 표를 노린 허위와 위선과 거짓이 판치기도 한다. 그런데도 선거는 정당들이 시대의 요구에 조응하는 자기만의 이념과 정책을 갖고 크게 여와 야로 나뉘어 자웅을 겨루는 장이다. 자기만의 이념과 정책을 펼치려면 공동체가 지향할 목표와 먼저 해야 할 과제를 앞장서서 정할 수 있어야 하는데, 그러려면 선거를 거쳐 국민의 지지라는 힘을 얻어야 하기 때문이다.

선거가 중요하다는 사실을, 또한 선거가 중요한 이유를 누가 모르겠는가. 정치학자만 아는 비밀이 결코 아니다. 그냥 상식이다. 군부 독재 시절 국민이 바라는 민주화의 목표와 이유가 대통령 직선제로 모아진 역사의 경험에 비춰봐도 그렇다. 그런데도 굳이 '선거 원론'을 늘어놓는 이유는 뭘까?

새누리당, 더불어민주당, 국민의당, 정의당 등 각 정당이 공천을 마무리했다. 그야말로 20대 총선의 막이 올랐다. 그런데도 선거에 불이 붙지 않는다. 많은 정치 전문가들은 이번 총선 투표율이 매우 낮을 수 있다고 예측한다. 투표율이 높아야 유리한 김종인 더민주 비대위 대표도 그렇게 말할 정도다. 역대 최저치인 18대 총선 때의 46.1퍼센트에도 못 미칠 수 있다는 전망도 나온다.

선거구 조정이 늦어지고 공천 과정이 계파 갈등으로 얼룩지면서 보통 사람들의 '삶의 문제'가 딱히 쟁점이 되지 못한 탓이다. 또한 여야 구도가 아니라, 친박 대 비박의 '여여', 더민주 대 국민의당의 '야야' 구도가 만들

"새누리당의 총선 슬로건은 '뛰어라 국회'다. 일하는 정당이 되겠다.

20명 이상이 세비 반납 서명을 완료했다."

— 새누리당 총선 메시지 전략 브리핑, 2016년 3월 27일

"이제는 정부와 여당의 '나홀로 경제'를 '더불어 경제'로 바꿔야 한다."

— 더불어민주당 〈경제 살리기 선언〉, 2016년 3월 27일

어져 어디에 표를 줘야 할지 판단하고 선택할 기준을 잡기가 쉽지 않은 탓도 있다.

선거의 실종! 그렇다. 현대 민주주의 정치에서 그렇게 중요하다는 선거가 이번에는 제구실을 못하고 있다는 자각 끝에 선거의 '기본'을 다시 살펴봤다. 슬럼프에 빠진 수영 선수는 초보자 강습을 맡아 기본을 가르치다가 재기하는 데 필요한 개선점을 찾아낸다고 한다.

한국의 정당들은 어떨까? 과연 기본을 되새겨 실력을 '회복'해 우리들에게 선거의 의미를 되찾아줄 수 있을까? 여야 모두 민생과 경제를 이번 선거의 최대 쟁점으로 내세워 경쟁을 벌이기로 했다니 가능성이 전혀 없지는 않다. 특히 심판론이 상대방 헐뜯기에 머물지 않고 대안까지 제시하는 상황으로 나아갈 때는 더 그렇다.

선거가 겨우 보름 남짓 남은 지금 각당 지도부의 진두지휘와 일사불란함

이 승리의 관건일 텐데, 이번 총선에서는 선거의 기본에 충실한 정당, 잃어버린 선거의 의미를 되찾아주는 정당이 표를 줄 기준이 될 수도 있겠다 싶다. 각당의 건투를 기대해보자. _____ 2016년 4월

유권자 찬가

유권자들이었다. 결국 정치 지형을 바꿔낸 쪽은. 유권자들이 전문가들이 한 예상을 뒤엎고 여소 야대 국면을 만들어냈다. 여소 야대만 만들어준 게 아니다. 제일당을 갈아치우면서 새로운 제3당을 등장시켰다. 작지만 진보 정당에도 연명의 자리 또는 부흥의 밑천을 마련해줬다. 제일당 교체라는 변화의 과실을 선사했을 뿐 아니라 야권 경쟁이라는 또 다른 변화의 씨앗도 심어놓은 셈이다.

정당들은 그저 답습할 따름이었다. 아니, 20대 총선에서 유독 그 정도가 심한 듯했다. 공천 파동을 거쳐 분열하고, 분열 뒤에는 상호 비방으로 일관했다. 진박, 비박, 친노, 비노 등 어떤 가치도 찾아볼 수 없는 호명을 일삼았다.

전략 요충지인 대구와 경북이나 광주와 전남을 놓고 또 그렇게 했다. 시대 변화에 부응해 자기 '텃밭'의 정치적 의미를 새롭게 조명하려는 시도는 전혀 없었다. 이미 가진 것을 더 귀히 여겨야 확장이 가능한 영역이 정치라는 사실을 일부러 잊었는지 몰라도, 그렇게 했다. 막판에 읍소 전략을 반복하기도 했다. 그러면서 입에 올릴 만한 공약 하나 제시하지 못했고, 공약을 둘러싼 정당 간 논쟁도 벌이지 못했다. 그저 상대방을 심판해달라고 애원할 따름이었다. 정권 심판, 야당 심판, 양당 심판만 앞세웠다. 심판해야 할 이유를 조곤조곤 설명하지도 않은 채 그렇게 했다.

투표율이 역대 최저치를 기록하리라는 전망이 나오기도 했다. 그런데 아니었다. 유권자들은 19대 총선(54.2퍼센트)에 견줘 더 많이 투표했다(58퍼센트). 이유가 뭘까? 여야 할 것 없이 주요 정당이 모두 구태의연한, 아니 한층 더 퇴행하는 작태를 선보였는데도 더 많이 투표에 참여해 여소야대와 제일당 교체와 야권 경쟁 구도 조성이라는 절묘한 수를 둔 이유 말이다. 집권 세력의 오만과 제일 야당 무능에 따른 수권 야당 생성의 지체 때문이다. 그리고 더 큰 변화의 가능성을 무기로 삼아 정치권을 채찍질하기 위해서다.

유권자들은 대부분 보통 사람이다. 소득 대비 120퍼센트에 이르는 가계부채에 시달리면서도 소득의 80퍼센트를 부동산과 (사)교육에 갖다 바치고, 먹고살고 자식 교육시키느라 '굴욕'을 참으며 하루하루를 살아가는 이들이다. 가족의 환대와 웃음에 생의 모든 행복을 건 이들이다. 선거 때마다 보통 사람들은 그저 생존과 사익을 좇아 대세에 편승하는 이기주의자나 욕망 덩어리로 여겨졌다. 주로 패배한 쪽의 열성 지지자들이 그렇게 했다. 평소에는 분명히 존재하는 어엿한 사람인데도 '유령'으로 취급됐다. 사회적이나 경제적으로 비천하고, 정치에도 무관심한 '비시민'이라는 이유로, 편견이다. 무엇을 욕망하든, 어떤 처지에 있든 보통 사람

"이 나라의 주인은 대통령도 아니고 국회를 움직이는 정치권도 아닙니다.

이 나라의 주인은 바로 국민 여러분들입니다."

— 박근혜, 대통령 대국민 담화, 2016년 1월 13일

들은 모두 인간적 존엄성을 지닌 시민이고 유권자다. 보통 사람의 말뜻 자체가 그렇다. 민주 공화국에서는 특히 말이다.

보통 사람이야말로 대한민국 역사의 주역이다. 한국의 민주화도 보통 사람들이 '결정'지었다. 민주화 운동에 나선 몇몇 정치 지도자나 재야 명망가나 대학생들이 한 일이 아니다. 그저 앞에서 주도했을 따름이다. 앞장선 사람들을 많은 보통 사람들이 뒤따르고 지켜주지 않았으면 민주화는 불가능했다. 보통 사람들은 서슬 퍼런 박정희와 전두환 독재 정권 치하에서도 야권에 다수표를 줘 집권 세력의 폭정과 오만을 심판했다. 1978년 10대 총선이 그랬고, 1985년 12대 총선이 그랬다.

민주화의 진짜 주체는 보통 사람들이고, 한국의 민주주의는 정당 민주주의도 아니고 운동 민주주의도 아닌 '유권자 민주주의'다. 산업화도 마찬가지다. 저임금과 장시간 노동을 감내하면서 가족하고도 떨어져 목숨

마저 내놓은 채 산업 전사로 살아왔다. 여야 모두 그렇게 살아온, 그래서 정치의 진짜 주역인 유권자를 존중해야 한다. 그래야 자기들도 살고, 유권자도 살고, 한국의 민주주의도 산다.

존중하는 방식은 무엇일까? 협력과 경쟁이다. 여야 사이에도, 야당 사이에도 협력하고 경쟁해야 한다. 균열과 갈등이 있더라도 협력과 경쟁으로 바꿔내야 한다. 인위적 정계 개편도 삼가야 한다. 여당은 낮은 자세로 야권하고 함께 국회의 일원으로서 대통령과 행정부를 견제하고 견인하며 국정을 이끌어야 한다. 야권은 괜한 정쟁으로 여당이 또다시 야당 심판론을 제기할 빌미를 줘서는 안 된다. 정치 전문가들도 마찬가지다. 이런저런 분석의 목적을 유권자 존중에 두고 협력과 경쟁의 정치를 유도하는데 초점을 맞춰야 한다. _____ 2016년 4월